Louis Vuitton
Uma saga

Stéphanie
Bonvicini

Louis Vuitton
Uma saga

Tradução de Julia da Rosa Simões

Texto de acordo com a nova ortografia.

Título original: *Louis Vuitton, une saga française*

Tradução: Julia da Rosa Simões
Capa: Ivan Pinheiro Machado
Preparação: Nanashara Behle
Revisão: Mariana Donner da Costa

CIP-Brasil. Catalogação na publicação
Sindicato Nacional dos Editores de Livros, RJ.

B714s

Bonvicini, Stéphanie, 1968-
A saga Louis Vuitton / Stéphanie Bonvicini; tradução Julia da Rosa Simões. – 1. ed. – Porto Alegre [RS]: L&PM, 2023.
360 p. ; 21 cm.

Tradução de: *Louis Vuitton, une saga française*
ISBN 978-65-5666-353-1

1. Vuitton, Louis, 1821-1892. 2. Família Vuitton. 3. Louis Vuitton (Empresa) - História. 4. Indústria de bens de luxo - França - História. I. Simões, Julia da Rosa. II. Título.

23-83198   CDD: 746.920922
                CDU: 929:687.5.01(44)

Gabriela Faray Ferreira Lopes - Bibliotecária - CRB-7/6643

© Librairie Artheme Fayard, 2004

Todos os direitos desta edição reservados a L&PM Editores
Rua Comendador Coruja 314, loja 9 – Floresta – 90.220-180
Porto Alegre – RS – Brasil / Fone: 51.3225.5777

Pedidos & Depto. Comercial: vendas@lpm.com.br
Fale conosco: info@lpm.com.br
www.lpm.com.br

Impresso no Brasil
Outono de 2023

Para minha mais bela estrela

Sumário

18 de março de 1942 15

Primeira parte | Nascimento de um mito | 1821-1854
Uma questão de nome 19
Filho de moleiros 21
Fugir da madrasta 23
Uma estrada... de ferro 26
A chegada em Paris 28
Um verdadeiro ofício 29
Caixas e crinolinas 32
O turismo 33
Ventos revolucionários 35
Os trens de lazer 38
O encontro com Worth 40
"Émilie" 42
O Bon Marché de Boucicaut 44
O *emballeur* e a imperatriz 47
A aposta de Haussmann 49

Segunda parte | O império Louis Vuitton | 1854-1870
O primeiro ateliê 53
Uma centena de embaladores 56
O bazar da viagem 59
Monsieur Louis 61
Um pai muito ocupado 63
Todos à Exposição Universal 64
As primeiras inovações 66
"Cinza Trianon" 68
Crinolinas e malas planas 69

A escolha de Asnières 73
Worth, o excêntrico 75
Primeira falsificação 76
Worth inventa a alta-costura 79
O advento da praticidade 82
As transformações de Paris 83
A Guerra de Secessão 85
Ambições para o futuro 89
La Belle Jardinière 91
Estados quase unidos 93
Fim da crinolina 95
Um estande Vuitton 96
Uma mala para as tropas coloniais 99
O comércio moderno 101
As frutas frescas do quediva 102
Últimos suspiros do Império 106
Um *emballeur* imprevisto 107
As surpresas ruins de Asnières 114

Terceira parte | A república de Georges | 1870-1885
Recomeçar do zero 119
Rue Scribe, 1 121
O aprendiz Georges 124
Pai e filho 125
Nadar, o amigo dos impressionistas 127
Uma patente austríaca 129
Primeira "manobra publicitária" 131
O inimigo inglês 134
Novamente copiado 136
Um estranho conde italiano 137
A mala-leito de Savorgnan de Brazza 139
O renome da França 140

Encontro com Joséphine Patrelle 143
Brazza contra Stanley 146
Louis vende Vuitton 148
Louis Vuitton e a marroquinaria 151
Louis Vuitton e a publicidade 153
Nascimento de Gaston-Louis 155
Au Bonheur des Dames 157
E agora se viaja para o Oriente... 158
O insight de Georges 160
Relações tensas 162
A reconciliação 164
Em busca de um local em Londres 167
Um zuavo em Oxford Street 169
Primeiros meses difíceis 171
Morte de um gênio 175
A primeira fechadura 177
Uma vizinhança barulhenta 179
1º de maio 182
A Exposição Internacional Marítima de Havre 184
Cartas de recomendação 186
Na vitrine Goyard 187
"L. Vuitton, marca registrada" 189
Um ritmo de homem de negócios 191
A exposição "da torre Eiffel" 192
O eterno jovem 196
O bairro do prazer 201
Um endereço *so chic* 202
A batalha do nome 204
A chave do *who's who* 206
Procurar o inventor... 208
A falsa inovação da mala-armário 210
O escândalo da filha 211

Por que não a América?...213
Auxílio aos funcionários..215
O testamento de Louis..217
O último adeus 221

QUARTA PARTE | Uma bela família francesa | 1892-1970
Patrão Georges...226
Criação da estampa mais famosa do mundo....................230
Um azulejo de cozinha..232
Um tecido difícil..234
Georges na América..238
A pantera de Brazza 240
Primeiros sucessos de Georges..242
O planeta Vuitton..244
O último suspiro de Brazza...248
Monsieur Gaston...249
O gênio dos gêmeos 252
Os anos loucos: de Asnières a Vichy................................256
A crise do luxo 260
"Os trágicos acontecimentos de 1936"............................262
Alguns quilos de ouro...264
Resistir à passagem do tempo...266
Os novos veranistas de Vichy..267
Palavras já ouvidas 270
"É preciso aguentar firme" 272
Uma agenda cheia 274
A mais bela vitrine da França 277
"Outras cartas na manga" 279
Londres é requisitada..282
Espirais de fumaça...284
Os bustos do marechal..286
"10h – Vuitton" 290

A Francisque 292
O entendimento cordial.. 296
A pasta Hermès.. 299
Os "verdadeiros valores" de Henry Vuitton...................... 301
Um certo Henry Coston 304
A eficácia segundo Gaston 306
No círculo mais íntimo.. 308
A valsa dos objetos 309
No Palácio do Eliseu, passando por Asnières............. 310
Resistência e resistência... 313
Arquivos incômodos... 315
A coragem de Claude 317
"Esquecer os riscos, as angústias e os perigos".................. 319
Contratos rescindidos com os Estados Unidos 322
O fechamento da Champs-Élysées........................... 324
Leituras muito francesas.. 326
As recordações de Henry.. 328
Uma outra história 330

Agradecimentos.. 335

Notas 339

Pensam que imagino – não é verdade – recordo-me.

Van Gogh, em carta a seu irmão Théo

18 DE MARÇO DE 1942

Naquela manhã de março de 1942, no Hôtel du Parc de Vichy, diante da porta do quarto 131, que serve de gabinete para o coronel Bonhomme, ajudante de ordens do marechal Pétain*, Henry Vuitton, retesado num terno londrino de tweed cinza, com a insígnia da Ordem da Francisque na lapela, pensa em Louis, seu bisavô, fundador da casa Vuitton.

Ele pensa no jovem moleiro do departamento de Jura que, sem um tostão no bolso, percorrera as estradas da França profunda, em meados do século XIX, com a obsessão de vencer, fazer um nome e se aproximar dos poderosos, vendendo-lhes o que ele aprenderia a fazer melhor do que ninguém: primeiro malas, depois bagagens em geral e, por fim, todos os tipos de acessórios.

Henry pensa então nas gerações seguintes: em Georges, filho de Louis, e em Gaston, seu próprio pai, que souberam levar o nome Vuitton para o topo. Um dia, ele promete para si mesmo, andando de um lado para outro no corredor acarpetado que leva ao gabinete do marechal, será sua vez. Por enquanto, o jovem dirige a fábrica de Cusset, a poucos quilômetros de Vichy, e a butique que fica no térreo do Hôtel du Parc.

Quando o coronel abre a porta e o convida a entrar com um sorriso cordial, Henry está pronto: ele sabe como convencer

---

* Philippe Pétain foi um general que alcançou o título de marechal da França e, entre 1940 e 1944, atuou como chefe de estado da França de Vichy (ocupada pelos nazistas). Atualmente, é visto por muitos como colaboracionista. Depois da guerra, foi condenado por traição e faleceu na prisão em 1951. (N.E.)

o principal colaborador do chefe de Estado francês a renovar os votos de confiança em sua pessoa. A casa "Vuitton et Vuitton" produz desde o ano anterior, para o gabinete de propaganda, o busto do marechal Pétain.

    Henry sorri despreocupadamente ao entrar no aposento. Para ele, aquela é uma simples atividade comercial, uma etapa entre outras numa longa história, daquela vez imposta pelas circunstâncias. Além disso, ele sabe desde pequeno: os fornecedores sempre acabam sobrevivendo a seus clientes.

PRIMEIRA PARTE
Nascimento de um mito
1821-1854

Uma questão de nome

Louis Vuitton morre antes de completar um ano. Numa noite de 1817, em Anchay, minúsculo vilarejo do Jura, uma jovem moleira dá à luz um menino ao qual dá o nome de Louis.[1] Já mãe de uma menininha, ela logo percebe que o recém-nascido é frágil e exige toda sua atenção. Ela se dedica a ele noite e dia, mas a saúde do bebê não melhora. Apesar do amor com que tenta salvá-lo, Louis Vuitton morre antes de seu primeiro aniversário.

Quatro anos depois, aos 28 anos, Marie-Coronné Vuitton engravida de novo. Na noite de 4 de agosto de 1821, seu marido, François-Xavier, espera nervoso do lado de fora do moinho; às três horas da manhã, na peça principal, na presença de duas mulheres do vilarejo, ela dá à luz outro menino. Assim que o recebe nos braços, ela sente que aquele menino escolheu a vida. Ele é grande, vermelho e vigoroso. Seu nome não é uma questão: ele herda o "Louis", em memória do filho que morrera. A vida do segundo Louis Vuitton começa então sob o signo de um renascimento, e seu nome está destinado a se inscrever no futuro, mais do que a ficar na memória. Um nome que será sinônimo de luxo, viagens e aventuras por mais de um século e meio.

Enquanto Louis leva a vida difícil de um filho de família camponesa, sua mãe dá à luz um terceiro menino, Régis. Depois vêm mais duas filhas. A moleira dá às três filhas nomes com a mesma consonância: Victorine, Rosine, Honorine. Embora esse seja um costume bastante disseminado nos dias de hoje, preocupar-se com a sonoridade de um nome parece algo completamente descabido no início do século XIX. Até então, os nomes eram atribuídos por herança, estação, razão, nunca por preocupação estética! Entre os Vuitton, no entanto, o desejo de ver o nome *Louis* perdurar não é fruto do acaso. E Louis, pai de família, terá um interesse especial nos nomes de seus filhos. Sua primeira filha se chamará Louise. Depois ele imporá a Georges, seu único filho homem, que batize seus filhos com nomes compostos com Louis. Georges teve uma filha mais velha: Marie-Louise. Depois veio Gaston-Louis. Que por sua vez teve três filhos: Henry-Louis, Claude-Louis, Jacques-Louis. Nenhum membro da família – nem mesmo os descendentes atuais – jamais ousou quebrar essa regra. Andrée Louise Eugénie Vuitton, a mais velha das bisnetas, se fazia inclusive chamar, há alguns anos, de Andrée-"Louis".[2]

Uma pergunta permanece sem resposta: ao instaurar essa tradição, Louis pensa em si mesmo ou no irmão morto antes dele? Seja como for, ele muito cedo se preocupa em deixar uma marca póstuma. E consegue.

A grafia do sobrenome "Vuitton", por sua vez, é incerta. Um *t*? Dois *t*? Encontramos as duas formas, dependendo das certidões de nascimento, de batismo ou de óbito, redigidas por sacerdotes para quem o registro paroquial era muito mais importante que o nome do próprio paroquiano. A ortografia parece se estabelecer a partir de François-Xavier, pai de Louis: "Vuitton" passa a ser escrito sempre com dois t. Depois o erro retorna. Na certidão de nascimento de Louis... Em 1821, o prefeito escreve: "nascimento de: Louis, nascido em Anchay no dia de hoje às três horas da manhã, filho de Xavier Vuitton, domiciliado em Anchay, moleiro de profissão, com 39 anos. [...] No requerimento a nós feito pelo dito VUITON pai da criança". Um t. E a assinatura de François-Xavier: "VUITTON".

Com origem na região do Franco-Condado, de sonoridade germânica, o sobrenome é antigo na região do Jura: a aldeia de Lavans-sur-Valouse, da qual depende Anchay – localidade natal de Louis –, e a localidade de Saint-Hymetière, paróquia onde vemos surgir pela primeira vez o nome de um Pierre Vuitton, em 1688 – bisavô de Louis –, ainda contam com várias famílias Vuitton entre seus punhados de habitantes. Elas não têm nenhum laço direto de parentesco com Louis.

Filho de moleiros

Entre 1820 e 1930, os quatro filhos de François-Xavier Vuitton são criados no moinho. Marie-Coronné trabalha ao lado do marido. Os Vuitton são os moleiros de Anchay, localidade onde uma dezena de famílias vive há quatro gerações. O ofício exige experiência e habilidade para afinar o grão, mas também capacidades comerciais e financeiras para ganhar decentemente a vida. A fraude sobre os impostos é muito vigiada. A contabilidade de um moinho exige rigor, portanto, e para manter os clientes é preciso fazer malabarismos com a tesouraria. Os clientes pagam depois da entrega, às vezes fiado.

O mal que corrói o moleiro não é o cansaço, mas um mal que precisa esperar a década de 1950 para ter um nome: estresse.

Como todas as crianças do vilarejo, Louis e as irmãs passam a maior parte do dia brincando às margens do Ancheronne, riacho que corre ao pé do moinho. Louis não vai à escola: longe demais, cara demais. Quando se cansa das brincadeiras das meninas, ele deixa as três irmãs para trás e sobe ao moinho para ver o pai. Não é o trabalho do trigo que o interessa, mas o da madeira.

Pois o moinho só funciona em sua capacidade máxima alguns meses por ano, depois da colheita. No resto do tempo, é preciso encontrar outras coisas para fazer, e a roda hidráulica do moinho também permite operar uma serra.

Como todas as terras agrestes, o Jura vive graças à madeira. A região está coberta de densas florestas de faias, carvalhos, bétulas, freixos, bordos e acácias. Há séculos são fabricados, graças à arte do torno, brinquedos e objetos de buxo, a "bela madeira", bem como imensos mastros para os grandes navios do rei... Os lenhadores dos arredores procuram François-Xavier para cortar troncos ou polir o buxo, em troca de alguns francos. A mó dos Vuitton é concebida de tal modo que vários habitantes podem trabalhar ao mesmo tempo.[3] Os dias são longos e exaustivos. Enquanto nas outras famílias há pobreza, às vezes até fome, a atividade de Vuitton, moleiro e serrador, se revela rentável. A França está em plena crise econômica, cidades e campos reclamam: Charles X é detestado por camponeses e burgueses.

Assim que tem um minuto de descanso, o pai Vuitton ensina ao filho a manutenção da mó, a satisfação do esforço e o amor pelo trabalho bem-feito. Ele o ensina a conhecer cada tipo de madeira, sua utilização, sua resistência: como fazer tábuas, como juntá-las.

Hábil, apaixonado, Louis Vuitton aprende tudo. Ele ainda não tem dez anos e o ateliê de seu pai já moldou seu futuro.

Fugir da madrasta

É um garotinho assustado que, no dia 16 de fevereiro de 1831, fica sabendo que sua mãe acaba de morrer no parto, dando à luz uma quarta filha, que sobrevive.[4] Louis tem dez anos, seu pai, 38 e, na época, é impensável que um homem crie os filhos sozinho. O costume, a moral e a necessidade ditam que ele deve voltar a se casar; seu bisavô se casara três vezes.[5] O costume também ditava que, se possível, uma jovem viúva fosse escolhida, para unir as solidões. Em 16 de janeiro de 1832, exatos onze meses depois da morte da primeira esposa, François-Xavier se casa com Marie-Coronné Rochet. E a vida retoma seu curso.

O menino ajuda o pai no moinho, vigia as poucas vacas da família, cuida do irmão e das três irmãs.[6] Louis se torna um adolescente, o pai conta com ele. Garoto bonito, de jeito voluntarioso, ombros largos, cabelos rebeldes e cacheados que caem sobre a testa, o olhar claro, ele adquire "um físico de rapaz de boa família", como se diz então. Apesar de sua altura imponente, ele tem mãos muito delicadas, cheias de habilidade. Seu temperamento é um reflexo de seu tipo físico: determinado e rigoroso.

Será a adolescência que o faz ver as coisas de outro jeito? O certo é que ele não suporta a madrasta: "François-Xavier se casa de novo. A madrasta é dura com os filhos do primeiro casamento", contará Gaston, neto de Louis, em seu diário.[7] Ela engravida todos os anos e coloca os pequenos Vuitton do primeiro casamento para trabalhar. Principalmente Louis. Ele é o único menino, e o que faz todos os serviços. Ele preferiria pescar trutas com os garotos do vilarejo, mas, por respeito ao pai, ajuda sem abrir a boca. Ela dá à luz sucessivamente três filhos de saúde frágil: Jean, nascido em 1832, Élie, em 1834, e Zénon, em 1835. Todos morrem na primeira infância.[8] Depois, em 1837, nasce Joseph Armand Thémoléon Vuitton. Que sobrevive.

Louis não conhece esse meio-irmão. Dois anos antes do nascimento do menino, ao fazer catorze anos, ele decide fugir de casa. Sua madrasta vencera: "Louis não tinha um temperamento fácil, não suportava ser humilhado, acabou deixando a região", contará seu neto.[9] Certo dia de 1835[10], Louis anuncia ao pai sua intenção de ir para Paris. Ele poderia ter escolhido Lons-le-Saunier ou Dole, as duas cidades mais próximas de Anchay, até onde chegavam as esperanças de seus amigos. Mas ele tem uma única coisa em mente: subir até a capital. De onde vem esse sonho estranho, num menino que nunca deixou seu moinho? Louis se encontraria com algum membro da família? A lenda familiar não menciona essa hipótese. Mas ela é verossímil: uma mesma assinatura aparece em todos os registros civis de Louis a partir de então[11], informando a presença de seu cunhado em Paris: Laurent-Marie Vuitton, um primo de Louis que se casara com sua irmã mais velha, como acontecia antigamente. Até sua morte, esse Laurent Vuitton permanecerá muito próximo de Louis.

Seja qual for a hipótese adotada, Louis vai para a capital em busca de trabalho. Ele ouve os caixeiros-viajantes elogiarem a vida parisiense? A historiadora Geneviève Mathis-Pont descreve Paris tal como podia imaginá-la um habitante do Jura à época: "Paris, vasta metrópole que segura as rédeas da França, e seus evidentes efeitos econômicos e sociais. Lugar de comércio intenso, de trocas favorecidas pela Corte, pela concentração de uma rica sociedade artística e burguesa em que se ganha dinheiro e onde ele circula. Paris, que atrai os camponeses desempregados e prontos para a aventura".[12] O jovem Vuitton, filho de moleiro, não sabe nem ler, nem escrever. Ele tem consciência de que somente um trabalho manual estaria a seu alcance.

A história não diz se Louis parte com o consentimento do pai. Sabemos que, certa manhã, ele deixa Anchay, "sem dinheiro"[13], com poucas moedas no bolso, sapatos com sola de ferro, habilidades adquiridas no ateliê paterno e duas ou três peças de roupa numa trouxa de pano. Ele tem quatrocentos quilômetros pela frente. E não tem medo da viagem: já passou a época em que bandos de malfeitores, guerras civis e revoluções tornavam as estradas pouco seguras. Se durante a Revolução e sob o Império o trajeto pertencera aos exércitos e aos correios do imperador, a partir de 1818 a viagem, por necessidade ou lazer, se torna mais fácil. A paz retorna, as pessoas ousam sair de suas cidades e de suas províncias.[14] O estado das estradas melhora: começa a ser utilizado, para a renovação das maiores, o procedimento do escocês McAdam. As diligências são mais confortáveis, mais espaçosas, como as carruagens da Messageries Générales de France, dos srs. Laffitte e Caillard, pintadas de amarelo e divididas em três compartimentos (cupê, rotunda e imperial), que prefiguram as três classes de trens das estradas de ferro. Na curva de uma estrada, Louis às vezes cruza com uma mala-posta, reservada aos privilegiados. Ele às vezes se deixa sonhar. Sonha que se senta ao lado do condutor... Nem todos têm meios para pagar por uma diligência. E Louis Vuitton não é o único a viajar a pé. Há uma multidão com ele nas estradas: artesãos, peregrinos, mercadores, caixeiros-viajantes, cavalos, charretes, carroças puxadas por animais. Vários tipos de viajantes.

Caminhando no acostamento, com a trouxa de roupas amarrada numa vara, o garoto se torna, com o passar dos dias, um observador insaciável daquele tráfego. Às vezes, ele pena para avançar. Entre barrancos e muita poeira, caminhar cansa, embora bastem quatro dias de mala-posta para ir de Lons-le--Saunier a Paris, na vertiginosa velocidade de doze quilômetros por hora... Victor Hugo, que pegou várias vezes essa diligência, deixou o seguinte testemunho: "Saltamos, dançamos, batemos, ricocheteamos, caímos sobre nosso vizinho... Não há nada comparável aos sonhos de um sono aos solavancos. Dormimos e não dormimos...".[15] Para Louis, a diligência não é uma possibilidade: com uma tarifa de doze soldos por légua, nem pensar em subir a bordo de uma! E nem pensar no outro meio de transporte de que todos falam naquele ano: a estrada de ferro.

Uma estrada... de ferro

Pois a estrada de ferro existe desde 1831: os irmãos Séguin, que começaram as obras da primeira via férrea francesa entre Lyon e Saint-Étienne, transportam de cinquenta a sessenta viajantes por dia em coches-diligências providos de uma parte superior chamada de *imperial*, atrelados aos comboios de carvão! Em 1833, quando as linhas são totalmente abertas por 56 quilômetros, leva-se seis horas para percorrê-las. No início, muitos acidentes atrasam a viagem. As pessoas caminham nos trilhos, às vezes saltam dos vagões em movimento.[16]

Para Louis, a estrada de ferro é algo impensável. Os vagões-diligência, a imperial com banqueta e os vagões de mercadorias, grandes caixotes de madeira cheios de buracos para deixar a água da chuva escorrer, ainda são privilégio de uma elite, e numa única linha férrea, ainda por cima. Quanto às bagagens, dizem que elas ficam no teto dos vagões, cobertas por uma lona que as protege do pó e da fúria das intempéries.

Louis tem outras preocupações. Todas as noites, ele precisa de dinheiro para pagar por um teto e um jantar. Por isso, aluga seus serviços ao longo do caminho[17], como garoto de estrebaria ou ajudante de cozinha. Pouco a pouco, encontra trabalhos mais interessantes junto a moleiros e lenhadores[18], e não hesita em fazer um desvio assim que ouve falar que precisam de braços para derrubar uma floresta ou desbastar uma mata. Ele não tem pressa de chegar a Paris. A viagem também é uma inesperada ocasião de conhecer as essências das florestas de outras regiões. Ele amplia seu conhecimento sobre madeira, aprende a trabalhar com a castanheira e a cerejeira-brava, com o carpino e o choupo, madeiras que mais tarde utilizará na fabricação de suas malas. No início da viagem ele sente falta do pai, depois já não pensa mais nele. Os dias de trabalho e as amizades com os companheiros de viagem quase o fazem esquecer que deixou o moinho há mais de um ano.

Em 27 de junho de 1836, enquanto Louis, do alto de seus quinze anos, trabalha duro para chegar à capital, uma linda menina vem ao mundo: Clémence-Émilie.[19] Ela é a filha de Nicolas Feréol Parriaux, moleiro em Créteil, um grande povoado de 1.600 almas a doze quilômetros, ou uma hora a cavalo, de Notre-Dame de Paris. Créteil ainda fica no campo: o nome da aldeia, que vem da palavra *Cristoïlum*, significa "clareira sobre a crista". Campos de trigo, centeio, aveia e cevada se estendem a perder de vista. O vilarejo tem algumas lojas e até mesmo duas escolas. Na época, se os habitantes de Créteil vão a Paris para trabalhar, os de Paris, por sua vez, compram em Créteil suas casas de campo. São médicos, oficiais, comerciantes ricos. É preciso dizer que é bom viver em Créteil; na época, Victor

Hugo canta as lavadeiras do Bras du Chapitre, rio às margens do qual o sr. Parriaux tem seu moinho, também chamado de "moinho de jusante" ou "antigo moinho novo". Nos cartões-postais de hoje ele se tornou o "velho moinho". Construído no século XVII, a jusante do vilarejo, na ilha Brise-Pain[20], ele funciona como fábrica de papel e manufatura de papelão.[21] Embora as condições de vida dos habitantes sejam miseráveis, a família do moleiro está ao abrigo de inquietações financeiras. E a mãe de Clémence-Émilie não trabalha.

A CHEGADA EM PARIS

Em Paris, onde Louis Vuitton chega em setembro de 1837, depois de passar dois anos na estrada, Luís Filipe I ocupa o trono desde a Revolução de Julho, travada sete anos antes. Ele recusara o título de "rei da França", que o transformaria em Filipe VII, preferindo o de "rei dos franceses".* Jurara fidelidade à Carta Constitucional de 1814, revisada para permitir a adoção da bandeira tricolor. E aceitara a diminuição do imposto censitário, que dava direito ao voto, abolira a censura e autorizara uma certa liberdade de imprensa.

Do outro lado das grades do Palácio das Tulherias, onde ele morava, o povo reclamava. O rei herdara mais problemas do que poder. Ele é contestado por legitimistas, bonapartistas e republicanos. Cada grupo tentava derrubar seu regime, e mesmo assassiná-lo. Para não deixar as forças da Câmara se unirem contra ele, o rei tentava fazer com que elas se desentendessem entre si. Os presidentes do Conselho se sucederiam,

---

* "Rei dos franceses" remonta ao título usado antigamente na França, "Rei dos francos". Essa escolha marca a mudança de um monarca cujo título era hereditário para um conduzido pelo povo. (N.E.)

primeiro Thiers, depois Molé, por trás dos quais Luís Filipe I se ocultaria por muito tempo para governar.

Pouco interessado nas novidades políticas que agitam o país, o jovem Louis Vuitton tem uma única prioridade: encontrar trabalho. Comer. Dormir. Ganhar dinheiro. Ele tem um trunfo: seus dezesseis anos, a idade ideal para se tornar aprendiz. Seu filho, seu neto e seu bisneto também entrarão na vida ativa na mesma idade.

Louis ainda não sabe ler, mas conhece bem a madeira, sabe apreciá-la e respeitá-la; ele visita os ateliês para oferecer seus serviços. E não precisa procurar muito. Sua experiência e sua disponibilidade despertam interesse. No início do outono de 1837, ele conhece, ainda sem saber, uma pessoa que será determinante em sua vida: Monsieur Maréchal, *coffretier-layetier-emballeur*, fabricante de baús, cofres e embalagens, que dirige uma das casas mais renomadas da capital. Maréchal lhe oferece um emprego em que ele receberia um salário, conforme os costumes da época, uma bancada como cama, um saco de lascas de madeira como travesseiro e duas refeições por dia.[22] E lhe promete mais responsabilidades se o trabalho for bem feito. Louis aceita na hora. Ele tem consciência da própria sorte: "Nunca ouvi meu avô se queixar", escreverá seu neto vários anos depois.[23]

Um verdadeiro ofício

Layetier-emballeur... Curioso nome, curioso ofício, que consiste em embalar os mais diversos objetos. No século XIX, embala-se tudo que precisa ser deslocado. E cada vez mais coisas são deslocadas. Mas os meios de transporte, a cavalo ou diligência, não protegem dos choques. Cada viagem, cada entrega, precisa recorrer a um *layetier-emballeur*.

O ofício de *emballeur* remonta no mínimo a 1521, data em que, sob o reinado de Francisco I, menciona-se pela primeira vez os estatutos que regem essa profissão.[24]

A palavra *layetier* aparece por sua vez em 1582, originada da palavra *laie*, pequeno cofre da Idade Média onde são guardados documentos de valor, joias e roupas leves. Em 1661, por metonímia, passa-se do continente para o conteúdo, e a *layette* designa o enxoval reservado aos bebês. No século XIX, *layetier* designa o fabricante de cofres ou caixas de madeira, usados para embalar. As duas palavras, *layetier* e *emballeur*, são associadas para designar uma mesma profissão. Também se diz *layetier-écrinier*.

Quando uma pessoa tem objetos para transportar, qualquer que seja sua natureza, ela manda chamar o *layetier-emballeur*, que mede os objetos a domicílio e então cria caixas para eles. Espécie de marceneiro, ele não utiliza nenhum encaixe para reunir as diversas partes de suas caixas. Ele as reúne com pregos ou lâminas metálicas. No tampo, ele fixa pequenas ripas de madeira lisa, sem nós, semelhantes à madeira escolhida para a caixa.[25] Ele trabalha sobre uma bancada, com algumas ferramentas de marcenaria – plaina, serra, garlopa... – e com ferramentas específicas, como a colomba (uma grande garlopa) e o compasso para as caixas redondas. O trabalho é minucioso: medição exata das dimensões, montagem com pregos, verificação das medidas com o compasso, fixação do fundo em alguns pontos, fabricação do tampo e, às vezes, colocação de dobradiças ou fechaduras.

A grande dificuldade do ofício de *layetier-emballeur* consiste em conceber uma caixa ao mesmo tempo sólida e leve, a fim de evitar danos às mercadorias e custos elevados de transporte, além de facilitar o desempacotamento.[26]

A melhor representação do *layetier-emballeur* sem dúvida aparece no quadro de Antoine Watteau, *L'Enseigne de Gersaint* (1721), hoje conservado no Staatliche Museen de Berlim, onde um artesão acomoda numa caixa um quadro emoldurado, retrato do falecido rei, acondicionado com palha. O fim de uma época em que o Rei Sol dá lugar à regência e em que o mecenas dá lugar ao *marchand*.

À primeira vista, empacotar objetos e roupas pode parecer fácil. Mas esta é uma arte sutil no século XIX, se pensarmos na diversidade de objetos a serem transportados: móveis, espelhos, quadros, pêndulos, copos, garrafas, roupas. Nada é protegido da mesma forma. Por exemplo: as luminárias são desmontadas, seus diferentes pedaços são acondicionados em pacotes separados, suas douraduras são envolvidas com papel de seda, e a seguir todas as partes são colocadas numa pequena caixa, onde são ao mesmo tempo isoladas e reunidas. Por último, para não deixar espaços vazios, usa-se papel picado. Uma verdadeira arte! Para uma viagem longa e em tempo úmido, escolhe-se uma caixa em *toile maigre*, isto é, revestimento a frio. Em caso de envio marítimo, o *layetier* pode sugerir uma caixa em *toile grasse*, revestimento a quente. Louis Vuitton logo se interessa por este segundo método: o revestimento a quente é de cor clara e impregnado de substâncias betuminosas, aquecidas ao serem utilizadas. Depois que essas substâncias amolecem com o calor, o revestimento é aplicado com pressão sobre a caixa, esfriando lentamente e aderindo à madeira. Os primeiros métodos de colagem... Sobre a caixa assim revestida, aplica-se o revestimento a frio, que finaliza a vedação, impede que a umidade contamine o conteúdo da caixa e preserva o revestimento a quente de ser rasgado.[27]

Caixas e crinolinas

Nesse primeiro terço do século XIX, a profissão de *layetier--emballeur* é exercida essencialmente nas grandes cidades, onde o volume de transações precisa de especialistas.[28] Nos outros lugares, os marceneiros assumem a tarefa. A casa André Chenue, *layetiers-emballeurs* desde 1760[29], explica que depois de chegar a seus hotéis ou a suas casas de campo, os clientes confiam a seus funcionários o desempacotamento e a colocação da roupa suja em caixas mais simples. Quando os ricos burgueses da corte querem que profissionais cuidem do retorno de seus pertences, eles recorrem a *layetiers-emballeurs* da capital, dos quais alguns – como a casa Chenue – têm correspondentes no interior.[30] O *layetier-emballeur* nunca acompanha a viagem.

As caixas não servem apenas para viajar. Na corte de Maria Amélia e Luís Filipe, onde nasce a crinolina, as costureiras precisam de caixas de madeira clara para entregar seus volumosos trabalhos nas casas de suas clientes. Cada vestido é embalado separadamente. A moda dita que as mulheres usem saias franzidas na cintura, com vários babados. Para se conseguir um efeito de volume, é preciso acumular camadas. Às vezes são utilizadas até seis anáguas! A mais rígida, que deve dar o máximo de volume ao vestido é feita com uma mistura de linho e crina: a *crinolina*... Ao longo da década, a tendência vai no sentido do aumento cada vez significativo das saias, bem como da variedade de tecidos. Apreciam-se o percal e a musselina leve para as roupas de baile, a seda e os tecidos mais pesados para as roupas de dia.[31] A mulher aos poucos se vê oprimida pela quantidade de anáguas e pelo peso dos tecidos. Alguns ficam indignados com o espaço que ela ocupa assim vestida, outros a acusam de arruinar o marido para ter essas roupas.

Maréchal, como os outros *emballeurs*, se beneficia daquela moda. "Com Monsieur Maréchal, Louis, aprendiz esforçado e inteligente, aprende tanto o ofício de fabricante de malas quanto o de embalador de vestidos", contará seu filho.[32] Todos os dias, dos ateliês Maréchal, que ficam no número 327 da Rue Saint-Honoré, e no número 10 da Rue du Vingt-Neuf-Juillet[33], saem dezenas de caixas de madeira clara. A maioria vai para a casa de aristocratas e burgueses, que viajam de diligência ou mesmo pela estrada de ferro.

Encruzilhada da Europa, as obras da linha Paris-Saint Germain têm início. Em Paris, é um acontecimento: os primeiros trilhos são instalados. Louis, que trabalha quinze horas por dia, dedica seus raros momentos de lazer a percorrer as trincheiras e aterros dessa primeira via férrea. Ela vai até Pecq: a colina de Saint-Germain é abrupta demais para as locomotivas da época. Os mal-humorados criticam aquela invenção. No Observatório de Paris, Arago chega a predizer desabamento de túneis, congestão no peito para os passageiros e asfixia quando além dos sessenta quilômetros por hora.[34] Do outro lado do Atlântico, os nova-iorquinos também vivem um grande momento. Em 22 de abril de 1838, eles aplaudem a espantosa chegada – pontual, com cinco horas de diferença! – dos dois primeiros navios que atravessam o Atlântico sem a ajuda do vento: o *Sirius* e o *Great Western*. Para chegar a Nova York dezessete dias depois de sair de Cork, o *Sirius* queimara os mastros e cordames: seu estoque de carvão não fora suficiente.

O TURISMO

Diligências... Barcos... Em breve, barcos a vapor e trens. Tem início a era do *turismo*, palavra que vem do francês *tour*, viagem ou passeio, que aparece na língua inglesa no século XVII para se referir a jovens *gentlemen* britânicos acompanhados de seus preceptores, fazendo um *tour* ou *Grand Tour* do continente. Os jovens aristocratas da época viajam aos Países Baixos, às províncias renanas, à França e à Itália. Dois séculos depois, as viagens iniciáticas para o "oriente" se multiplicam: Espanha, Grécia, Egito e o Bósforo. Como um retorno das cruzadas. O *turismo* designa uma circularidade que leva o viajante de volta ao ponto de partida, enquanto a *viagem* significa, etimologicamente, "o caminho a percorrer".[35]

Na língua francesa, a palavra *turismo* surge em 1803. Em 1838, Stendhal a utiliza em *Memórias de um turista* para designar o viajante lúdico, que viaja para ocupar seu tempo. O dicionário *Littré* também define o turista como "o viajante que percorre as regiões por curiosidade e para passar o tempo". Chateaubriand e Hugo veem na viagem um meio de fugir do *spleen*...[36]

No Faubourg Saint-Honoré, no ateliê Maréchal, esse entusiasmo pelo turismo se faz sentir. As pessoas viajam. E precisam de baús. Os artesãos trabalham sem parar para honrar as encomendas. Louis divide seu tempo entre o ateliê – onde corta, recorta, aplaina e ajusta as madeiras com precisão – e os dourados salões dos clientes, onde seu patrão pede que o acompanhe para tomar medidas. Em seus longos dias, os dois não param de correr do Faubourg Saint-Germain ao Faubourg du Roule, do Palais Royal à Rue de la Paix. Uma noite, voltando do bairro de La Madeleine, eles avistam uma nova loja na Rue Basse-du-Rempart, a dois passos da casa Maréchal. A manufatura de um *sellier-harnacheur*, um seleiro-arreador. Dizem que pertence a um certo Thierry Hermès, nascido na Alemanha em 1801 e exilado em Paris. O uso do cavalo, na capital, está em plena expansão e incita, à época, a competição entre os melhores carroceiros, seleiros e arreadores. Rapidamente, os arreios da casa Hermès podem ser encontrados nas mais belas carruagens da cidade. A história do famoso seleiro, que mais tarde se estabelece, para nunca mais sair, no número 24 a Rue du Faubourg Saint-Honoré, está apenas começando.

VENTOS REVOLUCIONÁRIOS

Dois anos se passam. Karl Baedeker, editor em Koblenz, publica o primeiro guia turístico do mundo, *Viagem sobre o Reno de Mainz a Colônia*.[37] Louis Vuitton se torna "primeiro auxiliar" na casa Maréchal. Suas novas funções o fazem percorrer Paris a pé. Em 15 de dezembro de 1840, ele consegue encontrar tempo para assistir, ao lado de cem mil pessoas aos prantos, ao retorno das cinzas de Napoleão I. Ele guarda do dia uma lembrança desencantada: esperou três horas num frio glacial para avistar ao longe o carro fúnebre coberto por um pano negro e puxado por dezesseis cavalos[38] na direção dos Invalides. Em Londres, cuja supremacia é total à época – a cidade é a primeira praça financeira do mundo –, o governo fica exasperado com o evento. Em Paris, a Monarquia de Julho tenta reconciliar as diferentes facções, que se opõem desde a queda do Império. Guizot, nomeado primeiro-ministro por Luís Filipe, define sua política com uma palavra: "Enriqueçam". A paz externa favorece a prosperidade agrícola e comercial. É o início da indústria. Com ela, surgem também os reformadores sociais ditos "socialistas", que denunciam a pobreza e a anarquia provocadas pela livre concorrência. A partir de 1840, embora os negócios prosperem, a miséria dos operários aumenta.

Em 1847, depois de um ano de seca, as colheitas são catastróficas. Uma crise econômica atinge o país em cheio. O custo de vida aumenta, as empresas entram em falência, o desemprego cresce. Paralelamente, fortunas são construídas com base na especulação, especialmente da construção das estradas de ferro. As classes operárias são as mais prejudicadas pela interrupção brutal dos negócios e dos licenciamentos. A morte do herdeiro da coroa, o populariíssimo duque de Orléans, e o envelhecimento do rei, alheio ao descontentamento geral que ameaça seu trono, anunciam o fim da monarquia. A oposição organiza banquetes para o povo. A proibição e a repressão de um desses banquetes, em 21 de fevereiro de 1848, levam à demissão de Guizot, o primeiro-ministro, pilar do regime. Dois dias depois, em 23 de fevereiro, um levante popular, diante do ministério dos Negócios Estrangeiros, reúne fabricantes abastados e lojistas ameaçados de falência, solidários com os desempregados mais miseráveis.

Naquela noite, por volta das dez horas, Louis Vuitton volta de uma corrida urgente à embaixada da Rússia, na Place Vendôme. Nas chancelarias, há preocupação com as barricadas erguidas aqui e ali: em uma tarde, Paris parece viver um levante generalizado. Na Rue des Capucines, Louis não faz ideia da noite que terá pela frente. O ateliê de seu patrão fica bem perto, ele já se vê na cama. Mas ao chegar ao cruzamento do Boulevard de la Madeleine, ele é subitamente arrastado pela multidão. Um tiro de pistola se faz ouvir, segue-se um tiroteio. Louis se abriga sob um alpendre e, à luz das tochas, distingue revoltosos caindo sob os tiros: a revolução de 1848 acaba de começar.* Depois que as tropas se retiram, Louis vê passar uma carroça com dezesseis cadáveres.[39] Sob o impacto daquela visão, ele volta para o ateliê, enquanto os insurgentes

---

* Primavera dos Povos: onda de revoluções ocorrida na Europa devido aos regimes autocráticos e à crise econômica. Na França, o conflito levou à queda de Luís Filipe. (N.E.)

avançam para as Tulherias gritando "Viva a República". Ao alvorecer, Luís Filipe abdica a favor de seu neto, o conde de Paris. Ninguém o aceita. Em 24 de fevereiro de 1848, no Hôtel de Ville, a Segunda República é proclamada.

Ao lado da burguesia, os trabalhadores se tornam senhores. Alguns anos antes surgia uma frase que se tornara célebre: "Trabalhadores do mundo, uni-vos". Ela vinha do meio operário francês. Para além de um grito de dor, ela será a palavra de ordem de uma classe que nunca mais deixará de lutar para se fazer ouvir. Naquele início do ano de 1848, uma Liga dos Comunistas publica em Londres seu *Manifesto*, redigido pelo jovem Karl Marx. Antes de ser expulso da França por Guizot, Marx debatera com Proudhon, teórico socialista francês, pai da autogestão e do anarquismo, a respeito do sentido de seu lema proletário: a existência das classes está ligada às fases do desenvolvimento da produção, a luta só pode terminar com o triunfo da classe mais numerosa e, depois, com o desaparecimento de todas as classes. Louis Vuitton não se considera um operário. Aprendiz no ateliê de um artesão, ele vive em bons termos com seu patrão e, a seu ver, quase em pé de igualdade. Ele não é infeliz. Trabalha a madeira, aprende o comércio, é iniciado no funcionamento de uma grande empresa. Ele embala os vestidos mais bonitos, os chapéus mais extravagantes, os ternos mais caros. Ele se adapta a todas as demandas, satisfaz todos os caprichos, desenha modelos de caixas sob medida, constitui uma clientela para si. Seu trabalho não é penoso. Seu pagamento é correto. Não há nenhuma relação de exploração. O sr. Maréchal confia nele e o trata com um filho. Ele é, como todos os Vuitton depois dele, um artesão, um artífice, a serviço dos grandes. Em outras partes, a classe operária tem vários outros motivos para lutar.

Os trens de lazer

No outono de 1848, Louis observa de longe as peripécias que levam à eleição de um presidente da República: ele não tem o direito de voto, reservado aos ricos e proprietários de terras. Ele está mais interessado no comportamento dos viajantes e, principalmente, em suas bagagens. "Fazer caixas o satisfazia pouco"[40], diz o diário de seu neto.

Em novembro, Louis conhece outro artesão *layetier-emballeur*, François Goyard. Este jovem acaba de fazer vinte anos e festeja naquele dia a obtenção de seu *livret d'ouvrier*[41], uma carteira de trabalho que lhe dá o direito de trabalhar para Morel, um *layetier-emballeur* instalado no número 347 da Rue Saint--Honoré. Depois da Revolução, a polícia desconfia em especial da população operária.[42] Ela receia os viajantes, os vagabundos, e endurece as fiscalizações com todos os meios à disposição. Ela reforça a necessidade, instaurada no início do século, de se ter um *livret d'ouvrier* para trabalhar, uma espécie de certificado preenchido pelo empregador. O jovem Goyard tem muito orgulho do seu[43]: o pai, sócio do negócio de Morel, lhe transmitira a paixão pela madeira, pelo empacotamento, pelos acabamentos, pelo trabalho bem-feito e pela moda. Juntos, François Goyard e Louis Vuitton falam em viagens... e sonham com bagagens. Os dois sentem a mesma admiração pela Inglaterra, pátria do turismo e da mala. Eles imaginam todo tipo de cofres que caibam nos compartimentos em deslocamentos curtos.

A partir de 1842, a estrada de ferro já não espanta mais ninguém. Ela já leva a Versalhes e Saint-Germain, em 1843 se estende até Rouen e Orléans, em 1849 até Sceaux, Tonnerre e Meaux. É possível ir de Paris a Bruxelas, e de Estrasburgo à Basileia, graças às primeiras linhas internacionais. A estrada de ferro entra nos costumes. As viagens de passeio, aliás, aos poucos também atraem uma clientela mais modesta. Durante o verão de 1850, o interesse do público se dirige para uma nova forma de viagem, oferecida pelas companhias ferroviárias do oeste e do norte da França: os "trens de lazer". O conceito é inovador. Por uma quantia módica, esses trens impõem aos viajantes uma hora de partida e uma hora de retorno previamente estabelecida. Basta inventar um pretexto para esses deslocamentos: uma festa, uma excursão, um dia no campo? Há mil razões. Os viajantes se amontoam nas estações, no verão e no inverno. Eles apreciam a pontualidade e a segurança desse novo meio de transporte. Para Louis, não há nada mais apaixonante do que assistir, na Gare Saint-Lazare, durante um feriado, à partida e à chegada desses trens, que oferecem idas e voltas num mesmo dia, ou um passeio de dois ou três dias nos finais de semana, ou ainda verdadeiras temporadas de repouso.

Os ingleses, na origem da aventura da estrada de ferro, se veem superados no quesito conforto, apesar de terem a reputação de ter os fiacres mais luxuosos do mundo.[44] Um dos primeiros viajantes desses périplos a bordo dos "trens de lazer" compra, em 2 de agosto de 1849, "uma semana em Londres, 200 francos por todas as despesas". "Às nove horas, a plataforma da estrada de ferro apresentava um quadro muito original, o mais colorido que se possa imaginar. Todos os excursionistas estavam presentes. Havia famílias inteiras, artistas, militares, lojistas, operários, padres; enfim, nossa caravana era, de certo modo, a arca de Noé da sociedade parisiense. De Paris a Rouen e Le Havre, o trajeto felizmente passou muito bem e bastante rápido. Em Le Havre, o trem chegou por volta das quatro horas, precisamos esperar até as dez horas para embarcar... (aborrecimento das operações da alfândega, onze horas de travessia, duas horas de espera em Southampton). Pegamos o trem para Londres. Os viajantes foram colocados em vagões de segunda classe. Esses vagões só tinham bancos e encostos de madeira. A comparação é em tudo favorável a nossos vagões. Que ninguém venha nos elogiar, como se costuma fazer, o 'conforto' dos ingleses."⁴⁵

Pelas anedotas e conversas entreouvidas nas plataformas das estações, Louis Vuitton entende que o preço do transporte das bagagens é indecente: as malas são pesadas, as crinolinas e os chapéus são impossíveis de transportar em simples sacolas. Os viajantes, ricos ou menos ricos, logo se sentem sobrecarregados. Em seu diário, Juliette Drouet conta uma de suas viagens ao lado de Victor Hugo: "Na outra cabine da diligência, viajantes se queixavam da enormidade do preço do transporte das bagagens nas estradas de ferro, principalmente do pouco peso que se concedia gratuitamente a cada viajante: 10 quilos por viajante e 25 quilos nas diligências".⁴⁶

Louis ouve tudo com atenção. Ele gostaria de poder anotar tudo. Mas ainda não sabe escrever... Então ele toma uma decisão: usar suas pequenas economias para se alfabetizar.⁴⁷ Ele consegue um preceptor e à noite se dedica com afinco aos livros e cadernos. Sua vontade é inabalável. E, em poucos meses, ele consegue preencher as primeiras páginas de uma caderneta.

O ENCONTRO COM WORTH

Em 1º de maio de 1851, Luís Napoleão Bonaparte é eleito presidente da República. Os dias quentes começam e Louis lamenta não estar em Londres: a jovem rainha Vitória e o príncipe Albert inauguram a primeira grande Exposição Universal sob a majestosa estrutura do Palácio de Cristal construído no Hyde Park. Louis, como todos os parisienses, teria adorado conhecer as enormes prensas hidráulicas, a prensa tipográfica capaz de produzir em uma hora 5 mil exemplares do *Illustrated London*, a locomotiva que supera os cem quilômetros por hora e o aparelho fotográfico do francês Daguerre. Seis milhões de visitantes afluem de toda a Europa. Um grupo de nova-iorquinos comparece graças à viagem organizada pela primeira "agência de turismo" do mundo, criada naquele ano em Leicester, por Thomas Cook.[48] Dez anos antes, em 5 de julho de 1841, esse antigo marceneiro organizara a primeira viagem de trem em grupo, para levar militantes antiálcool da "Sociedade da Esperança" até uma manifestação da "Liga da Temperança" em Longborough. O sucesso da expedição o incita a organizar outras viagens, que ele acompanha.[49] Seu sucesso é absoluto.

Em Paris, entre os clientes de Maréchal, Louis cruza com felizes privilegiados que tinham visitado a Exposição Universal. Ele passa horas ouvindo as inovações técnicas apresentadas do outro lado da Mancha.[50] Escutar, falar, compreender. A necessidade é seu credo. E ele pressente novas necessidades em todos os setores. Mas também sabe como a Inglaterra está adiantada.

Naquele ano, se prêmios fossem concedidos aos trabalhadores, Louis sem dúvida teria concorrido ao título de melhor *layetier-emballeur* da França. Mais tarde, seu filho Georges insistirá sobre esse ponto em seu diário: "Dotado de uma inteligência notável, ele dedicou todos os seus pensamentos a seu ofício e aos poucos se tornou um artesão fora de série".[51] Ele se torna conhecido por sua habilidade, pela precisão de seus gestos, pelo cuidado que confere aos objetos e roupas. Ao recorrer à casa Maréchal, os clientes passam a solicitar o trabalhador Vuitton. Louis frequenta assiduamente os ateliês da casa Gagelin et Opigez, que fica no número 83 da Rue de Richelieu. O mais importante *drapier* parisiense deve seu renome aos tecidos e xales de seda que vende[52]: os costureiros escolhem seus tafetás e musselinas nas inesgotáveis galerias da loja. É lá que Louis um dia conhece um jovem inglês, Charles Frederick Worth, primeiro auxiliar da casa. Ele chegara de Londres depois de estudos contábeis e têxteis. Louis e Charles Frederick têm personalidades diferentes. O primeiro é reservado, o outro é exuberante. Um é intelectual, o outro manual. Eles têm em comum a paixão do sob medida, do confortável e do prático, a exigência e o gênio criativo. Worth começa a desenhar para sua esposa, Marie Vernet, manequim da casa Gagelin, modelos de vestidos que se projetam para trás. A silhueta se torna mais esguia. Gagelin vê que pode tirar proveito daquilo: Marie é autorizada a apresentar às clientes esses vestidos, feitos com os tecidos da casa. Worth quer o fim da crinolina? Entre os costureiros parisienses, há zombaria. No entanto, as clientes de Gagelin querem usar as roupas da jovem Marie. A casa sugere então a Worth que abra um pequeno setor para vender seus vestidos. Ele expõe modelos que a clientela pode encomendar em qualquer tecido vendido na loja. Uma revolução se prepara: o "sob medida" logo perderá espaço para a "coleção".

"ÉMILIE"

A poucas ruas de distância, a relação entre Maréchal e Vuitton evolui como a de Gagelin e Worth. Quinze anos de trabalho em comum aproximam o mestre de seu funcionário, que se torna um robusto homem na casa dos trinta anos: Louis admira muito o patrão, que tem muito orgulho de sua pessoa. As mulheres elegantes da alta sociedade parisiense o solicitam, ele é o *emballeur* dos costureiros mais renomados. A confiança profissional que se estabelece entre os dois homens é acompanhada de uma amizade quase filial. Maréchal convida regularmente o empregado à sua casa, acima da loja, para beber algo ao fim do dia de trabalho. Louis tem apenas uma irmã e um cunhado em Paris[53], e sai pouco. Em quinze anos de trabalho duro, não teve tempo de fazer muitos amigos. Nos domingos, Maréchal às vezes o convida a acompanhá-lo num desses passeios ao campo que se tornaram moda na classe média burguesa. É numa dessas viagens que, uma tarde, ele conhece um conterrâneo do Franco-Condado[54], Nicolas Feréol Parriaux, proprietário, como seu pai, de um moinho: o moinho de Créteil. Parriaux não trabalha nem com madeira, nem com farinha; ele faz pasta para papel e papelão, material que começa a ser utilizado para empacotamento. Parriaux lhe apresenta sua filha, Clémence-Émilie, que todos chamam de "Émilie". Ela tem dezesseis anos e temperamento forte. A jovem é sensível ao olhar franco do rapaz. Ela observa sua cabeleira espessa, ondulada como a dos aristocratas, e o pega-rapaz no topo de sua fronte estreita. Ela o imagina na frente do espelho, tentando controlar a irritação com os cachos rebeldes. Ela observa suas mãos particularmente finas para um homem de ombros tão largos. Suas unhas são bem-cuidadas, e Émilie adivinha a preocupação de ser impecável, pressente sensibilidade e refinamento. Enternecida, troca magníficos sorrisos com aquele jovem muito determinado. Com os cabelos presos em tranças sobre a nuca, os olhos claros e curiosos, a jovem é deslumbrante. Louis cora muito, depois se apaixona.

  Desde que foi apresentado aos Parriaux, Louis transborda de energia. Ele pensa no futuro e se projeta num tempo muito além da próxima temporada de embalagem de mercadorias.
  Passam-se um verão e um inverno. E se ele se casasse? Ele ama Émilie profundamente. Mas não tem dinheiro para

um dote, nem um ofício de verdade, nem mesmo a roupa adequada para cortejá-la. Ele tem apenas a idade – na época, chega-se à maioridade aos 25 anos. Uma ideia ousada germina em sua mente: e se ele tivesse seu próprio negócio, como Worth começava a fazer? Ele já aprendera todas as sutilezas de seu ofício e se tornara um embalador solicitado. Ele não ousa pensar mais do que isso e promete falar a respeito com Émilie. Mas ele precisa esperar: naquele mês de março, a jovem está de luto. Ela acaba de perder o pai.[55] E não pode receber um admirador. A não ser que ele seja seu noivo.

O Bon Marché de Boucicaut

Numa tarde de primavera, Louis pede uma "licença excepcional" ao sr. Maréchal. Ele deixa o Faubourg Saint-Honoré, atravessa o jardim das Tulherias, passa pela Pont Royal e chega à Rue du Bac, na época margeada pelo riacho de que a sra. de Staël tanto gostava, a artéria central do Faubourg Saint-Germain.[56] Ele caminha na direção do Bon Marché, a primeira loja de departamentos da França.

A história de seus fundadores, o casal Boucicaut, o intriga muito. E não sem razão. Ela é reveladora do que pode acontecer em meados do século XIX naquela Paris onde tudo é movimento, mudança, invenção, onde as fortunas crescem e desaparecem, onde as ruas se abrem, onde surge uma classe média preocupada em imitar os ricos. Há lugar para um novo tipo de comércio, com mais opções aos compradores. Esta é a aposta extraordinária de Aristide Boucicaut. Como Louis, esse filho de chapeleiro deixara muito jovem seu vilarejo natal no departamento de Orne para "subir" à capital. Boucicaut também aprendera as duras leis do mercado vendendo quepes nas estradas da Normandia. Em Paris, em 1835, ele é contratado como vendedor na Petit Saint-Thomas, uma grande loja de novidades. Ávido para se instruir, ele aprende a ler, escrever, estuda a língua inglesa e se torna, em dez anos, o comprador-chefe do setor de xales. Ele conhece então Marguerite, uma órfã, gerente de uma *crémerie*, na Rue du Bac, um pequeno restaurante onde são servidos pratos à base de leite a preços módicos. Seu estande fica a poucos números de distância da loja onde trabalha Aristide. A rua está cheia de comércios e Boucicaut a percorre todos os dias a pé para cortejar a futura mulher.

Ao passar na frente do número 120 da Rue du Bac, ele ignora que, no antigo Hôtel de Clermont-Tonnerre, naquele mês de julho de 1848, morre o gênio do romantismo, François-René Chateaubriand, aos oitenta anos. Ele também ignora a revolução que derruba a monarquia. Aristide Boucicaut percebe apenas, na esquina da Rue du Bac com a Rue de Sèvres, uma loja de tecidos de Rouen chamada Au Bon Marché Videau.[57] Essa loja, que conta com quatro setores, pertence aos irmãos Videau, emprega doze pessoas e tem um faturamento de cerca de 450 mil francos.[58] Aristide tem 50 mil francos de economia e... 42 anos. Ele procura os dois homens e propõe uma sociedade, que eles aceitam.[59] E, assim, ele aos poucos transforma uma quitanda de cem metros quadrados numa loja de novidades chamada, a partir de sua inauguração, em 1852: "LE BON MARCHÉ – MAISON ARISTIDE BOUCICAUT". Em 1863, os irmãos Videau, assustados com as inovações do sócio, que tem uma temível determinação, lhe cedem suas partes da sociedade; Boucicaut, que pede emprestado um milhão e meio de francos a um conhecido, o milionário confeiteiro H. F. Maillard[60], aos poucos compra todas as casas do quarteirão, transformado, em 1869, depois de obras gigantescas, na primeira loja de departamentos do mundo.

Por enquanto, Boucicaut desenvolve seus negócios com doze empregados, colocando em prática uma ideia totalmente nova: as pessoas podem entrar livremente na loja, sem serem consideradas mal-educadas se não comprarem. A clientela passeia e olha. A loja é uma verdadeira aldeia dentro da cidade, onde é possível caminhar sem ser importunado. Enquanto isso, em Londres, um certo Charles Henry Harrods abre em Knightsbridge uma grande mercearia especializada em chás, à qual dá seu nome.

Ao entrar no Bon Marché, na Rue de Sèvres, Louis começa a sonhar para si mesmo e sua futura mulher um sucesso tão fabuloso quanto o do vendedor e da gerente. Afinal, a época é fecunda em trajetórias excepcionais; muitos funcionários recebem a ajuda de seus patrões para começar seu próprio negócio. Dirigentes de casas renomadas abrem caminho para seus aprendizes tanto quanto para seus próprios filhos. As maiores marcas francesas de hoje nascem nessa época: Pierre François Pascal Guerlain abre sua primeira butique em 1828, Thierry Hermès em 1837, Louis François Cartier em 1847, para citar algumas apenas no âmbito do luxo.

Entrando na *loja de novidades* de Boucicaut, Louis Vuitton também se sente cheio de ambições. Ele está decidido a cuidar da aparência. Longe das preocupações indumentárias dos dândis entediados dos salões, com os quais cruza quando faz embalagens a domicílio, ainda assim deseja se vestir com elegância. Ele não pode cortejar Émilie num jaleco de pano e sapatos com sola de ferro! Ele é ajudado pelo chefe do setor "roupas masculinas", um senhor solene e obsequioso. Eles levam mais de duas horas para encontrar uma roupa com suas medidas, pois sua envergadura não corresponde aos padrões da época: ele tem mais de um metro e noventa e ombros largos.

Louis escolhe uma calça de casimira preta, um colete cinza, um paletó escuro, um par de botinas creme e um chapéu de feltro. No caixa, com o coração leve, ele paga a quantia – astronômica, para o artesão que ele é – de 33 francos.

O *EMBALLEUR* E A IMPERATRIZ

Sobre o golpe de Estado de Luís Napoleão Bonaparte e a restauração do Império, Louis Vuitton confessará mais tarde que eles não chamaram sua atenção. Ele tem a mente em outras coisas. Ele recorda especialmente a retirada do direito de voto, obtido em 1848, de 3 milhões de trabalhadores – dos quais ele faz parte. Ele embala as mais belas roupas de Paris e frequenta Worth, que logo oprimirá todas as mulheres elegantes, mas não esquece suas origens.

Como todos os franceses, Louis se interessa principalmente pelo casamento do século. Em 30 de janeiro de 1853, na Notre-Dame de Paris, Napoleão III, imperador dos franceses, se casa com a espanhola María Eugenia de Guzmán, filha do sétimo conde de Montijo.[61] Aos 27 anos, a andaluza tem temperamento forte e muita ambição, seu casamento é uma paixão compartilhada, mais do que amor: "O imperador e eu pertencemos à mesma geração de exaltados; havia em nossas duas naturezas o romantismo de 1830 e o utopismo de 1848. [...] Sonhávamos em trabalhar para a felicidade dos povos e melhorar o destino dos operários".[62] Diz-se, porém, que a jovem imperatriz é uma "intelectual limitada". Embora seus detratores lhe neguem um espírito culto, eles lhe reconhecem uma silhueta irresistível: Eugénie é bonita. Ela afirma não ser coquete, mas confere uma importância extrema a suas roupas. Na corte, ela quer ditar as regras de elegância: impõe o alargamento das saias, generaliza a crinolina e considera um dever de Estado usar os tecidos mais finos. "Uso vestidos políticos", ela diz. Ela se quer a embaixadora da costura, a representante das rendas bretãs, dos tecidos de Saint-Étienne e de Roanne, das modistas parisienses.[63] Para suas joias, ela recorre a um jovem joalheiro, Louis François Cartier, que acaba de abrir sua própria butique no número 9 da Rue Neuve-des-Petits-Camps.

O Segundo Império tem início com várias recepções, bailes, festas, caçadas e estadas no campo. O casal imperial é louco por *séries* ou *compiègnes*: soirées que reúnem pequenos grupos de amigos escolhidos a dedo por Eugénie. As pessoas brigam para ser convidadas!

Com essas recepções, as encomendas se multiplicam para os *layetiers-emballeurs*, surpresos mas satisfeitos com o súbito aumento de sua atividade. A imperatriz é uma das clientes mais importantes. Para o acondicionamento de suas roupas, ela escolhe a casa Maréchal, a mais renomada de Paris. Muito honrado, o sr. Maréchal comparece às convocações do Palácio do Eliseu acompanhado de seu melhor artesão: Louis Vuitton. Sua Alteza deseja viajar até Saint-Cloud? Compiègne? Fontainebleau? O artesão Vuitton organiza o acondicionamento do imenso guarda-roupa com grande meticulosidade. Ele não pode se permitir ter a mão trêmula. No entanto, ele fica muito impressionado com Eugénie, que acompanha pessoalmente o empacotamento de suas roupas. A imperatriz é obsessiva. Dezenas de caixas a seguem por toda parte, nas quais Louis deve guardar suas roupas e objetos pessoais dos quais ela nunca se separa: cartas, livros e bibelôs. Sob o olhar da jovem mulher, ele dobra com o maior cuidado os vestidos rosados, cinza-perolados e malva, cores preferidas de Eugénie.[64] A minúcia, a habilidade e a rapidez com que Louis Vuitton trabalha entusiasmam a soberana. Ele deve se sentir pouco à vontade, mas certa manhã ela exige que futuramente ele seja o único *emballeur* de seus pertences.

A APOSTA DE HAUSSMANN

Napoleão III não esqueceu que a maioria dos parisienses votou contra ele na eleição presidencial de 1852; mas, quer mostrar que se interessa pela cidade, ao mesmo tempo em que deseja fazer com que desapareçam todos os becos onde barricadas pudessem ser rapidamente erguidas. Paris deve cumprir suas funções de capital política e ponto de encontro das trocas mundiais. Embelezamento, saneamento, higienismo, progresso social e prestígio internacional andam juntos. "O imperador dos operários" quer transformar a capital para garantir o apoio popular. Ele considera a cidade "medieval" demais. Ele é muito sensível à doutrina saint-simoniana segundo a qual a indústria, produtora de riquezas, é vantajosa para todos e pode, em especial, ser colocada a serviço dos operários por meio da união de uma vontade humanitária com uma ação financeira. Por influência dos saint-simonianos – e dos irmãos Pereire, que financiam o movimento –, Napoleão III começa a construir estruturas públicas: estações de trem, hospitais, mercados. Ele se fecha em seu gabinete por longas horas na companhia do prefeito do departamento do Sena, Georges Haussmann, a quem entrega a condução dos trabalhos. Haussmann é metódico, perseverante, astuto e incrivelmente autoconfiante. Qualidades necessárias para a imensa tarefa que tem pela frente. O imperador lhe pede, como seu tio Napoleão I, que sejam favorecidos os materiais do futuro. Instalado no Palácio das Tulherias, ele decide as grandes linhas do projeto. Eugénie às vezes entra em seu gabinete para dar uma olhada nos rabiscos coloridos que o imperador traça num mapa de Paris.

Ele sugere dar o nome dela a uma avenida. Ela escolhe a mais larga, a atual Avenue Foch, que ele então nomeia "Avenue de l'Impératrice". O imperador sonha com uma cidade arejada, de fácil circulação, uma cidade sã em que os operários não possam se reunir em manifestações, sobretudo nos bairros do centro. Uma cidade bem equipada, monumental, que reflita a prosperidade da época, o brilho de seu reinado, as esperanças de progresso. Ele quer estimular o espírito empreendedor dos proprietários, provocando uma revalorização da propriedade privada e uma renovação das habitações.[65] Mas não quer ver que, apesar de suas ideias sociais, ele privilegia as classes mais abastadas.

Haussmann se cerca do engenheiro Eugène Belgrand, diretor do departamento de águas e esgotos, e do paisagista Jean-Charles-Adolphe Alphand, diretor do departamento de parques e plantações, ambos politécnicos e engenheiros de pontes e pavimentos. Os três homens se lançam numa verdadeira cirurgia urbana: fazer com que o ar, a água potável e a luz circulem; limitar a proliferação dos bairros pobres, na origem das terríveis epidemias da primeira metade do século, que deixaram Paris exangue; renovar o tecido urbano e criar vias de circulação guiadas pela linha reta, em torno das quais a cidade se articulará. Haussmann impõe a pedra talhada a todos os proprietários, chegando a indicar a pedreira onde comprá-la e as linhas arquitetônicas a seguir. Ele expropria, indeniza, derruba, destrói e reconstrói. É o fim da maravilhosa desordem da capital, da dualidade citadina e camponesa tão cara a Balzac. Nada resiste àquele que os parisienses consideram uma espécie de ministro da Cidade. Em 1853, enquanto sete novas avenidas em torno do Arco do Triunfo completam a estrela original de cinco pontas, Louis Vuitton pede a mão de Émilie para sua mãe e prepara o casamento.

Segunda parte

O império Louis Vuitton
1854-1870

O PRIMEIRO ATELIÊ

No sábado, 22 de abril de 1854, no salão comunal de Créteil, Louis Vuitton se casa com Clémence-Émilie Parriaux[1] na presença de Élisabeth, a mãe da jovem, e de quatro testemunhas. Émilie escolhe ter a seu lado o cunhado, Thomas Alfred Gain, e Jim Deroland, um amigo de sua mãe, um rentista de 55 anos; Louis escolhe Laurent-Marie Vuitton, seu cunhado, então com 62 anos, e Constant Vuiton, um amigo *emballeur*. Seu pai, François-Xavier, que Louis não vê desde que saiu de Anchay, não assiste à cerimônia. Nove dias antes, em 14 de abril, ele comunica a um tabelião do Jura, o sr. Baptaillard[2], que consente com o casamento do filho.

Ao que parece, Émilie tinha um dote generoso. Reza a lenda familiar que esse dinheiro teria permitido a Louis abrir o próprio negócio. No entanto, nenhum contrato de casamento foi estabelecido entre os recém-casados[3], coisa comum quando um dos noivos "vem" com uma quantia importante. Louis, por sua vez, guardara um bom pecúlio durante os dezesseis anos com Maréchal. A fortuna dos noivos provavelmente se igualava, portanto.

No ano de seu casamento, Louis tem 32 anos, Émilie, dezessete, mas a diferença de idade é a única coisa que os separa. A jovem tem uma grande maturidade e Louis pode se abrir com ela sobre todos os assuntos. Ao pedir sua mão, ele lhe comunicara sua ambição: ter um negócio com seu nome. Agora que eles estão casados, embora ele ainda tenha algumas dúvidas, Émilie não tem nenhuma! Três meses depois, grávida, ela insiste: ele precisa parar de trabalhar para os outros. Para convencê-lo, tem um argumento de peso: uma clientela de ouro o espera. De fato, o sr. Maréchal passara dos cinquenta anos, idade em que o homem, na época, se aposentava quando tinha meios. Louis trabalhava dezessete anos a seu lado, poderia continuar as atividades da casa. Seu mestre com certeza diria a mesma coisa... a menos que o encorajasse a ter o próprio negócio? Em pouco tempo, a aventura de uma empresa com o nome de Louis parece a única saída possível ao jovem casal. Além disso, diz Émilie, Goyard, o amigo dos anos de aprendizado, já montara seu próprio negócio no "bairro dos ingleses", nos arredores da Place Vendôme. Seu marido pode fazer o mesmo. Dessa vez, Louis se deixa convencer.

Ele decide abrir uma loja. E tem uma ideia nova: não apenas embalar, mas fazer com que suas embalagens se tornem objetos duradouros. Ele quer fazer malas, e não apenas pacotes.[4] Para isso, ele precisa transformar caixas provisórias, de uso único, em objetos bonitos, práticos, que as pessoas afortunadas aceitem reutilizar. E fazer com que eles possam ser abertos e fechados sem se deteriorarem, como as caixas que ele constrói para Maréchal. As pessoas ricas já não têm tempo, nem meios, de chamar embaladores onde quer que estejam. A mala é, por definição, essencial para aqueles que não podem pagar um *emballeur* ou uma pessoa qualificada. Louis percebe a existência de um incrível mercado a ser conquistado.

As malas já existem, é claro. E esse mercado, como tantos outros na época, é dominado pelos ingleses. Mas Louis quer criar um verdadeiro objeto de viagem, segundo regras técnicas e estéticas. Apaixonado pela madeira e por tecidos de qualidade, ele percebe antes de todo mundo que precisa oferecer aos viajantes uma solução mais perene que uma embalagem "artesanal" e mais luxuosa que os baús do povo.

Ele começa a procurar um local. Ele quer continuar no coração de Paris, a dois passos da Rue de la Paix e das Tulherias, onde estão os clientes de Maréchal, como a imperatriz, e a maior parte dos ateliês de costura. Ali onde Haussmann acaba de começar a abertura da avenida que levará à futura Ópera Garnier. Louis encontra alguns metros quadrados disponíveis no número 4 da Rue Neuve-des-Capucines, atual Rue des Capucines. Ajudado por Émilie, ele abre sua loja na época do ano em que têm início as viagens de primavera, os primeiros dias no campo e os bailes, aos quais ele não é convidado mas para os quais seus serviços são solicitados. Pois os franceses se divertem, distantes das preocupações da Guerra da Crimeia, iniciada alguns meses antes, que alia a França e a Inglaterra contra a Rússia num conflito de sete anos para preservar o Império Otomano dos ataques do czar.

A Rue Neuve-des-Capucines se localiza no bairro Place Vendôme; ela começa no número 1 da Rue de la Paix e vai até o cruzamento do Boulevard de la Madeleine com o Boulevard des Capucines. Ela é curta mas muito animada e reúne vinte lojistas: um fabricante de chicotes, um vendedor de bebidas, um sapateiro, um escultor de madeira, um fabricante de espelhos, um seleiro-arreador, dois médicos, um cabeleireiro, um estande de tabaco mantido por uma senhorita, um armeiro, um herborista, um cesteiro, um fabricante de estufas, um farmacêutico-homeopata, um impressor, um açougueiro, bem como duas lojas de "curiosidades" e – necessidade de qualquer bairro – uma costureira.[5] A rua também abriga os escritórios de três advogados, de um tabelião e de alguns procuradores. Na frente do ateliê de Louis Vuitton, no número 9, balança a sofisticada tabuleta de um "dentista inglês", Mister Ward. Na mesma calçada, a srta. Asselain mantém uma pensão inglesa... Entre os moradores, a rua é muito bem frequentada: barões, condes, viscondes, condessas, um general polonês, militares e dois deputados: o do departamento de Drôme, o sr. Monnier de La Sizeranne, e o do departamento de Hérault, o sr. Roulleaux-Dugage. Por fim, entre dois rentistas, no número 8 vive uma certa madame Doche, "artista de vaudeville".[6]

UMA CENTENA DE EMBALADORES

Louis Vuitton está longe de ser o único embalador de Paris. Em 1854, o *Almanach Parisien*, publicado por Firmin Didot Frères comporta uma longa rubrica "Layetiers, coffretiers, emballeurs". Os profissionais referenciados oferecem cofres, caixas e malas, fabricados em madeira de faia, choupo ou abeto, para a embalagem de objetos variados, móveis, instrumentos, vestidos ou chapéus. Alguns pagam um valor extra para descrever suas atividades; um sr. Deville afirma que "tem um sortimento de cofres, caixas para vestidos e chapéus; faz tudo o que diz respeito à embalagem, vende malas de todos os tipos; bolsas de viagem, estojos para chapéus e qualquer artigo de viagem". Um pouco abaixo, um certo Guillemin, *layetier-coffretier*, indica: "fab. de malas retas e arredondadas de todos os tipos, malas *à maneira inglesa*, enfeitadas, e malas para amostras e viagens, caixas para chapéus e vestidos para senhoras".⁷ Também encontramos a casa Chenue, que afirma embalar e transportar objetos de arte desde 1760. A profissão conta com uma boa centena de lojas, apenas na capital. Ninguém esperara por Louis Vuitton.

Ele começa se inscrevendo no anuário comercial Bottin, mas tarde demais para o ano de 1854. Ele só aparecerá no ano seguinte sob a letra *V*, depois de:

Vuilton, *layetier-emballeur*, Cour des Fontaines, n. 4, e Bons-Enfants, n. 7.

Vuiton, *emballeur*, Caumartin, n. 32.

Vuiton, médico, Las-Cases, n. 12.

Vuitton (L), *layetier-emballeur*, Neuves-des-Capucines, n. 4.⁸

O Vuiton do número 32 da Rue Caumartin é a testemunha de casamento de Louis. Encontramos sua assinatura na certidão: "Constant Vuiton, *emballeur*, amigo do esposo, residente à Rue Caumartin".⁹ Com o passar dos anos, seu nome aparecerá várias vezes em diferentes certidões do registro civil da família Vuitton.

Já nas primeiras semanas, Louis Vuitton, que não quer ser apenas um embalador, expõe na vitrine sua primeira criação: uma mala de choupo com ferro preto, de tampo arredondado.¹⁰ A mala encanta: ela é leve, graças ao choupo, e a estrutura de metal protege seu conteúdo.

A época constitui um momento-chave na evolução da bagagem e Louis Vuitton entende isso muito bem. Os dicionários do século XIX dão às palavras *mala, bolsa* e *valise* definições sem relação com o léxico de viagem!¹¹ A bolsa foi utilizada em todas as épocas, primeiro de peles, depois de pano. Em 1826, um artesão francês, Pierre Godillot, tem a ideia de prover o *sac de nuit*, uma bagagem secundária mais alta que larga, de tapeçaria ou lona, sem nenhuma elegância, com um fecho de ferro, o *feuillard*. É a origem da bolsa de viagem. A valise, por sua vez, surge com as viagens a cavalo, na forma de um grande bolso preso atrás da sela. Com a diligência, ela aumenta de tamanho e se torna uma mala de couro de vaca ou bezerro: a "vaca" é a grande mala que fica atrás da berlinda, o "bezerro" é a menor, presa sob o assento do cocheiro. A diminuição do número de berlindas e de malas-postas justifica as modificações dos artigos de viagem. Vê-se o surgimento, para os representantes comerciais, da mala *voyageur*, de madeira, com empunhaduras resistentes, cintas e compartimentos internos que variam segundo os objetos que deve transportar. Ela é a ancestral da *marmotte*, inventada em 1845 pela célebre casa Lavolaille em Paris – valise para amostras que faz um sucesso considerável e volta à moda graças à casa Vuitton. Depois vem a "mala estrada de ferro", valise de papelão duro recoberto por lona cinza ou couro de vaca, destinada a ser levada com o passageiro para dentro do vagão. É a *railway companion* dos ingleses. Essa bagagem é aumentada pela engenhosidade dos fabricantes, que acrescentam um sanfonado em suas laterais. Mas ela ainda é pesada demais. Cria-se então o *sac jumelle*, valise quadrada que se abre no meio e é chamada pelos comerciantes londrinos – "sempre atrás de uma publicidade eficaz e barata", mais tarde dirá o filho de Louis[12] – de *Gladstone-bag*, em homenagem ao grande homem de Estado, quatro vezes primeiro-ministro da rainha Vitória. Os britânicos logo substituem essa bagagem volumosa pela *dress-suitcase*, espécie de valise achatada e aberta, que permite ao criado vestir seu senhor no clube levando apenas seu traje noturno (modelo que, na França, inspirará o *porte-habits* alguns anos depois). Como essas bolsas e valises não podiam conter roupas, ternos, vestidos e chapéus, foi preciso recorrer à mala comprida e baixa, de tampo arredondado, coberta de pele de porco com cerdas. Pouquíssimas têm fechaduras que permitam colocar um cadeado. Outros modelos se seguem, mais volumosos, mas sempre com o tampo arredondado: "O público percebia que essa forma impedia os funcionários das estações de colocar outras coisas sobre elas; esqueciam que bastaria deitá-las de lado para obter superfícies planas", ironizará mais tarde Georges Vuitton[13], filho de Louis.

O bazar da viagem

Por volta de 1850, a mais famosa casa de malas da França se chama Le Bazar du Voyage.[14] Ela fica na Rue Neuve-des-Augustins, em Paris, e vende malas arredondadas com cintas de ferro recortadas e ornamentadas, presas por pregos sextavados de cabeça grande.

Louis Vuitton conhece bem esse vizinho, do Franco-Condado como ele, que se chama Pierre Godillot. Louis admira a fama desse homem que, trinta anos antes, criara a primeira "bolsa de viagem", aperfeiçoando o deselegante *sac de nuit* da época.[15] Godillot vende tudo o que se pode precisar para viajar, e tudo o que se pode precisar ao chegar. Seu bazar é uma verdadeira caverna de Ali Babá. Muito curioso, excelente comerciante, ele está sempre em busca de novos produtos para oferecer a sua clientela. Tanto que um dia Flaubert escreve a seu amigo Ernest Chevalier: "A propósito, pensando nisso, você conhece alguém que gostaria de negociar com Paris cantis da Córsega? Um extravagante que conheço, o sr. Godillot, fundador do Bazar du Voyage, gostaria de ter relações com essa região. Como eu lhe disse que a conhecia, que tinha um amigo lá, ele pediu que eu me informasse com quem ele poderia falar".[16] A loja de Godillot faz um enorme sucesso. Todos os viajantes escolhem nela suas bolsas, valises ou malas.[17] Os primeiros fotógrafos viajantes também encontram equipamentos para suas expedições ao Oriente. Gustave Le Gray, Félix Taynard, Francis Frith, Henri Cammas, Auguste Bartholdi, Louis Sasseti, Gérard de Nerval ou ainda Maxime du Camp ali se abastecem antes de partir em longos périplos à Síria, Palestina, Egito e Núbia, onde fazem daguerreótipos, os primeiros álbuns de fotografias comercializados no século XIX. É frequente encontrar menções ao Bazar du Voyage em suas correspondências. Maxime du Camp escreve a Flaubert: "Na sexta-feira de manhã, peguei um forte resfriado no Bazar du Voyage [...]", e enumera os materiais que compra para uma expedição ao Egito, que eles planejam fazer juntos: "Sábado de manhã partiram para Marselha por via terrestre duas caixas pesando 310 kg e contendo nossas duas selas. Dois estribos, duas cilhas, correias, bolsas. Nossos quatro pares de botas. Três leitos. Quatro cadeiras dobráveis. Uma vasilha de cozinha. Um baú contendo a farmácia, a caixa de ferramentas, duas caixas de rapé musicais, duas latas de mantimentos. A grande barraca. A pequena barraca de fotografia. A mesa, dois machados de acampamento. 2 baldes de lona. 15 canivetes, 15 pares de tesoura (para dar de presente). Tudo isso chegará em Marselha no dia 24 e aguardará nossa chegada – 24 francos por 100 kg, para o transporte. Todo o resto está pronto e só aguarda por nós, menos minha máquina fotográfica, que receberei sem falta segunda-feira que vem".[18]

Os dois homens levam dezoito dias para ir de Paris a Alexandria. Flaubert, embora nunca tenha praticado a fotografia, fornece algumas informações que permitem saber mais sobre os preparativos da viagem e sobre o equipamento utilizado. Du Camp e Flaubert deixam a capital em 29 de outubro de 1849. Eles pegam uma diligência até Fontainebleau, um trem até Châlon-sur-Saône, um barco a vapor até Lyon, um dos barcos do Ródano até Valence, outra diligência até Avignon e por fim a estrada de ferro de Avignon a Marselha. Essa travessia da França dura três dias. Eles finalmente embarcam no *Nil*, um transatlântico com rodas de pás de 250 cavalos da companhia Messageries Nationales com destino a Alexandria e escala prevista na ilha de Malta. A travessia é clemente até Malta. Depois, de repente, ao deixar a ilha, o *Nil* é tomado por uma tempestade e a tripulação é obrigada a dar meia-volta. Eles só chegam a Alexandria no dia 15 de novembro, depois de dez dias mareados.[19]

Monsieur Louis

Essas viagens inspiram Louis Vuitton a refletir sobre a evolução da mala, ainda que ele continue sendo um especialista no empacotamento de roupas. Um testemunho[20] de seu filho Georges resume a situação à época: "Ele se estabelece na Rue Neuve-des-Capucines e ali, podemos dizer, cria a indústria de empacotamento de moda". O problema é simples: as grandes lojas ainda precisam de caixas, mas os clientes querem malas. Louis, que oferece alguns modelos, ainda não as fabrica. Ele encomenda suas armações de madeira no exterior. Ele tem vários fornecedores, para os quais desenha seus próprios modelos; mas o trabalho deles não o satisfaz: "Ele manda fabricar as malas de que precisa, mas logo se cansa de não conseguir o que quer, exigente demais, e abre um ateliê na Rue du Rocher para produzir suas malas pessoalmente. Ele foi seu principal artesão"[21], escreve Georges.

Rue du Rocher... A abertura desse ateliê, a dois passos da Rue Neuves-des-Capucines, marca uma virada na vida de Louis: ali, entre cavacos e plainas, ele se torna "Monsieur Louis". Essa denominação o acompanha por toda a vida; seus funcionários nunca o chamariam de outro jeito. Depois de Monsieur Louis, haverá "Monsieur Georges", seu filho, depois "Monsieur Gaston", seu neto, e assim com todos os membros da família que trabalharem para a casa. Ainda hoje, nos ateliês de Asnières-sur-Seine, onde são realizadas as encomendas especiais, Patrick-Louis Vuitton, único descendente da quinta geração ainda ativo na sociedade, percorre o ambiente cumprimentando cada operário pelo nome e ouve uma resposta em uníssono: "Bom dia, Monsieur Patrick".

"Monsieur Louis" se torna um *malletier*, um fabricante de malas. Alguns dizem *coffretier*. Ele acha a designação sem elegância e pouco voltada para o futuro. A palavra *malle* não é nova. Ela data, na França, do século IX e vem do alemão *malaha* ou *malha*, que significa alforge. Em 1793, a mala-posta, abreviada para "mala", designa a seguir o veículo dos serviços postais. Na Inglaterra, ela é chamada de *mail*, palavra que retorna à França duzentos anos depois, para designar outro tipo de correio... o eletrônico. A *malleterie* – profissão que existe até hoje – designa a partir do século XIX a fabricação de grandes artigos de viagem. É um ofício artesanal: o fabricante de malas trabalha a madeira e o metal para os baús, utiliza couro, tecidos revestidos e produtos sintéticos para os interiores e exteriores. Louis Vuitton domina todas as etapas da fabricação e coloca um cuidado meticuloso na concepção de suas malas. Em 1854, sua mulher espera o primeiro filho casal e, naquele final de ano, se torna cada vez menos presente na loja; Louis mantém a Maison sozinho. O empacotamento ainda constitui o centro de sua atividade. Tendo obtido o direito de divulgar que é "Fornecedor de S. M. a Imperatriz", ele tem uma ótima clientela. Veremos, mais tarde, até onde chegará a obsessão dos Vuitton por trabalhar para os poderosos. Por enquanto, porém, Louis obtém mais lucros com a venda de suas malas do que com as caixas para empacotamento. Ele delega parte da clientela e das entregas a Émile Rabec, seu primeiro aprendiz, e se concentra na invenção de um novo modelo de mala. Ele desenha, apaga, constrói protótipos. Em sua mente, a futura mala "Louis Vuitton" não será arredondada, mas longa e plana, para que várias possam ser superpostas e acondicionadas nos novos carroções para bagagens. Ela também permitirá o transporte das crinolinas... Aliás, por que não a equipar com gavetas para acessórios? Sob a ponta de seu lápis aos poucos surge um modelo de linhas funcionais e elegantes; em suma, revolucionário.

UM PAI MUITO OCUPADO

Em 8 de abril de 1855, Louis Vuitton descobre um novo papel para si. Na Rue Neuve-des-Capucines, no apartamento familiar acima da loja, Émilie dá à luz uma menina chamada Louise-Élisabeth.[22] Émilie fica encantada. Ele não tem tempo de se enternecer: é convocado ao Palácio das Tulherias. Napoleão III foi convidado a Londres pela rainha Vitória, e Eugénie quer acompanhá-lo. O casal é esperado em Windsor para uma visita de trabalho. Na Crimeia, a expedição franco-britânica chafurda ao pé do forte de Sebastopol, e os soberanos dos dois países precisam conversar sobre como seguir com aquela aventura. Como sempre, Louis é encarregado de embalar os pertences da imperatriz. Ele precisa acondicionar os preciosos frascos de sua nécessaire – como a eau de toilette que um jovem perfumista,

Pierre François Pascal Guerlain, acaba de lhe dedicar: "L'Eau Impériale". Ele também precisa proteger seus grandes chapéus, seus elegantes diademas[23] e suas inúmeras rendas. Há vários metros de tecido a dobrar. Recentemente, Eugénie impusera um novo alargamento das saias. As damas da Corte contam que há um bom motivo para isso: ela está grávida e não quer anunciar a gravidez antes de ter certeza de que vingará; estranha relação entre a moda e a sucessão do trono. Louis está em ótima posição para observar os leques, os véus e as luvas de Eugénie. Ele tem sob os olhos belíssimos acessórios femininos. Enquanto embala as roupas imperiais, as ideias para a nova mala fervilham em sua mente.

Alguns dias depois, ele descobre ter trabalhado em vão: as malas da imperatriz se perderam no caminho![24] De última hora, Eugénie manda fazer várias roupas com uma costureira de Londres, entre as quais um vestido branco e azul, com flores de miosótis.[25] Vitória, encantada, faz várias alusões às roupas da bela espanhola em seu diário. Durante a visita, a soberana fala de política com Napoleão e de tecidos com Eugénie. As duas mulheres se tornam tão íntimas que a rainha, a quem Eugénie se confidencia sobre seu estado, chega a lhe recomendar o próprio ginecologista, o famoso médico britânico sir Charles Locock.

Todos à Exposição Universal

Em agosto de 1855, nas Tulherias, o casal real britânico visita o casal imperial francês. É um acontecimento importante: nenhum monarca inglês vem a Paris desde Henrique VI, ou seja, desde 1431! Por quatro séculos e meio, franceses e ingleses guerrearam praticamente sem interrupção. O pretexto dessa viagem histórica é a primeira Exposição Universal da agricultura, da indústria e das belas-artes, que acontece em solo francês. Aberta em 15 de maio de 1855, ela dura cinco meses e meio.

As exposições internacionais e universais tinham começado ao alvorecer do colonialismo, quatro anos antes, em Londres, então capital da revolução industrial. Elas são dedicadas à inovação técnica e ao exotismo das colônias, enaltecendo o progresso e o reinado da mercadoria.

Naquele ano, Napoleão III quer acima de tudo mostrar ao resto do mundo que a França também pode organizar uma exposição grandiosa em homenagem ao trabalho francês. E ele consegue: 16 hectares, 24 mil participantes, 26 países e mais de 5 milhões de visitantes! A Champs-Élysées se iguala ao Hyde Park, mas a Exposição acontece essencialmente no Palácio da Indústria.

Entre Londres e Paris, a competição pela excelência e pela grandeza está apenas começando. Os ingleses e os franceses já não fazem a guerra com armas, mas continuam sendo impiedosos rivais econômicos e culturais. Louis Vuitton entende o que se passa e quer conhecer todos os progressos científicos e técnicos que mudariam o curso daquele século. Ele percorre, assim que seus horários de trabalho lhe permitem, os corredores da Galeria do Cais, onde o vapor é o grande sacerdote das máquinas em movimento. Ele admira a atmosfera poeirenta e barulhenta, a temperatura ao mesmo tempo ardente e brumosa. Ele contempla, admirado, o maior espelho do mundo, 5,37 metros de altura por 3,36 metros de largura, ou 18,4 metros quadrados de superfície, realizado pela manufatura Saint-Gobain, um dos estabelecimentos industriais mais antigos da França. Louis ouve dizer que a imperatriz Eugénie, presente no dia da inauguração, se interessa particularmente pelas primeiras máquinas de costura. Corre o rumor de que ela criara a moda das anáguas múltiplas para favorecer o desenvolvimento da indústria têxtil francesa, até então superada pelas fábricas de Manchester. Na época, eram necessários 15,5 metros de tecido para um modelo de crinolina, e as pompas do Segundo Império exigem guarda-roupas abundantes.

Naquele verão, como todos os anos desde a chegada ao poder de Napoleão III, os ricos burgueses franceses se divertem. Alexis Godillot, conhecido por ser o inventor das botas de cano alto vendidas ao exército, é nomeado "empreendedor oficial das festas" do Império. Offenbach, por sua vez, vê suas primeiras óperas serem aplaudidas no palco do Théâtre des Bouffes-Parisiens. Em meados de agosto, a alta sociedade parisiense vive segundo a hora britânica, esquecendo que, na Crimeia, as preocupações são totalmente diferentes: as tropas aliadas, após pesadas perdas, preparam a tomada de Sebastopol; a Rússia está a ponto de ceder. Uma guerra cruel, terrivelmente mortífera, que Henri Dunant acompanha pensando na criação da futura Cruz Vermelha.

As primeiras inovações

Louis Vuitton conhece Émile Pereire na Exposição Universal? Nada o confirma, mas a hipótese é verossímil. Os irmãos Pereire, que acabam de criar a Compagnie Générale Maritime, em 24 de fevereiro daquele ano de 1855, são onipresentes no Palácio da Indústria. Banqueiro riquíssimo, Émile tem 55 anos. Ele pertence à escola saint-simoniana e, para criar suas sociedades, funda com o irmão Isaac a própria organização de crédito, o Crédit Mobilier. A companhia deles, que em 1861 adota o nome de Compagnie Générale Transatlantique, tem como objetivo: "Todas as operações de construção, armamento e fretamento,

[...] inclusive pesca do bacalhau [...]". Ela rapidamente constitui uma frota, absorvendo a sociedade Terre-Neuvienne de Granville, com seus 39 veleiros e seus seis vapores. Seus navios já usam a bandeira branca com um círculo vermelho que a companhia exibirá em todos os mares do mundo até 1975.[26] Para as operações de comércio marítimo, os irmãos Pereire colocam suas esperanças no jovem vice-cônsul de Alexandria, Ferdinand de Lesseps: relacionado com a imperatriz Eugénie e encarregado de representar a França, ele é o recente fundador da Companhia de Suez. Ele convencera a opinião pública europeia – e vencera a oposição dos ingleses, que temiam que a França se intrometesse nos assuntos do Oriente – a abrir um canal no istmo de Suez, verdadeiro "atalho" para os navios que perdiam muito tempo contornando a África. Um atalho com que os faraós sonhavam há mais de mil anos antes de nossa era. Ferdinand de Lesseps obtém uma concessão de 89 anos junto ao quediva do Egito, a cujo filho ele dá aulas de equitação. Ele enumera, no documento de concessão, as "vantagens que resultarão para o Egito da junção do mar Mediterrâneo e do mar Vermelho por via navegável para grandes navios".

Louis Vuitton sabe que Émile Pereire também está muito envolvido no desenvolvimento das estradas de ferro. Ele está na origem da construção da linha Paris-Saint-Germain e dirige várias companhias ferroviárias na Europa. Pereire acaba de criar a Compagnie du Midi, de que muito se fala: ela retoma a linha Bordeaux-La Teste, que logo chegará a Arcachon. Louis faz amizade com o poderoso financista de intuições geniais. O interesse que o jovem Vuitton demonstra pelos projetos da companhia incita Pereire a mostrar-lhe as plantas de seus futuros navios. Louis vê os projetos de transformação das cabines e os novos espaços de carregamento dos porões.[27] Ele estava certo: o transporte marítimo e ferroviário precisará de bagagens planas. Tudo converge para o sucesso da mala que ele está aperfeiçoando. Ele decide acelerar sua fabricação no ateliê.

É então que outro nome chama a atenção de Louis Vuitton: George Mortimer Pullman. Esse jovem viajante americano criara vagões que permitiam viajar com mais conforto. Os trens americanos se desenvolviam, depois de sofrer a influência britânica. No início do século, os Estados Unidos, que dispunham de um fraco potencial industrial, precisavam importar locomotivas inglesas, mas desde 1830 eles construíam suas próprias máquinas, e as inovações técnicas se tornavam consideráveis. Em 1853, a companhia de Pullman oferece a seus clientes a possibilidade de dormir no trem, sob lençóis de verdade. Um empregado é encarregado de zelar pelo conforto dos viajantes. Uma revolução! A história do vagão-leito tem início e fascina Louis Vuitton.

"Cinza Trianon"

De volta à Rue Neuve-des-Capucines, Louis corre ao ateliê, onde começa a fabricar os primeiros protótipos das malas planas. Além disso, ele decide melhorar a estética delas. Para ele, isso é ainda mais importante do que suprimir a forma arredondada. Esse será seu primeiro desafio. Ele pensa em maneiras de modificar a aparência externa, feita até então com uma grosseira pele de porco com cerdas, para impedir que a chuva penetre pelos poros; o cheiro nauseabundo do couro impregna os objetos embalados. Ele é o primeiro a pensar em utilizar uma lona colada sobre a madeira e a experimentar esse novo método. "Princípio que, cinquenta anos depois, encontraria um enorme e legítimo sucesso na construção dos aeroplanos"[28], contará seu neto Gaston.

Em 1856, ele constrói uma mala de choupo com armação de madeira e ferro preto, tampo arredondado, coberta por um tecido cinza-claro, chamado "cinza Trianon".[29] A mala é revolucionária em vários aspectos. Por seu volume: ela é muito grande; por seu peso: o choupo é leve; por sua armação: permite a colocação de dobradiças e fechaduras; pela articulação em tecido entre a mala em si (chamada *cuvette*) e o tampo: ela é muito sólida; pela cobertura de tecido fixada à estrutura com uma cola à base de farinha de centeio: ela garante uma aderência infalível; por sua vedação: o tecido impermeabilizado com cola a torna perfeitamente resistente às intempéries. Louis diz a seus clientes, curiosos de entender suas vantagens, que os arcos de metal e as cintas de madeira protegem o tecido por muitos anos. Livrando-se do couro externo, que se enche de água, pesa e transmite uma umidade nefasta para o conteúdo da mala, é possível obter, ele explica, bagagens muito mais práticas. Ele insiste no aspecto estético de sua nova mala: em toda parte, só há cores escuras. Ele quer algo belo. A aposta está ganha. Seu cinza-claro seduz imediatamente os viajantes.

CRINOLINAS E MALAS PLANAS

As invenções de Louis surgem num momento de intensa atividade criativa, em especial para as mulheres. Os desejos de mudança intuídos por Charles Frederick Worth nas galerias da casa Gagelin se confirmam. Embora não cheguem tão longe quanto a *suffragette* nova-iorquina Amelia Bloomer, que em 1851 reclama para as mulheres o direito de usar calças bufantes sob vestidos na altura do joelho, os salões femininos parisienses manifestam uma vontade de emancipação. Embora até o fim da década de 1840 as mulheres permaneçam em geral confinadas no lar, a partir de 1855 elas decidem se mostrar na sociedade. Em 1856, o caso das roupas de baixo femininas marca uma virada: o francês Auguste Person cria um saiote redondo estruturado com círculos de aço, a "gaiola-crinolina". Ele alivia as mulheres elegantes das dezenas de anáguas superpostas sob os vestidos volumosos. Verdadeira abóbada de metal, essa gaiola é presa à cintura por um simples cinto e vai até o tornozelo. Os aros, lâminas de aço encapado utilizadas em sua fabricação, constituem uma estrutura resistente e flexível, muito superior aos caniços ou barbatanas até então utilizadas nos espartilhos. A invenção é um verdadeiro produto da revolução industrial! Não se vê o surgimento, na mesma época, de estruturas metálicas na construção das estações de trem ou das construções de prestígio? Rapidamente, a gaiola se funde ao saiote e aos aros metálicos, o que permite dissimular sua presença sob as anáguas: surge a "anágua-crinolina". Em meados do século, a moda passa para os vestidos cada vez mais amplos: não é raro encontrar crinolinas de quatro metros de circunferência! Ao mesmo tempo, elas se tornam acessíveis às consumidoras mais modestas: no Bon Marché, o departamento dedicado a elas conta com nada menos que 54 modelos.

Na Rue Neuve-des-Capucines, mais do que nunca, a conjuntura requer a otimização das condições de acondicionamento de roupas. "Como *emballeur*, Louis Vuitton entendeu a heresia das malas arredondadas", escreverá seu filho Georges. Desde a abertura de seu comércio, dois anos antes, o artesão acelera os trabalhos... Seus protótipos ficam prontos, ele coloca à venda seus modelos planos em "cinza Trianon" e se prepara para lançar a primeira mala plana "de luxo". Num documento intitulado "Criação e desenvolvimento da Casa Vuitton", assinado por Georges Vuitton, encontramos um esboço com tinta preta de uma mala com estrutura de ferro, tampo plano, com a seguinte legenda: "Este é o primeiro modelo da casa. Ele [Louis Vuitton] se dedica desde o início à mala plana, modelo que oferece mais força e espaço, apesar da ilusão conferida pela mala arredondada". Este é o modelo encontrado na vitrine do número 4 da Rue Neuve-des-Capucines, em 1856. No bairro da Rue de la Paix, as pessoas se apressam para ver e comentar a nova mala sem tampo arredondado.

Alguns se espantam diante daquela mala clara, de aparência sofisticada, outros são céticos quanto à sua resistência e espaço interno, mas todos concordam em considerá-la "elegante". Em sua loja, Louis Vuitton explica, tranquiliza, demonstra. Seu filho George registra: "Apesar da preferência do público pelo modelo de tampo arredondado, ele persevera com tenacidade, dedicado ao aperfeiçoamento do novo modelo".[30] Sua audácia desperta os primeiros ciúmes entre as casas concorrentes. A forma de suas malas não é questionada, mas sim o investimento pessoal de Louis em sua fabricação: "Um primeiro modelo de mala o torna imediatamente conhecido em Paris e todos na profissão zombam, mais ou menos, daquele que, apenas com sua inteligência, quer fabricá-las por conta própria, pois não encontra um fabricante capaz de satisfazê-lo"[31], contará seu filho. Louis Vuitton não dá ouvidos aos rumores da cidade. Ele sabe o que quer, ele sabe para onde está indo.

Rapidamente, Louis se dedica à comercialização do novo modelo. Émilie espera o segundo filho do casal. Para esconder a barriga, ela visita as lojas de departamentos para ver os modelos de crinolina, que depois manda fazer numa costureira do bairro: elas ficam menos caras. Ela atravessa Paris, que se transforma. As calçadas estão cheias de postes a gás e fontes Wallace, os ambulantes e os estandes de artesãos se tornam mais raros, as ruas estreitas desaparecem à medida que os telhados de duas águas desabam sob as obras de Haussmann. As lojas de departamentos, por sua vez, florescem: a moda já não se volta apenas para a aristocracia. A diminuição dos custos de produção das indústrias têxteis, a evolução das trocas comerciais e a criação de lojas cada vez maiores favorecem uma confecção diversificada dirigida à pequena e à média burguesia. Depois da abertura do Le Bon Marché, é a vez de Alfred Chauchard, um empreendedor famoso por sua coleção de obras de arte, abrir os Grands Magasins du Louvre.

Naquele inverno de 1856, Xavier Ruel, um antigo vendedor como Boucicaut, cria o Bazar de l'Hôtel de Ville. As mulheres elegantes o percorrem em busca de acessórios: leque Domino, touca Cabriolet, véus, máscaras, meias, capas, luvas, mitenes, sombrinhas, chapéus, caixinhas variadas e bolsas. À noite, Émilie descreve a Louis as novidades. Este último sem dúvida folheia com ela as revistas de moda, como o *Journal des dames et des demoiselles*. Ele precisa se manter a par das novidades, e as belíssimas ilustrações da época lhe fornecem ideias engenhosas. Especialmente a de prover suas malas com compartimentos...

Diz-se, naquele meio de século, que "nos domingos, um parisiense só sai de um vagão para entrar em outro". Nos finais de semana, eles viajam para as florestas da Île-de-France, Versalhes, Saint-Germain-en-Laye, Rambouillet ou Fontainebleau. Outros vão mais longe: os grandes eixos de transporte são concebidos e realizados; todas as linhas em torno de Paris são concluídas, com exceção de Paris-Toulouse e das ligações com a Bretanha. A clientela evolui tanto quanto aumenta.

A preparação das bagagens é o único aspecto totalmente previsível da viagem. É preciso estar bem equipado, com o mínimo de volume possível: levar consigo roupas, mas também lençóis, toalhas, botas, chapéus, bengalas, sombrinhas, casacos, loções, perfumes, pós, maquiagens e, às vezes, até louças.

Para as viagens em grupo, que agradam cada vez mais as classes abastadas, é preciso bagagens práticas e fabricadas em série. Louis decide comercializar a mala plana em grande escala. Paralelamente, trabalha em outros protótipos. Para isso, porém, ele precisa se mudar. Seu ateliê é pouco adequado à produção de grandes quantidades.

A escolha de Asnières

Em 1857, enquanto Haussmann recebe o duplo título de barão e senador, como recompensa a suas ações para a transformação da capital, Louis pensa em se afastar de Paris. É chegada a hora de construir uma fábrica, para melhorar suas condições de produção e alojar todos os seus assalariados, que chegam ao número de vinte. Visionário, ele já imagina crescimentos futuros e busca um terreno amplo. Ele começa a procurar ao longo do eixo da via férrea que sai de Saint-Lazare: isso facilitaria o transporte das matérias-primas e as entregas até a loja da Rue Neuve-des-Capucines. Mas nenhum espaço lhe parece adequado. Suas buscas o levam até o povoado de Asnières, a poucos quilômetros de Paris, onde ele compra um terreno baldio de 4,5 mil metros quadrados. Sua escolha é econômica e estratégica. A localização de Asnières, às margens do Sena, facilita o transporte por barcas dos troncos de choupo que vêm pelos rios Oise e Marne. Louis utiliza cada vez mais essa madeira leve e sólida, que cresce nos solos lamacentos dos meandros do Sena.[32] O custo do transporte por barca é mais vantajoso do que por via terrestre. Instalar-se em Asnières reduz sua cadeia de abastecimento, portanto. Ele também acredita na urbanização dos campos; ele sabe que Asnières, amanhã, será uma cidade-satélite de Paris: em 1826, uma primeira ponte rodoviária com pedágio entre o povoado e a capital fora construída, levando certo desenvolvimento econômico e demográfico ao povoado; em 1852, outra ponte – a primeira ponte metálica da França – é construída por Ernest Gouin, facilitando ainda mais as trocas com Paris. Ao comprar seu terreno, Louis percebe que, apesar de seu desenvolvimento, os impostos em Asnières são muito inferiores aos da capital.

Além disso, o antigo povoado agrícola é muito apreciado pelos pintores. No início da segunda metade do século XIX, alguns dos futuros grandes nomes da pintura francesa lá colocam seus cavaletes, nos campos à beira do rio. Nas noites e nos domingos, as tabernas às margens do Sena atraem os parisienses, principalmente os trabalhadores, que querem relaxar, beber, praticar esportes náuticos. Também é possível fazer uma refeição simples e barata, omelete ou peixe do rio. As pessoas cantam, dançam, se divertem até tarde da noite. Émilie, que foi criada em Créteil, conhece bem aquela vida e aprova a escolha do marido: ela a aproxima de sua família. Ela o encoraja inclusive a construir – pois o tamanho do terreno permite – uma casa para eles. Ele promete pensar a respeito. As obras de construção da fábrica têm início no começo do ano de 1857; Louis utiliza materiais modernos, estruturas e vigas metálicas que incitam o novo debate sobre o belo e o útil.

Em Paris, um jovem do Auvergnat, neto de um tabelião, sobrinho de um pároco, instala sua sede social no número 31 da Rue de Beaune. Aos vinte anos, ele decide se lançar no mundo editorial, tornando mais acessível os livros impressos, ainda raros e custosos. Ele começa a publicar as obras do cancionista Béranger, que acabara de morrer, cujas melodias liberais e patrióticas a França em luto cantarolava. Na brochura intitulada

"Canções de Béranger, primeiro fascículo", pode-se ler o preço de 5 centavos e o nome do novo editor, Arthème Fayard.

Worth, o excêntrico

Em 13 de julho, na Rue Neuve-des-Capucines, Émilie dá à luz seu segundo filho: um menino, Georges. Louis fica exultante. Em homenagem ao pai de Émilie, morto dois anos antes do casamento, eles escolhem "Feréol" como segundo nome do menino. O nascimento não faz Louis esquecer o mundo das viagens. Um projeto de lei acaba de ser votado sobre a concessão de três linhas de navegação comercial, subvencionadas pelo Estado, com destino a Nova York, México e Brasil. A linha para o Brasil e La Plata é atribuída à Compagnie des Messageries Impériales, as dos Estados Unidos e México são confiadas à Compagnie Générale Maritime dos irmãos Pereire, que se comprometem a colocar dezesseis transatlânticos em funcionamento, num prazo de três anos.[33] Louis também se interessa pela carreira do excêntrico amigo Charles Frederick Worth. Até então, os vestidos eram concebidos para uma única cliente, em geral baseados num modelo escolhido em alguma revista de moda ou na simples inspiração da costureira. Worth agora quer sugerir modelos concebidos por ele e realizados com tecidos caros, em várias unidades. Ele sugere a seu patrão, Gagelin, que o tornara sócio alguns anos antes, que aumente o departamento de confecção da casa e crie uma coleção de luxo: a alta-costura. Gagelin, muito conservador, se mostra reticente diante das ousadas ideias do jovem criador que diz se vestir "a la Rembrandt, como Richard Wagner". Temendo ver a queda de seus lucros, ele recusa. Worth tenta então abrir o próprio negócio. Mas ele precisa de dinheiro.

Enquanto isso, naquele final de ano de 1857, Auguste Person, o inventor da saia de crinolina, perde a ocasião de fazer uma verdadeira fortuna: ele vende sua patente por algumas centenas de francos a vários fabricantes, entre os quais Jules e Émile Peugeot, modestos industriais especializados na construção de moedores de café e, mais amplamente, nos produtos do aço a varejo (molas, barbatanas para espartilhos, armações de guarda-chuvas, serras de fita e ferramentas para marcenaria). Pressentindo a oportunidade oferecida pela nova moda, os dois irmãos logo compram um moinho, onde constroem uma fábrica especializada na fabricação de aros de aço. Em poucos meses, o conceito de anágua única chega à Inglaterra, depois ao outro lado do Atlântico. Até 1864, os ateliês dos irmãos Peugeot produzirão 25 mil gaiolas de crinolina por ano.[34] Os lucros obtidos permitirão que eles se voltem para a fabricação de bicicletas e automóveis.

Outro homem se prepara para fazer fortuna naquele ano: Louis Patrelle. Ele inventa um aroma culinário natural, capaz de mascarar os odores ligados às dificuldades de conservação, ao qual dá seu nome: "Aroma Patrelle".

Em Asnières, as obras de construção dos ateliês continuam. Louis divide seus dias entre visitas às obras, construção de malas planas, vendas na loja e empacotamentos a domicílio. Ele abre uma sucursal ao número 65 da Avenue des Champs-Élysées, que confia a Émile Rabec, seu primeiro-aprendiz[35], a quem mais tarde a cederá.

Primeira falsificação

Então ocorre um incidente importante, temido há muito tempo por Louis Vuitton: ele é copiado. "A mala Vuitton aos poucos criava um lugar para si quando um contramestre pouco sutil, que o deixara, achou que poderia abrir seu próprio negócio e, aproveitando tudo o que aprendera, ofereceu a todos, no comércio, malas 'estilo Vuitton', que criaram uma grande concorrência a seu antigo patrão"[36], seu filho contará mais tarde. Esse plágio deixa Louis extremamente magoado. Ele sempre confiara em seus artesãos; deveria, agora, desconfiar de todo mundo? Ele precisa reagir, e rápido. Não com uma ação judicial, mas com mais uma inovação: "Sem interromper seu trabalho, ele buscou outra coisa; começou a estudar a resistência dos materiais, a procurar, a combinar suas ações". Louis Vuitton não quer apenas se distinguir dos outros fabricantes de malas, ele quer ser o melhor. Ele cria uma mala, reforçada com ripas de faia envernizadas e, acima de tudo, uma inovação absoluta, equipada por dentro com gavetas móveis. Torna-se possível separar os objetos e as roupas em diferentes compartimentos. As formas e as dimensões desses compartimentos são pensadas para permitir uma arrumação racional; nenhum espaço é perdido.[37] Para combater a concorrência desleal de seu ex-funcionário, Louis Vuitton revoluciona a indústria dos artigos de viagem.[38]

Os primeiros modelos começam a ser fabricados nos novos ateliês de Asnières. O prédio tem uma bonita estrutura metálica iluminada por amplas janelas envidraçadas; no verão, os operários podem trabalhar até tarde; no inverno, a luz do sol permite fazer economias de gás.

A construção tem um aproveitamento ideal. No centro, há um pátio, coberto por um belíssimo teto envidraçado. Em torno dele, os diferentes ateliês: a marcenaria, o ateliê de encaixe e guarnições de ferro, o ateliê de colagem interna, o ateliê de acabamentos de *porte-habits* e malas, o ateliê de baús de madeira. Atrás da fábrica, um terreno é reservado ao armazenamento e secagem de centenas de pranchas de choupo.

Acima dos ateliês, Louis manda construir um apartamento, que por muitos anos será a residência dos Vuitton, até a construção de uma casa anexa à fábrica.

A família Vuitton faz então suas próprias malas e se muda para o número 18 da Rue du Congrès, na localidade de Héotville.[39] O terreno também dá para a Rue de la Comète. Em torno da fábrica, Louis pensa em construir pavilhões para alojar os funcionários e criar uma verdadeira vida comunitária: ele sonha com uma horta na Rue de la Comète e outra na Rue du Congrès.

Os artesãos se instalam no local. Nos ateliês, o trabalho é difícil. Eles precisam se adaptar continuamente aos novos modelos desenhados por Louis e se curvar às exigências do patrão, cujo temperamento nem sempre é fácil. Eles aprendem a pregar as ripas de choupo, se familiarizam com os métodos de revestimento do tecido e forram os compartimentos internos com um tecido listrado vermelho e branco. As reprimendas do patrão são frequentes, pois Louis Vuitton não apreciava nem a contrariedade nem a indolência. E menos ainda a traição.

Em julho de 1858, a família festeja o primeiro aniversário de Georges. Louis celebra à sua maneira, organizando na vitrine da Rue Neuves-des-Capucines uma exposição com seus modelos mais recentes. Ele explica pessoalmente a cada um de seus clientes as vantagens deste ou daquele artigo, prático, sólido, vedado, hermético, compartimentado, empilhável e elegante. Ele argumenta, persuade, convence. A elite endinheirada faz suas encomendas. Essa é sua primeira vitória: ele obtém a confiança de sua clientela.

Worth inventa a alta-costura

Naquele mesmo ano, Charles Frederick Worth encontra seu patrocinador: Otto Bobergh, um jovem sueco que fizera fortuna na indústria têxtil, se associa a ele para abrir a Worth & Bobergh, uma *maison de couture*, uma casa de moda, no número 7 da Rue de la Paix, a dois passos da loja de Louis. As clientes da casa Gagelin o seguem. Ele recebe encomendas regulares e logo contrata vinte funcionários. Ele subverte o método de fabricação dos vestidos, escolhendo os tecidos em função das roupas previamente pensadas, e não o contrário. Assim, faz várias encomendas às fábricas de seda de Lyon e de tecidos de Saint-Étienne.

Outra revolução: ele adapta seus modelos a cada estação. Ousado e genial, Worth coloca sua assinatura em cada um de seus produtos, verdadeiras obras de arte. A cada três meses ele lança uma "coleção" extremamente cara. Como fazia na casa Gagelin, ele apresenta seus vestidos em jovens mulheres, mais tarde chamadas de "manequins". O "desfile" de moda, inseparável da ideia de "coleção", nasce com ele. Seu sucesso é fulminante. Durante um baile nas Tulherias, no outono de 1858, a princesa de Metternich, esposa do embaixador da Áustria em Paris e futuro chanceler do Império Austro-Húngaro, grande amiga da imperatriz, usa um vestido extravagante e elegante assinado por Worth. Ela atrai todos os olhares. Eugénie empalidece de ciúme; ela pede para conhecer aquele Worth imediatamente e o transforma em seu costureiro oficial. Até o fim de seu reinado, ele lhe fará seus vestidos mais bonitos. O testemunho de um oficial, que relata a fuga da imperatriz do Palácio das Tulherias, em 1870, afirma que antes de subir na diligência, o embaixador Metternich, que a auxilia, lhe pede para tirar a capa assinada por Worth, de tecido preto, com forro de seda violeta e finos galões de ouro: chamativa demais, a capa a faria ser reconhecida e lhe custaria a vida.[40]

No final do ano de 1858, Louis Vuitton recebe um convite. Charles Frederick Worth organiza uma recepção na Rue de la Paix, em sua nova casa. A alta sociedade de Paris comparece em peso. Vinho e champanhe correm soltos, entre farfalhares de crinolinas e eflúvios de perfume. Worth se dizia perturbado pela tenacidade dos perfumes da época: "com enxaqueca dos cheiros e perfumes das grandes damas que veste". As fragrâncias são pesadas, animais, à base de âmbar e heliotrópio, sândalo e almíscar, patchuli e chipre. As mulheres elegantes não têm uma higiene irrepreensível. Pierre François Pascal Guerlain, fornecedor da imperatriz, é um dos raros perfumistas a compor essências mais refinadas. Sua "Eau Impériale", reeditada para Eugénie e apresentada num frasco ornado com abelhas imperiais de ouro, não tem a nota enjoativa então em voga. Numa sociedade onde tudo se baseia na aparência, o perfume, mais caro que uma joia, é um elemento essencial de sedução. Louis-François Cartier, um artesão joalheiro que começa a trabalhar com Worth, comparece àquela noite. Filho de um fabricante de frascos de armazenar pólvora, ele também se tornara fornecedor da imperatriz, como Worth, Guerlain e Vuitton. Suas joias são o complemento dos perfumes e das roupas de alta-costura que Louis embala. Todas as cortes da Europa logo despacham seus embaixadores à sua butique, no número 9 do Boulevard des Italiens. A união da moda e da joalheria se concretiza, duas gerações depois, com o casamento de Andrée Worth, neta do costureiro, com Louis-Joseph Cartier, neto do joalheiro.

A noite de lançamento da casa Worth é representativa da opulência parisiense e do esplendor ostentado pelo Segundo Império. Louis Vuitton é convidado, embora não faça parte dessa sociedade recentemente enriquecida, composta de aristocratas e burgueses. Ele é um dos fornecedores mais em evidência da capital, e alguns de seus clientes comparecem àquela noite. Ele sabe conversar cortesmente com eles, enquanto observa os acessórios e as roupas dos convidados.

Com Worth, a alta-costura se torna um dos motores da inovação. É a ele – e a seu filho Gaston – que devemos a organização da Câmara Sindical da "costura" parisiense, o enunciado dos critérios que fazem do alfaiate para senhoras um "costureiro", bem como o calendário anual de apresentação das coleções e o registro dos vestidos num catálogo, com desenhos dos modelos e amostras dos tecidos.

Louis Vuitton e Charles Frederick Worth se lançam ao mesmo tempo em caminhos decididamente inéditos, com vários pontos em comum: clientela rica, paixão desenfreada pelo ofício, exigência de qualidade e originalidade. Eles são figuras fundamentais da modernidade nascente que Zola define como "o encontro de todas as ambições, o impulso democrático, a ascensão de todas as classes".[41] Os dois homens não são exatamente amigos – seus temperamentos são opostos demais para isso –, mas sentem um respeito genuíno um pelo outro. Por toda sua vida, Worth manterá Louis Vuitton a par das evoluções da moda, preciosas informações que permitirão ao fabricante de malas antecipar e propor à sua clientela malas cada vez mais práticas e adaptadas a seus guarda-roupas. Por toda sua vida, Louis Vuitton comunicará a Worth suas descobertas sobre as exigências indumentárias de seus clientes.

O ADVENTO DA PRATICIDADE

Em 1858, com um ano de idade, Georges e a irmã são entregues a uma ama de leite em Asnières, que mora perto da fábrica. Émilie volta a trabalhar ao lado de Louis, na butique da Rue Neuve-des-Capucines. Ela cuida dos clientes. Seu marido segue a produção no ateliê, fazendo poucos empacotamentos a domicílio. Ele pensa até mesmo em parar com essa atividade. Mas por enquanto ainda não pode recusar seus serviços à imperatriz ou a seus clientes mais fiéis.

Enquanto isso, o engenheiro Belgrand e o barão Haussmann começam a construção de uma gigantesca rede de esgotos em Paris: 100 mil metros cúbicos de águas residuais precisam ser tratados. Os dois homens organizam os subterrâneos em galerias e canalizações, antecipando a construção da rede ferroviária metropolitana do final do século. Dois mil e trezentos quilômetros de galerias são escavados. Paralelamente, Haussmann redesenha os jardins e os bosques da capital; ele remodela o Bois de Boulogne e o Bois de Vincennes, bem como o Jardim de Luxemburgo, os parques Montsouris, Buttes-Chaumont e Monceau. Ele os transforma nos lugares preferidos de passeio dos parisienses, que neles organizam piqueniques, precisando para isso de novos tipos de roupas e acessórios para transportar a louça. A iniciativa não deixa de ter segundas intenções políticas: o lazer citadino evita a reflexão em demasia. "Muita perversidade poderia ser evitada, acredito, pelo críquete ou pelo futebol", diz o relatório Chadwick, em 1842. Uma teoria que se tornará uma certeza na França, no final dos anos 1950.[42]

Dos ateliês de Asnières saem as primeiras "malas de compartimentos" concebidas por Louis. A mala de compartimentos

– mais tarde chamada de "mala alta para senhoras"[43] – tem de um lado um compartimento para chapéus pequenos, *chemisettes*, blusas, véus etc., do outro, uma gaveta dupla com a parte de cima ocupada por um espaço com várias divisórias com lugar para lenços, gravatas, fitas, véus, jabôs, luvas, leques, rendas etc. Sob essa primeira gaveta encontra-se um amplo espaço para a roupa de baixo. A isso se somam duas gavetas simples e o fundo. É possível acrescentar uma caixa para chapéus. Os tamanhos grandes são indicados para viagens longas, e a "mala baixa para senhoras", que deriva diretamente da "mala de compartimentos alta", é utilizada principalmente para viagens rápidas: "Seu fácil manejo a torna muito adequada para viagens circulares", indica um catálogo.[44] É preciso entender com isso as viagens de menos de dois dias. Louis Vuitton as aconselha como *visiting trunk* (em inglês no catálogo original) ou como "excelentes malas para roupas".[45] Tudo vale para criar uma necessidade!

A cada mala é atribuído um número de fábrica e um número de venda. Cada encomenda, cada venda, é registrada em pesados livros de registro de couro preto, dos quais todos os exemplares são zelosamente conservados – até hoje. Louis cria assim seu próprio anuário de clientes afortunados, aos quais pode sugerir seus novos modelos. Ele inventa o que hoje as escolas de negócios chamam de "relacionamento com o cliente".

As transformações de Paris

Em 1º de janeiro de 1860, Paris cresce: as barreiras de pedágio, até então limitadas ao muro dos Fermiers Généraux, são aumentadas até os muros erigidos vinte anos antes por Thiers. Paris passa, assim, de 600 mil habitantes a 1,7 milhão de habitantes, divididos em vinte *arrondissements*. Os parisienses começam a utilizar com mais frequência os transportes públicos, cuja história data de meados do século XVII, quando Blaise Pascal, logo antes de morrer, imaginara "carruagens de cinco *sols*", com tarifa única, percorrendo um itinerário previamente estabelecido, com pontos de parada e horário fixo.[46] Um sistema que funcionara muito bem por várias dezenas de anos, até que a vizinhança entre viajantes de camadas sociais muito diferentes provocara conflitos. Sem clientes pagantes em número suficiente, o serviço agonizara, depois desaparecera. Será preciso esperar 1819 para que *omnibus* puxados por cavalos entrem em circulação. O serviço de "ônibus" é inventado por Stanislas Baudry em 1825, em Nantes. Os carros estacionavam à frente da loja de um chapeleiro, um certo sr. Omnes, que, aproveitando a sonoridade de seu sobrenome, tinha na fachada uma placa que dizia *Omnes Omnibus* (*Omnes para todos*). Os usuários do serviço se acostumaram a dizer que pegavam o "omnibus", veículo "para todos"![47] Em 1855, os transportes coletivos foram entregues à Compagnie Générale des Omnibus, que tinha 506 veículos e 6,7 mil cavalos, que transportavam mais de 75 milhões de passageiros por ano.

Em meados do século XIX, o trânsito na cidade é apocalíptico: os bondes a tração animal circulam no meio dos ônibus... e os ônibus no meio dos fiacres... Torna-se imperativo considerar meios de transporte por via subterrânea ou aérea. Em Londres, um metrô a cavalo é inaugurado em 1863, mas na França as rivalidades entre o Estado e a cidade de Paris bloqueiam todos os projetos por três décadas; Paris precisa esperar o ano de 1895 – logo antes da Exposição Universal – para ter seu metropolitano.

Essa circulação intensa cria engarrafamentos monstruosos, nos quais Louis Vuitton se vê regularmente preso entre Paris e

Asnières. A esses congestionamentos se somam as perturbações causadas pelas obras de Haussmann: 8 mil empresas empregam 31 mil pedreiros, 5 mil carpinteiros, 3,5 mil telhadores, 8 mil marceneiros, 600 pintores e 6 mil serralheiros, ou seja, cerca de 55 mil homens.[48] Paris está uma bagunça. Louis sofre as consequências: em 1860, um arquiteto da cidade de Paris, Charles Garnier, vence o concurso para a construção de um novo teatro de ópera, na praça adjacente à Rue Neuve-des-Capucines. As obras começam imediatamente, com uma gigantesca escavação que traz à tona um enorme lençol freático subterrâneo. Todo o bairro sofre de infiltrações. Garnier traz bombas a vapor para secar o lençol freático, fecha o bairro, e Louis, seu vizinho, precisa fazer um longo desvio para evitar as obras e ir do ateliê de empacotamento até a butique. Os clientes se tornam mais raros. A situação fica crítica. Louis tem dívidas: os ateliês custam caro e ninguém compra mais nada. A palavra "rentabilidade" está em todos os lábios. Nas obras da futura ópera, pela primeira vez, os operários trabalham à noite.

A Guerra de Secessão

Em 8 de fevereiro de 1861, a guerra mais terrível que os Estados Unidos da América viveria tem início: a Guerra de Secessão, opondo sulistas a ianques. Uma divisão que existia antes mesmo do nascimento dos Estados Unidos. Os onze estados federados do sul estavam organizados em torno de um sistema de grandes plantações de tabaco, cana-de-açúcar, café e algodão, pertencentes a ricas famílias patriarcais. Exportadores de produtos para a Europa, os plantadores do sul exigem uma diminuição dos impostos alfandegários em suas fronteiras para conseguir reduções de taxas na Europa. Mas os nortistas não tinham os mesmos interesses: sua prosperidade vinha da indústria e da agricultura para alimentação, produtos vendidos no mercado interno americano; eles eram partidários de impostos alfandegários elevados para se proteger da importação de produtos manufaturados europeus. Além disso, os estados do sul queriam conservar o direito de importar e utilizar escravos, libertos pelos estados do norte, que não precisavam deles para sua economia.

A eleição de 1860, que coloca na Casa Branca o republicano Abraham Lincoln, um advogado do norte, abolicionista, de um rigor moral absoluto, provoca o início das hostilidades.

Na França, as consequências dessa guerra civil que dilacera a América não são entendidas imediatamente. Há uma anedota que corre pelos ateliês de Worth, que diz que o tamanho das crinolinas permite que as mulheres do sul contrabandeiem e transportem sob suas anáguas armas e garrafas de uísque, apesar das patrulhas. Louis Vuitton, por sua vez, percebe que para além da temível concorrência britânica (a França acaba de assinar com a Grã-Bretanha um tratado de livre-comércio que cria uma revolução alfandegária), o grande mercado está na América. É lá que surgem as novas fortunas. Além disso, aquele é um povo de viajantes: para percorrer o imenso continente, eles precisam de bagagens, muitas bagagens. Por terra, as diligências começam a ceder espaço ao trem. Por mar, a América instaura uma formidável rede de barcos a vapor, os primeiros do mundo, que atravessam o Atlântico. O sonho de Louis é um dia impor seu nome no mercado americano.

Ele segue de perto a evolução das técnicas navais. Os britânicos usam vapores de estrutura metálica, enquanto os franceses ainda utilizam veleiros de madeira. O maior arquiteto naval da época, o inglês Brunel, faz progredir consideravelmente a construção dos navios. O *Great Eastern*, seu terceiro transatlântico, o maior jamais construído, com 211 metros de comprimento, inaugurado em 1860, pode transportar até 4 mil passageiros. Esse monstro flutuante assusta, aterroriza e tranquiliza ao mesmo tempo. Ele é como uma ilha em movimento que aproxima os dois continentes. Ele vai dominar a navegação civil até o fim do século XIX, instalando inclusive o primeiro cabo telegráfico submarino entre a Europa e os Estados Unidos. Esse gigantesco navio inspirou Jules Verne (*Uma cidade flutuante*) e Victor Hugo (*A lenda dos séculos*). Muito depois, Stefan Zweig ainda falará sobre ele em *Momentos decisivos da humanidade*.

Louis Vuitton também se interessa pelos avanços das ferrovias. Se para os americanos o trem se torna o meio de transporte privilegiado para percorrer milhares de quilômetros, para os europeus ele é indissociável da noção de férias.

Em Londres e Paris, em Viena e Berlim, no pequeno mundo da aristocracia e da burguesia, a moda está nos passeios de férias; surgem as primeiras estações balneares e de montanha. O casal imperial lança a moda de Biarritz, já eleita pela aristocracia inglesa desde o final do século XVIII. Eugénie lá passava todos os seus verões quando criança. Napoleão III manda construir uma suntuosa casa com vista para o mar, a Villa Eugénie. Na montanha de areia de Arcachon, entre os pinheiros, Émile Pereire conclui a construção de uma "villa de inverno", verdadeiro "sanatório ao ar livre", para retomar os termos do financista asmático. Na Normandia, o duque de Morny inventa Deauville, ao lado de Trouville, já célebre. Ele transforma uma colina de areia e pântanos no reino da elegância: "Bastaram dois anos para construir todas as mansões que se alinham num terraço monumental, pavimentado e com iluminação a gás, ao longo da praia outrora deserta", diz o guia turístico de Adolphe Joanne.[49] Deauville também conhece um sucesso mundano e burguês. Morny convida a alta sociedade parisiense para festas magníficas e às vezes um tanto libertinas. O trem deixa a capital pela Gare Saint-Lazare. Os ingleses, tão orgulhosos de Brighton, sua pequena "Londres-ao-Mar", invejam o sucesso da vizinha do outro lado da Mancha.[50] Alguns personagens mundanos, desdenhosos dessa cidade que eles julgam nova demais, nova-rica demais, a chamam de "Morny-Ville"!

Eugénie às vezes leva Napoleão III para experimentar as virtudes curativas das águas termais do País Basco ou da costa normanda. O termalismo na França deve muito ao casal imperial, que aparece em toda parte, de Dax a Cabourg. Uma estação, Eugénie-les-Bains, é inclusive criada em homenagem a eles perto de Dax. Os ricos também frequentam os Pireneus, onde as estações mais na moda são as de Barèges e as duas Bagnères; eles vão para a Auvergne, especialmente Néris, Cransac e Mont-Dore. Em Vichy, Napoleão III manda construir os "Chalés do Imperador", suntuosas vilas no estilo Segundo Império, para receber a corte. O primeiro chalé, chamado "Villa Marie Louise", abriga o casal imperial em seus tratamentos. Durante a Segunda Guerra Mundial, o chalé será transformado em bar, o Cintra, onde todos os dignitários do regime de Vichy e os descendentes de Louis Vuitton se encontram.[51]

Os parisienses, por sua vez, apreciam a proximidade de Enghien. No Leste, prefere-se ir para Bourbonne-les-Bains, Contrexéville, Vittel e Martigny, estações agora acessíveis por estada de ferro.

A Côte d'Azur entra na moda e Cannes vira uma importante "estação climática" que a cada inverno recebe uma colônia de aristocratas britânicos a caminho de Roma. Prosper Mérimée ali se hospeda em 1850 para tratar sua asma. Os primeiros grandes hotéis são construídos e, em 1863, o primeiro trem serve sua estação.

Em Paris, Louis Vuitton é regularmente convocado às Tulherias para embalar as roupas da imperatriz e as modas de suas damas de honra, que no verão se instalam na Villa Eugénie ou em Vichy.

Ambições para o futuro

Louis dedica quase todo seu tempo a servir viajantes, mas só se desloca para ir de Paris a Asnières. Trabalhador obstinado, imensamente ambicioso, ele está obcecado em fazer de seu nome a marca francesa de bagagens. E quando ele sonha com viagens, não é para relaxar, como seus clientes, mas para conquistar um mercado mundial. Ele pretende transmitir a seus próximos, sobretudo a seus filhos, a disciplina e o rigor que ele impõe a si mesmo. Seu formidável sucesso não lhe sobe à cabeça e não lhe basta. Ganhara apenas a batalha de Paris.

Louis já considera a possibilidade de fazer de Georges seu funcionário, mais tarde seu sucessor. Sua educação precisa ser aperfeiçoada. Aos cinco anos, ele o retira da ama de leite e o coloca, a quinhentos metros de Asnières, numa pensão muito estrita de onde os alunos só saem aos domingos e durante as férias de verão.[52] Georges aprende a ler, escrever, contar, se comportar, e rudimentos de inglês; Louis quer dar ao filho os meios que não teve. Ele quer transformá-lo num gentleman, mais inglês que os lordes de Devonshire, que à época são o arquétipo da elegância britânica. Georges não parece muito dotado para isso. Nos domingos, em Asnières, ele abre as portas dos ateliês, rouba retalhos de madeira e se diverte cortando-os, quase sempre se cortando com uma plaina ou um raspador, para grande desespero de sua mãe. Ela já perdeu a conta de quantas vezes precisou buscar "Monsieur Georges", como os funcionários já o chamam, atrás de uma bancada ou no ateliê de baús de madeira...

Em 1863, enquanto é inaugurado, com destino a Nova York, o primeiro serviço postal transatlântico a vapor, a bordo do *Washington*[53], enquanto a primeira refeição é servida num "vagão-restaurante" entre Filadélfia e Baltimore, em Paris têm início as obras da Gare du Nord. Elas são confiadas ao arquiteto Hittorff, que uma disputa opunha ao barão Haussmann; o primeiro não consegue criar na Gare du Nord a mesma harmonia e a mesma perspectiva da Gare de l'Est, construída dez anos antes. Mas consegue impor a arquitetura metálica que constitui sua assinatura. Haussmann ordena que várias avenidas sejam abertas, como o Boulevard de Strasbourg e o Boulevard de Magenta, para levar às duas estações que transformam consideravelmente a vida do 10º *arrondissement*, que se torna o bairro das trocas, da circulação e do comércio. Com fabricantes de porcelana, cristal e peles, cafés, teatros, cabarés, o bairro se populariza enquanto os burgueses se exilam na direção do centro de Paris.

No Palácio da Indústria – abaixo da Champs-Élysées – acontece o primeiro Salão dos Recusados, criado em reação ao Salão de Paris, a exposição internacional de pintura organizada todos os anos para acolher artistas selecionados. O júri do Salão oficial, que apura as obras recebidas, personifica o academicismo e a tradição, e recusa, naquele ano de 1863, dois terços dos postulantes! Diante do escândalo, Napoleão III aceita montar, a título excepcional, por um ano, um salão paralelo. Embora metade dos artistas recusados não se inscreva, toda a alta sociedade parisiense comparece, se ofendendo com o ousado *Le déjeuner sur l'herbe*, de Édouard Manet, que representa duas mulheres, uma nua e outra quase nua, ao lado de dois homens vestidos, coisa que nenhum artista ousara fazer em quadros não alegóricos. Fala-se em prender o pintor. Ao visitar a exposição,

Louis Vuitton nota, na parte de baixo do quarto, à esquerda, uma cesta contendo a refeição. Ele jura para si mesmo que inventará uma mala de piquenique para seus futuros clientes. Enquanto os franceses reservam uma acolhida triunfal ao romance de Jules Verne, *Cinco semanas em um balão*, seu primeiro livro em homenagem às viagens, os muros de Paris se cobrem de "reclames" em papel azul, amarelo, verde e violeta: "Trem de lazer para Le Havre e Trouville!", "Trem de lazer para Estrasburgo!", "Trem de lazer para Nancy!", "Viagem para Bélgica, Holanda e as margens do Reno!", "Excursão para a Suíça!". Em 21 de maio de 1864, o famoso jornal *L'Illustration* conta como um desses trens de lazer acaba de atravessar os Pireneus.[54] As companhias férreas rivalizam em sugestões e oferecem itinerários a preços reduzidos com surpreendentes promessas: "Venha até mim, sou o Sul; pego você em casa, conduzo-o às Landes da Gasconha. Levo-o à beira-mar, e até aos Pireneus. Vamos a Pau, Tarbes, Bagnères-de-Bigorre, a Montréjeau; voltamos por Toulouse, Montauban, Agen, e vinte dias depois, com o relógio na mão, deixo-o em sua porta: se pedir um pouco, faço e desfaço suas malas".[55] Ao ler essas propagandas, Louis Vuitton sorri. Ele pensa em todas as malas que esses novos viajantes vão precisar. Ele está longe das preocupações de Émilie, que dá à luz, em 20 de maio de 1864, o terceiro bebê do casal, Blanche Victorine Marie, no apartamento familiar de Asnières.

LA BELLE JARDINIÈRE

Partir, voltar... As necessidades das viagens transformam tudo. Até mesmo as roupas: a crinolina se torna um obstáculo aos movimentos e, para simplificar a vida cotidiana de suas clientes,

Worth impõe a saia em camadas com volume atrás. As mulheres podem se deslocar sem que seus vestidos batam em tudo. No ano seguinte, em 1865, os primeiros *porte-habits*, que imitam as *suitcases* dos lordes ingleses, aparecem na França. Eles têm a forma das malas de hoje. São utilizados para as viagens de um dia ou para uma breve estada no campo. É fácil de guardar roupas dentro dos *porte-habits*, que cabem na rede ou embaixo dos assentos dos vagões. Mas eles são terrivelmente pesados. Louis Vuitton produz então alguns modelos parecidos com os originais britânicos, em couro de sola de sapato e papelão. Mas ele prefere se concentrar na produção e no aperfeiçoamento de suas malas, que ele julga mais adaptadas a seus clientes, principalmente durante as travessias a bordo de transatlânticos. Na França, acaba de ser construído o primeiro desses navios, chamado de *L'Impératrice Eugénie*. Construído nos novíssimos estaleiros de Penhoët, ele parte no dia 16 de fevereiro de 1864 com destino às Antilhas e Veracruz, onde a França começa a ter interesses.

Em Paris, as lojas de departamentos se desenvolvem. Naquele ano, atrás das obras da nova Ópera de Paris, um ex-funcionário do Bon Marché, Jules Jaluzot, cria Le Printemps, inspirado nas melhores ideias de Boucicaut. O desenvolvimento da produção industrial, o crescimento da cidade para o oeste, a expansão do trânsito de ônibus da Gare Saint-Lazare convencem Jaluzot de que o futuro do comércio está na margem direita do Sena. Ele instala sua grande loja na saída da pequena Gare Saint-Lazare, num bairro ainda pouco comercial, adivinhando que depois da conclusão do teatro da Ópera o *arrondissement* será muito frequentado. Sua área de venda é imensa: 20 mil metros quadrados. Os bancos confiam nele. Na mesma época, também na margem direita, outra grande loja de departamentos é inaugurada: La Belle Jardinière. Fundada em 1824 por Pierre Parissot, originalmente na Île de la Cité, ele assim a chamara devido à sua proximidade com o mercado de flores. La Belle Jardinière se especializa na confecção de roupas em série para as classes trabalhadoras. Com a morte de Parissot, e com a necessidade de ampliação do mercado de flores, seu sobrinho, Charles Bessand, assume o negócio e transfere o endereço. Em 1865, ele ordena a construção de um imóvel na Rue du Pont-Neuf, composto por uma estrutura de pedra talhada e grandes janelas envidraçadas. La Belle Jardinière rapidamente se torna "a maior casa de roupas do mundo". Por um século, ela participará da promoção e difusão da moda francesa. A sociedade Louis Vuitton ali instalará sua sede 130 anos mais tarde.

Estados quase unidos

Em 9 de abril de 1865, nos Estados Unidos, a Guerra de Secessão chega ao fim. O general Lee, à frente do exército sulista, se entrega diante dos ianques, depois de quatro anos de confrontos encarniçados com 4 milhões de combatentes. O balanço é pesado, o mais terrível conhecido pelos Estados Unidos: 359 mil mortos entre os sulistas, 258 mil entre os nortistas, centenas de milhares de vítimas civis e um presidente assassinado alguns meses antes do fim da guerra. Para acabar com a escravidão, base do conflito, uma 13ª emenda à Constituição é adotada em dezembro de 1865; ela decreta que: "Não haverá, nos Estados Unidos ou em qualquer lugar sujeito à sua jurisdição, nem escravidão, nem trabalhos forçados". O sul se vê invadido por aproveitadores sem escrúpulos, os *carpetbaggers* – eles levam apenas uma mala consigo –, que colocam os negros contra os brancos. As plantações são confiscadas dos sulistas e entregues aos ianques, embora tenham sido prometidas aos antigos escravizados, que só conseguem trabalhar como meeiros. A maioria acaba escolhendo pegar a estrada, tornando-se verdadeiros nômades, unindo-se aos trabalhadores migrantes brancos, os *hobos*, que viajam clandestinamente de trem com todos os seus bens, em busca de trabalho em alguma obra. Vários deles participam da construção da estrada de ferro transcontinental. Esse imenso canteiro de obras, iniciado ao mesmo tempo nas costas leste e oeste dos Estados Unidos, criará a maior linha férrea americana, ligando São Francisco a Nova York em seis dias, a partir de 1870.[56] Assim, o fim da Guerra de Secessão unifica e pacifica a América, fazendo dela a maior potência do mundo. Louis Vuitton adivinha, muito antes dos outros industriais franceses, as perspectivas abertas por esse país povoado por viajantes.

Mas antes de conquistar o mercado americano, ele precisa satisfazer sua clientela francesa, que se torna bastante numerosa depois do lançamento de sua mala com ripas. A loja se tornou pequena demais. Chegou a hora de se mudar. Louis encontra um lugar na frente do número 4 da Rue Neuve-des--Capucines. Uma excelente oportunidade: basta atravessar a rua! Ajudado por Émilie, ele se muda e fecha o ateliê de embalagem da Rue du Rocher, longe demais e pouco prático, transferindo-o para bem perto, na Rue Saint-Arnaud (atual Rue Volney). Ele continua com sua fiel clientela de aristocratas e burgueses ricos que o chamam para empacotar suas coisas. A imperatriz solicita seus serviços a cada vez que se desloca! Sua reputação percorreu os salões, como seu filho escreve em seu diário: "Louis Vuitton havia criado a embalagem para vestidos, e as primeiras casas de moda da Rue de la Paix disputavam o artesão fora de série que cuidava de suas roupas e as fazia chegar ao outro extremo do globo, a bem dizer, mais bonitas e frescas do que ao sair. Seus aprendizes, que mais tarde se tornam artesãos, depois patrões, em geral sentem por ele um eterno reconhecimento por suas lições, que fizeram deles os primeiros, para não dizer os únicos, *emballeurs* do mundo".[57]

Fim da crinolina

Frequentando os salões de Worth, Louis descobre que o costureiro está preparando o lançamento de um novo tipo de roupa de baixo feminina, mais adaptada ao novo modo de vida: a "anquinha", um modelo feito em tecido, inspirado numa roupa do século XVII, usada apenas na parte de trás das saias. Segundo Worth, teria sido brutal demais suprimir de uma só vez a crinolina: o novo saiote é apenas uma evolução lógica, que prepara seu fim. O "vestido-anquinha" leva a uma nova moda de cores e materiais.

O vestido-anquinha torna mais prático subir em veículos e caminhar em salões, ou mesmo atravessar Paris, que à época é um grande canteiro de obras e obriga os pedestres a fazer intermináveis desvios. Os habitantes da capital começam a demonstrar impaciência; sua exasperação é atiçada por um advogado, redator do jornal *Le Temps* e conhecido por seus textos que denunciam os excessos do regime, que se torna mais liberal: Jules Ferry. Ele publica, em 1867, *As contas fantásticas de Haussmann*, parafraseando o título da peça de Jules Barbier, *Os contos de Hoffmann*, que faz um imenso sucesso e em 1881 servirá de libreto à ópera de Offenbach. Ferry critica Haussmann pelo montante das obras, mais de 2 bilhões de francos, bem como por seu financiamento duvidoso: antes das obras, em 1852, a cidade recolhia cerca de 52 milhões de francos em impostos; quinze anos depois, há cerca de 232 milhões de francos nos cofres da cidade![58] Essas contas acabam com a reputação do barão, que nunca obterá o cargo de ministro que lhe permitiria remodelar a França segundo o mesmo esquema de Paris. Mas o Império já começa a se exaurir.

Um estande Vuitton

Em sua loja da Rue Neuve-des-Capucines, Louis Vuitton, incomodado com as obras de Garnier, se mantém longe dos conflitos. Ele tem outras preocupações: luta como um leão para conseguir um bom lugar na Exposição Universal Internacional de Paris, que abrirá suas portas em 1º de abril de 1867. Ingleses e americanos estarão presentes; não se trata de estar à altura, mas de se superar. A partir de 1866, ele acelera a produção para poder apresentar ao mundo inteiro modelos superiores em qualidade, peso, preço, maneabilidade e funcionalidade.

A Exposição Universal acontece no Champs-de-Mars, pois a Champs-Élysées foi julgada estreita demais. Um palácio é erigido no espaço vazio entre a Escola Militar e o Sena. Embora 43% da superfície da exposição seja reservada à França, apenas 30% dos 52.200 expositores são franceses.[59] O acréscimo de pavilhões, permitindo que os países convidados expressem o espírito de sua arquitetura nacional, marca uma estreia na história das Exposições Universais. Outra novidade: o lugar muito importante concedido às colônias do Império francês, com edifícios característicos. Graças a decorações incríveis, os visitantes viajam pela África e pela Ásia sem deixar Paris. Dentro do palácio, as galerias do Oriente apresentam butiques de "cor local", que vendem produtos do Marrocos, da Tunísia, do Egito, da Argélia. É preciso notar o lugar de destaque da Argélia, já presente nas exposições anteriores; enquanto os produtos do Senegal, de Guadalupe, da Martinica, da Ilha Reunião e da Nova Caledônia estão espalhados numa das quatro pirâmides dedicadas às colônias francesas na galeria de máquinas industriais, expondo objetos manufaturados, matérias-primas e produtos alimentícios. A seção britânica compreende um departamento indiano. O Império Otomano também tem sua própria seção, e sua belíssima exposição persa faz um imenso sucesso.

No total, 15 milhões de visitantes frequentam a Exposição em 1867[60], entre os quais várias cabeças coroadas, como o czar Alexandre II com seus três filhos (como o futuro sanguinário Alexandre III), o rei e a rainha da Bélgica, o rei e a rainha de Portugal, o príncipe herdeiro Oscar da Suécia, o príncipe de Gales, o sultão Abdul Aziz da Turquia, o vice-rei Ismail do Egito[61], Sofia dos Países Baixos, o imperador Francisco José e sua esposa Sissi. Eles descobrem, entre outras coisas, as duas tecnologias de ponta da Exposição: o elevador hidráulico e o concreto armado. Ambos revolucionariam as cidades, permitindo construções mais altas e mais sólidas. Na indústria naval, os progressos também são consideráveis: a Compagnie Générale Transatlantique, dos irmãos Pereire (há seis anos ex-Compagnie Générale Maritime) transformou seus transatlânticos com rodas de pás em navios a hélices. Logo surgiriam as caldeiras de alta pressão...[62]

Um homem, no entanto, tem dificuldade de se entusiasmar: Louis Vuitton. Deixando seu estande por um momento para visitar o dos concorrentes, ele faz uma terrível descoberta: suas malas com ripas foram copiadas no mundo inteiro! Ele percebe com amargura que seus modelos foram "adotados principalmente nos Estados Unidos, onde os americanos, pessoas de senso friamente prático, se apressaram a abandonar seus métodos e a adotar o dele"[63], diria seu filho Georges vários anos depois, em seu diário. Impossível tentar processá-los: nenhum tribunal se reconheceria competente. A resposta só pode ser comercial. Em seu estande, Louis explica aos milhares de curiosos que passam "por que eles devem comprar uma Vuitton". Ele descreve em detalhe seus métodos, suas matérias-primas, suas ideias; ele sabe falar com os viajantes, conhecendo suas necessidades de cor. Ele é ao mesmo tempo artesão e vendedor.

Para ele, como para os outros participantes, a Exposição Universal é um sucesso fenomenal. Em 1º de julho, às dez horas da manhã, todos os expositores seguram a respiração: Napoleão III e a imperatriz Eugénie vêm entregar "as medalhas em honra do trabalho e do progresso às melhores casas".[64] Os soberanos estão acompanhados do príncipe de Gales, do príncipe real da Prússia, do duque de Aoste, do príncipe Humberto da Itália, dos príncipes de Orange e da Saxônia, do grão-duque de Baden, do sultão otomano e do irmão do *taikun* do Japão. Sob os olhos da elite, os premiados são chamados um a um. Louis Vuitton recebe uma medalha de bronze pela qualidade e funcionalidade de suas malas. Eugénie, toda vestida de branco, olha para seu filho, o príncipe imperial, entregando o prêmio a seu fornecedor. Essa é a primeira recompensa oficial de Louis Vuitton. Diante dos americanos e dos ingleses, ele saboreia sua vitória: acaba de dar uma majestosa banana à concorrência desleal! Uma chuva de aplausos encerra a cerimônia: todos voltam para seus estandes. E Deus sabe como eles são numerosos! Alguns visitantes se queixam do tamanho do percurso.[65]

O reconhecimento oficial do imperador vale a Louis uma avalanche de encomendas. E ele está em toda parte: garante presença em seu estande, na casa dos clientes, na loja e no ateliê de Asnières. Émilie o ajuda nas vendas na Rue Neuve-des-Capucines, mas o resto é com ele. Por mais que tenha uma saúde de ferro, Louis às vezes sofre um contragolpe dos inúmeros anos de trabalho sem um dia sequer de folga. Até que ele encontra uma maneira moderna de ganhar tempo: numa noite de agosto, ele para na frente de um estande onde a multidão se acotovela. E descobre uma engenhoca estranha: o "velocípede". Seu inventor, Pierre Michaux, lhe conta como, seis anos antes, em 1861, em seu ateliê parisiense de serralheria para carros personalizados, um chapeleiro lhe levara uma draisiana para consertar – o primeiro veículo de duas rodas no qual, depois de um impulso, é preciso levantar as pernas. Michaux tem a ideia de acoplar um par de apoio para os pés à manivela, permitindo propulsionar a engenhoca: o pedal! Muitos testam o velocípede e raros são os que conseguem usá-lo de primeira. Na alameda, o riso é generalizado! Louis Vuitton logo encomenda um modelo, que utilizará diariamente para fazer suas idas e vindas entre a Champs-de-Mars, Asnières e o bairro Vendôme. Ele não se separaria daquele velocípede por vinte anos, até a bicicleta moderna ser aperfeiçoada, no final dos anos 1880.[66] Ele andaria de bicicleta até bem tarde na vida, para grande temor de sua mulher e de seus filhos.

Uma mala para as tropas coloniais

O reconhecimento profissional na Exposição Universal incita Louis a participar das diferentes manifestações que a sucedem. Ele logo toma gosto pelas distinções. No final de 1867, ele se prepara para a Exposição Internacional Marítima de Le Havre, prevista para o ano seguinte. No sigilo dos ateliês de Asnières, ele aperfeiçoa um novo modelo, que chama a atenção em Le Havre. Ele apresenta, entre outras inovações, uma enorme mala de zinco. Graças a um engenhoso sistema de fechamento que a torna hermética, ela serve para todas as viagens marítimas, principalmente para as Índias e para a África. "Um fechamento não sem rival, mas sem equivalente, que seu filho aplicará trinta anos depois às malas para automóveis e à mala 'aero' de 1908"[67], escreve Gaston, seu neto, em seu diário. Louis também expõe uma primeira mala-leito[68], muito apreciada por oficiais e militares das tropas coloniais. E eles são numerosos.

A França acaba de aumentar suas terras na Cochinchina, na Indochina, no Senegal, no Egito, na Argélia, em Madagascar e na Nova Caledônia. Mas o volume de seus domínios coloniais nunca alcançaria o dos impérios britânico e holandês, pois Napoleão III – como seu tio, que vendera a Louisiana – não se interessa por eles. As principais aquisições francesas da época não são devidas a ele, elas decorrem de iniciativas pessoais de seus representantes nas regiões colonizadas. O imperador se contenta em apoiar a Igreja Católica francesa enviando missões da ordem dos Padres Brancos aqui e ali. Depois do tratado de livre-comércio assinado em 1860 com a Grã-Bretanha, um regime de tratados comerciais substitui o pacto colonial, subjugador demais para as colônias, que obtêm, a partir de então, uma certa liberdade de comércio.

Em Le Havre, Louis Vuitton conhece a consagração: o júri dessa vez lhe confere a medalha de prata. A poucos quilômetros dali, do outro lado da Mancha, Thomas Cook imagina enquanto isso um programa de viagem individual sob medida, que poderia ser paga com vales aos hotéis, os Cook's Hotel Coupons. Eles evitam o transporte de dinheiro em espécie. Uma estreia mundial: trata-se da invenção do cheque de viagem, que pressupõe uma logística rigorosa.

De volta a Asnières, Louis abre uma garrafa nos ateliês para, como ele costuma fazer, celebrar aquela recompensa com seus funcionários; é então que descobre que, em Anchay,

François-Xavier Vuitton, seu pai, morrera aos 75 anos. Eles provavelmente não se viam desde sua partida do moinho, 33 anos antes. Seu pai nunca fora a Paris. Louis nunca pensara em compartilhar com ele seu triunfo. A ruptura deve ter sido profunda.

O COMÉRCIO MODERNO

Nos dias que se seguem à morte de François-Xavier Vuitton, Louis, avisado tarde demais para assistir ao funeral, vai ao Bon Marché para comprar um terno escuro apropriado para o luto. A loja havia mudado desde que Louis comprara seu terno de casamento, em 1853. Agora, o preço das mercadorias é fixo e indicado numa etiqueta. Essa evolução marca a consagração do comércio moderno. Negociar não corresponde mais ao espírito da época. Um homem segue de perto essas mudanças: Émile Zola. Fascinado pela vida fervilhante da capital, pelo impulso democrático, pela ascensão de todas as classes e pelas obras do barão Haussmann, o escritor imagina um amplo afresco que contaria "a história natural e social de uma família sob o Segundo Império". Este livro será *Os Rougon-Macquart*, feroz sátira do Império em vinte volumes, que serão regularmente publicados entre 1870 e 1893. Em 1868, Zola reúne uma importante documentação para colocar no papel um "esboço", primeiro relato em estilo telegráfico cheio de reflexões e hipóteses sobre a maneira como conduzir sua narração. Ele passa, para isso, longas horas no Bon Marché, conversa com os funcionários, faz perguntas ao sr. Karcher, secretário-geral, e reúne uma centena de páginas de anotações. Ele prepara o décimo primeiro volume da série dos Rougon-Macquart, *Au Bonheur des Dames*, no qual são descritos os inconvenientes e as vantagens do desenvolvimento das lojas de departamentos. Zola destaca um aspecto específico do comércio moderno: a concorrência em excesso, a competição pelo poder e pelo dinheiro, entre grandes lojas e pequenos comércios, mas também entre funcionários excitados por um sistema de bônus e comissões. A loja de departamentos devora comércios e butiques vizinhas, empregados, clientes e mercadorias; é uma máquina que funciona a altas pressões, cujo dono não cessa de aumentar seus rendimentos: sob a gestão de Boucicaut, o faturamento do Le Bon Marché passa de 500 mil francos em 1852 para 5 milhões em 1860. E o triplo cinco anos depois.[69]

AS FRUTAS FRESCAS DO QUEDIVA

Louis Vuitton vive todas essas mudanças, que também influenciam os hábitos e modos de compra de seus clientes. A exposição em Le Havre e a Exposição Universal de Paris o encheram de encomendas. Ele precisa acelerar o ritmo de produção. Émilie está impossibilitada de ajudá-lo. Ela acaba de ir para uma casa de saúde, no 1º *arrondissement* de Paris: sua gravidez não evolui bem, uma parteira precisa auxiliar o parto. Depois de Napoleão e da criação, em 1806, de uma cátedra obstétrica, primeira cátedra médica na França, a formação profissional das parteiras melhorara. A grande luta do Segundo Império ainda era aquela travada contra a febre puerperal, que matava uma a cada dez parturientes.[70] Quanto à dor, a única coisa para combatê-la era clorofórmio! Rumores contavam que a imperatriz Eugénie tivera um parto com fórceps, recusando qualquer alívio analgésico. Em 31 de maio de 1869[71], Émilie dá à luz seu quarto bebê – mais uma filha!, pensa Louis –, chamada Blanche Amélie. A criança contrai uma doença na casa de saúde? Dezenove dias depois, às oito horas da noite, ela morre na casa de seus pais.[72] No dia seguinte, depois do intervalo de almoço, Louis procura um de seus embaladores, que mora na Rue du Congrès, Charles Hermerel[73], e lhe pede para acompanhá-lo à prefeitura para testemunhar a morte do bebê. Nos meses seguintes, as parteiras das casas de saúde são obrigadas a lavar as mãos antes de todos os exames, e os estudantes que acabam de sair de uma autópsia são proibidos de fazer o toque obstétrico...

Uma visita inesperada acaba de distrair Louis de sua aflição: Ismail Paxá. Em junho de 1869, o regente do Egito está de passagem por Paris para preparar as cerimônias oficiais de inauguração do canal de Suez. Ele ouve falar de Louis durante a Exposição Universal e quer lhe pedir para criar malas que lhe permitam transportar frutas frescas quando ele viaja pelo Egito.[74] É o início das encomendas especiais... Enquanto Louis pensa num modelo térmico para o Paxá, "herdeiro da prática e da política colonizadora"[75], em 9 de setembro começam as grandes obras que farão do Bon Marché "a maior loja do mundo". Todos os imóveis foram aos poucos demolidos e o quarteirão é recuperado para constituir um conjunto coerente. A sra. Boucicaut coloca a pedra fundamental, na qual está gravado um texto redigido por Aristide, seu marido: "Desejo dar a essa construção muito especial uma organização filantrópica que me permite, tornando-me útil a meus semelhantes, testemunhar pela Providência todo meu reconhecimento pelo sucesso com que ela nunca deixou de coroar meus esforços".[76] As obras duram dezoito anos, sem um dia de interrupção das vendas. Em 1869, o faturamento chega a 21 milhões de francos.

No final de setembro, Louis é convocado às Tulherias para participar de um gigantesco empacotamento: a imperatriz vai passar dois meses no Egito, para se encontrar com seu primo Ferdinand de Lesseps e assistir à inauguração do canal que liga o mar Vermelho ao Mediterrâneo.[77] Ela atravessa a França e o norte da Itália de carro para chegar a Veneza, onde embarca no *L'Aigle*, o iate imperial. Ela a seguir navega até a Grécia, depois chega ao Império Otomano, onde é recebida em Istambul pelo sultão Abdul Aziz. Chegando ao Egito, então domínio otomano, ela se recusa a visitar Alexandria e é preciso insistir para que aceite ir às pirâmides: a História a exaspera, somente o Egito moderno a interessa. Ismail Paxá se desdobra para contentá-la. Ele inclusive manda construir uma suntuosa residência à beira do rio, com um laranjal sob suas janelas para lembrá-la de sua Andaluzia natal. Encantada, ela muda de ideia sobre seus preconceitos e dedica o resto de sua estada à descoberta dos sítios arqueológicos faraônicos. Enquanto isso, o quediva recebe caixas provenientes da França. Ele a princípio pensa que são para Eugénie, mas elas são para ele: a encomenda à casa Vuitton. Ele descobre com júbilo malas equipadas com prateleiras que permitem a conservação e o transporte de frutas frescas[78], e decide utilizá-las para a viagem inaugural do canal de Suez com a imperatriz. Ele quer, de fato, que essa inauguração fique gravada na memória de todos. Alguns meses antes, um egiptólogo francês, Auguste Mariette, lhe sugerira inclusive mandar escrever uma ópera egípcia baseada numa história sua. Grande admirador da civilização europeia e de sua música, o quediva aceita. Mariette entrega sua história ao libretista Camille du Locle e lhe pede para escolher o compositor: Wagner, Gounod ou Verdi? Du Locle prefere Verdi, que, entusiasmado com o projeto, apresenta suas condições: ele quer escrever uma ópera italiana, não ceder a propriedade ao Egito e reservar para si o direito de difusão em outros países, e ele não irá ao Cairo para dirigir os ensaios, designando um maestro de sua confiança. Mariette transmite a oferta ao quediva, que a aceita de mau humor. Em 16 de novembro, Ferdinand de Lesseps, Ismail Paxá, Eugénie e o imperador Francisco José sobem a bordo do *L'Aigle*, o iate imperial atracado em Port Said, para abrir as cerimônias. Mas Verdi não concluiu sua ópera, *Aida* não é apresentada. O quediva esconde sua decepção. Ele fica furioso por ter cedido a Mariette: Wagner teria cumprido o prazo. No convés, seus convidados têm outras preocupações: está muito quente e eles sofrem em seus trajes de luxo. O vice-rei se alegra de estar com suas malas Vuitton. Ele pôde embarcar quilos de frutas, com que refresca seus convidados, enquanto o bispo de Alexandria e Monsenhor Bauer abençoam as águas. Depois, oitenta embarcações, transportando uma grande massa de cabeças coroadas, seguem a frota que lentamente se põe a caminho de Suez. Quem está presente é Thomas Cook, que aproveitou a ocasião para acompanhar um primeiro grupo de turistas ao Egito, depois à Terra Santa, a bordo de barcos a vapor.[79]

No dia seguinte, em Suez, o canal é oficialmente inaugurado. Com 162 quilômetros de comprimento, 54 metros de largura e oito metros de profundidade, ele cruza o istmo de alto a baixo. O sonho de tantos homens se realiza: o caminho para as Índias evita o desvio pelo Cabo da Boa Esperança, o maldito "cabo das Tormentas". Encurtando a distância de Londres para Bombaim em 8 mil quilômetros, o acontecimento transformaria as trocas entre o Oriente e a Europa.

Últimos suspiros do Império

De volta a Paris, em dezembro de 1869, a imperatriz não suspeita que está vivendo suas últimas horas de serenidade. Uma tarde, ela visita o canteiro de obras da Ópera, que deve substituir a pequena sala da Rue Le Peletier. Ela fica maravilhada de ver tamanha abundância de mármores policromados, ouros, ônix, pórfiros e ornamentos decorativos, uma tal profusão de gênios alados, ninfas desnudas, vasos e colunas. Ela reconhece algumas referências francesas e italianas, mas já que o arquiteto Charles Garnier está a seu lado, ela pergunta: "Senhor, que estilo é esse?". Com soberba, Garnier responde: "Estilo Napoleão III, senhora!".[80] A imperatriz se entusiasma, mas as obras estão longe de ficar prontas. Paris é um grande canteiro de obras.

Em 21 de março de 1870, La Samaritaine abre suas portas, fundada por uma antiga gerente do setor de roupas do Bon Marché, Marie-Louise Jay, e seu marido Eugène Cognacq. O casal inova nas vendas graças à experiência adquirida com Boucicaut. Eugène Cognacq vai além na organização da loja de departamentos, nomeando para cada setor verdadeiros "pequenos patrões" autônomos. Ele decreta: "Nossos clientes é que nos ensinam a comprar bem". E lança o célebre lema: "Você encontra tudo na Samaritaine". Há bagagens, malas de viagem e até *porte-habits*, concorrentes aos de Vuitton, mas de qualidade inferior e para uma clientela menos abastada. No entanto, o contexto é pouco favorável ao comércio. A política externa do Império é muito temerária, e a França – os parisienses, em especial – se prepara para viver momentos sinistros. As relações franco-prussianas se deterioram brutalmente: o chanceler Bismarck recusa a Napoleão III as compensações territoriais prometidas em troca da neutralidade francesa na guerra da Prússia com a Áustria. O ponto de ruptura é alcançado no início de 1870, quando o rei da Prússia, Guilherme I, propõe a candidatura de um príncipe alemão para o trono da Espanha. O embaixador da França em Berlim insiste inabilmente em fazê-lo desistir dessa ideia. Em Paris, correm rumores que anunciam o pior. Os franceses se preocupam, a guerra está às portas do país. Em Asnières, Louis Vuitton, que é membro da guarda nacional, se prepara à sua maneira, como revela o diário de seu filho: "Em 17 de julho de 1870, ocorre em Asnières, na Rue du Congrès, número 14, a bênção dos ateliês e da loja da fábrica do sr. Louis Vuitton". O cônego honorário, L. T. Vincent, faz naquele dia uma breve oração: "Que Deus abençoe a casa e todos que a habitam!".[81] Dois dias depois, em 19 de julho, a publicação do "despacho de Ems", telegrama diplomático redigido em termos injuriosos para a França, leva Napoleão III – apesar dos conselhos de moderação de seu círculo – a declarar guerra à Prússia, logo apoiada pelos príncipes alemães. Isolada diplomaticamente, dispondo de um exército mal organizado e inferior em número, a França, diante das tropas prussianas bem equipadas, logo acumula derrotas: Bazaine capitula em 2 de setembro de 1870 em Sedan. Napoleão III, pessoalmente à frente do exército, é feito prisioneiro. Em Paris, em 4 de setembro, uma confusa revolução comandada por um jovem médico, prefeito de Montmartre, chamado Georges Clemenceau, derruba o Segundo Império.

UM *EMBALLEUR* IMPREVISTO

Eugénie hesita em deixar as Tulherias. Conti, o chefe de gabinete do imperador, a convence: "Em uma hora, a senhora estará nas mãos daqueles que a farão abdicar à força e terá sacrificado inutilmente os direitos de que é depositária. Se fugir, para onde quer que vá, levará consigo esses direitos".[82] Em 3 de setembro de 1870, às duas e meia da tarde, ela tira sua capa Worth, prende os cabelos dentro de um pequeno chapéu Madame Virot e, acompanhada da sra. Lebreton, sua leitora, atravessa as galerias do Louvre, sai na praça Saint-Germain-L'Auxerrois, sobe num fiacre e foge. Na rua, o fluxo popular leva ao Hôtel de Ville Jules Favre e Léon Gambetta, que se preparam para proclamar a República.[83] Na esquina do Boulevard des Capucines, o veículo delas é parado por um ajuntamento de pessoas. Eugénie avista um grupo pisoteando a tabuleta de uma butique com o escudo imperial: "Fornecedor de S. M. a Imperatriz". Será a loja de Louis Vuitton? Nenhuma fonte o diz, mas tudo leva a crer que sim. Eugénie segue seu caminho, deixa Paris e, depois de uma breve parada em Deauville, embarca em Calais e chega a Hastings, na Inglaterra. Enquanto isso, acreditando-a ainda na capital, um oficial da corte, o conde D'Hérisson, acorre às Tulherias para lhe "oferecer sua vida se isso puder salvar a dela". Ele ouve a confirmação da partida da imperatriz por uma criada aos prantos: "Infelizmente é verdade, senhor! Há apenas quinze minutos, e sem levar um lenço de bolso!".[84]

Ele decide enviar a ela seus pertences: "Sem levar um lenço de bolso! Essa exclamação me deu a ideia de fazer o necessário para enviar à imperatriz as roupas, os lençóis, enfim, tudo aquilo cuja privação é um sofrimento para uma mulher em viagem, principalmente para uma mulher que, como a soberana, não estava acostumada a incômodos materiais. Eu a imaginava viajando como uma miserável e, embora pensando que o estado-maior do governador não fora expressamente escolhido para embalar suas anáguas, prometi dedicar a esse resgate, se me permitissem, todo o meu tempo livre".[85] Para sua grande surpresa, Ernest Picard, o novo ministro das Finanças do governo de guerra que acaba de ser instaurado, o autoriza a tanto. A situação é desesperada, no entanto, pois as tropas prussianas estão às portas de Paris. Um oficial teria mais o que fazer do que embalar vestidos! O conde D'Hérisson consegue o endereço de uma das camareiras da imperatriz e, na noite de 4 de setembro, vai buscá-la em sua casa na Rue des Bons--Enfants acompanhado de um colega ordenança. Eles voltam juntos às Tulherias, aos aposentos privativos de Eugénie, "gabinete de toalete feminino ainda impregnado, perfumado com a presença de uma linda soberana [...] de suaves e discretas emanações de íris".[86] Eles fazem as vezes de empacotadores naqueles aposentos onde Louis Vuitton tantas vezes preparara as viagens da corte. Reina, naquela tarde, uma desordem sem nome, lembrança de uma partida precipitada. O conde D'Hérisson percebe, sobre a escrivaninha da regente, uma bolsa de viagem aberta, de marroquim preto, que Eugénie não tivera tempo de levar, e "um pequeno lenço de bolso, rendado, amarrotado, usado e ainda úmido de lágrimas".[87] Sobre sua cama também há uma mala de viagem com duas camisas de linho bordadas com um pequeno "E" com a coroa imperial, dois pares de meias em fio de Escócia, quatro lenços de bolso, um par de botinas, uma manta, dois colarinhos e dois pares de punhos de renda. A bolsa, correndo o risco de chamar a atenção dos passantes, fora abandonada na última hora. De uma cômoda de gavetas abertas, D'Hérisson tira cinquenta sombrinhas de todas as formas e cores: de renda, de seda malva, branca e preta, com cabo de marfim ou com um enxame de pequenas abelhas, com cabo de ouro cravejado de turquesas ou com uma coroa imperial à guisa de empunhadura... Modelos assinados por Gravel, Verdier etc. Num canto da peça, três espelhos móveis permitem uma visão de pé, costas e perfil. D'Hérisson e seu colega examinam o monta-cargas que Louis

Vuitton tantas vezes utilizou. A camareira explica a eles que acima dos aposentos da imperatriz há uma série de quartos que reproduzem a disposição do primeiro andar. Essas peças, ocupadas pelas criadas, estão guarnecidas, de alto a baixo, com grandes armários de carvalho, nos quais estão empilhados os vestidos, os casacos, as anáguas, as provisões de roupa de cama, rendas, tecidos e um estoque considerável de rolos de seda chinesa. O conde percorre, estupefato, o quarto dos chapéus, o quarto das botinas, o quarto das peles... Numa das peças do segundo andar, que se comunica com o monta-cargas, há quatro manequins com as medidas de Eugénie. Uma "dama de adornos" transmitia por meio de um megafone a descrição da roupa solicitada pela soberana; as criadas tiravam dos armários as diversas peças e vestiam um dos manequins, que era colocado no monta-cargas; ele chegava ao quarto da imperatriz, que podia se imaginar vestida daquele jeito ou mudar de ideia. D'Hérisson e a camareira fazem um reconhecimento dos sótãos, onde eles descobrem quinze grandes caixas, sem dúvida fabricadas por Louis Vuitton: "Começamos a seguir o mais fantástico empacotamento que se possa imaginar. A criada esvaziava os armários e empilhávamos em bloco nas caixas todas essas riquezas femininas que certamente nunca tinham sido manejadas com tanto desembaraço e rudeza. Nossas quinze caixas ficaram cheias e os armários pareciam continuar cheios. Voltamos a vasculhar as águas-furtadas, mas em vão. Nunca esquecerei daquela excursão sob os telhados daquele imenso castelo, cuja existência eu ignorava e dos quais de certa forma éramos os senhores, perscrutando à luz vacilante de nossos castiçais espaços cujos limites não víamos [...]; avistando de quando em vez, ao passar sob as lucarnas, um pedaço de céu estrelado, um raio de lua; contendo nossas vozes e ouvindo em silêncio os grandes rumores da população em peso nas ruas, bem como das festas nacionais, num burburinho imenso pontuado de tempos em tempos por gritos de 'Viva a República!' bradados por alguns garotos".[88] D'Hérisson exige de seu ordenança que ele solicite um carro de mudança, carregue as caixas e parta para a Gare du Nord, depois para Londres – os trens ainda passam! O homem recebe ordens de entregar tudo diretamente à imperatriz, com uma carta na qual D'Hérisson expressa seu devotamento mais respeitoso. Na Gare du Nord, numa Paris quase cercada pelos prussianos, a barafunda é total: "As malas, valises, bolsas e caixas estavam amontoadas de uma ponta à outra da estação, numa pilha que chegava à altura de no mínimo dois andares. Pessoas que não queriam se separar de suas bagagens estavam ali, indo e vindo, reclamando, pedindo, chorando, se desesperando. [...] Os que partiram, deixando ao encargo da estação o cuidado de enviar seus pertences, os receberam... dois ou três meses depois do fim do cerco". Mas o ordenança tem mais sorte. Ele descarrega seu veículo num vagão de carga "sem que ninguém desconfiasse da proveniência e do destino do que ele continha".[89] Uma semana depois, em Hastings, a imperatriz recebe suas caixas, junto com a carta do conde. Ela entrega ao oficial um bilhete, não assinado mas de próprio punho, que ele costura no forro de seu casaco para levá-lo ao conde de D'Hérisson. O cabeçalho é do Marine Hotel, em Hastings: "Agradeço-lhe a carta que acabo de receber. Ela me comove profundamente. Preciso ser lacônica, mas meu coração não deixa de bater. Acredite, senhor, que ficarei feliz de um dia dizer-lhe isso de viva voz".[90]

Em 19 de setembro, o cerco de Paris tem início. As comunicações com o exterior passam a ocorrer apenas em balão, para os mais audaciosos: 65 se elevam nos ares e chegam à França não ocupada. Vinte caem nas linhas alemãs. Em Asnières, Louis Vuitton precisar ceder uma parte de seu estoque de lona, requisitada para a construção daquelas aeronaves. Enquanto guarda nacional, ele também é encarregado de participar do abastecimento de Paris e precisa, portanto, deixar a fábrica. Ele instala Émilie e os dois filhos na Rue Neuve-des-Capucines. Antes de partir, um de seus artesãos faz para ele uma fivela com suas iniciais. Seu filho Georges, que tem os estudos interrompidos, lembra-se que "o cerco é um período de alegria em que [ele] tem toda a liberdade. Com salvo-condutos é possível ir a Asnières buscar batatas, que são trazidas à cidade sitiada".[91] O menino finalmente passa tempo com o pai, ainda que as privações sejam terríveis: a fome exige o sacrifício de todos os animais. O povo come ratos e cachorros. Louis assiste ao abate, no Jardin d'Acclimatation, dos antílopes, dos camelos e dos dois elefantes, Castor e Pollux... Ele está muito longe das preocupações da imperatriz, que, enquanto isso, escreve a D'Hérisson para lhe pedir o envio de seus casacos de pele, guardados por Valenciennes, peleteiro da coroa; a lista é de tirar o fôlego, com centenas de peças excepcionais: "saída de baile de caxemira azul com forro de cisne, jaqueta de caça de chinchila, regalo de raposa prateada, estola de zibelina, colete espanhol de cordeiro, vestido de cauda em arminho"[92] etc.; mas também peças para decorar seus aposentos: "1 tapete de cabra do Tibete, 27 metros de caudas de zibelina, 14 peles de raposa prateada, 4 grandes tapetes de urso preto, 1 urso pardo com cabeça, 3 tamboretes de ovelha branca, 2 peças de cisne, 1 raposa natural, 1 manta de raposa branca"[93] etc. O valor total é estimado em 600 mil francos.

Ernest Picard, ainda ministro, zomba do oficial D'Hérisson, que lhe pede autorização para enviar os pertences da imperatriz deposta: "Pense bem: o senhor lhe envia seus pertences, o que pressupõe que eles não voltarão imediatamente, que ficarão algum tempo ausentes. Ora, essa suposição é desrespeitosa, e não o perdoarão por isso. Se eles não voltarem, ora!, seu reconhecimento será exatamente o mesmo!'".[94] D'Hérisson protesta, mas confessa gostar de "sua nova profissão de encarregado de mudanças e seu papel de empacotador por convicção". Ele não quer deixar nada nas Tulherias. O fogoso Gambetta deixou Paris a bordo de um balão para reunir um exército de emergência em Tours. A situação piora. D'Hérisson pressente a pilhagem? Ele está preocupado e decide se encarregar dos custos de embalagem, escrevendo em seu diário: "A família imperial, que espalhara milhões a seu redor, diante de quem toda a França vinha se prostrar [...] não encontrava mais ninguém que quisesse pagar os custos de embalagem e transporte. As modestas economias do pequeno capitão precisaram fazer isso". Louis Vuitton, *emballeur* oficial da corte, já não deve querer saber de uma cliente em fuga. D'Hérisson se vale de suas relações junto a Picard. O chefe de polícia envia uma carta ao "liquidador da lista civil", encarregado dos assuntos do Império: "Tenho a honra de lhe pedir que embale a seus cuidados, e com pagamento a quem de direito, os pertences da família imperial que ainda podem estar nas Tulherias e que os entregue ao sr. D'Hérisson, encarregado de recebê-los". Vinte e três caixas, as últimas desse incrível resgate, 4 milhões em bens móveis, são encaminhados por um único homem até a embaixada da Áustria em Paris, em 15 de novembro. O príncipe de Metternich promete a D'Hérisson protegê-los e enviá-los, depois da guerra, a Eugénie e Napoleão III. O que ele fará.

O conde D'Hérisson esperará dez anos por uma mensagem de agradecimento que nunca chegará. E então enviará aos exilados a conta de suas despesas, pelas quais será reembolsado. "Estamos quites", ele escreve amargamente em seu diário, antes de concluir com as seguintes palavras: "Moral da história: nunca se enternecer com uma bolsa de viagem desfeita, e sempre ouvir os bons conselhos dos ministros das Finanças".[95]

As surpresas ruins de Asnières

Em 28 de janeiro de 1871, Paris se rende. Adolphe Thiers, nomeado líder de um governo executivo provisório, é encarregado de negociar um acordo com os prussianos. O resultado é um desastre: a França cede a Alsácia e a Lorena, e se compromete a pagar 5 bilhões em indenizações, em três anos. O país é humilhado, arruinado. Louis Vuitton atravessa o Sena e vai correndo a Asnières. Além de não ter vendido nenhuma mala em seis meses, chegam a ele rumores de que sua fábrica fora ocupada e todos os seus trabalhadores expulsos. Chegando à Rue du Congrès, ele abre a porta de ferro e descobre com pavor que seus edifícios foram invadidos por uma companhia de Hussardos da Morte[96], o batalhão de voluntários da legião prussiana, famoso por seus chapéus com o emblema de uma caveira. Os inimigos se apropriaram do local, a começar pelos ateliês do térreo, que foram transformados em cavalariças: o chão está coberto de palha suja, sobre a qual relincham seus cavalos mal escovados. No primeiro andar, os oficiais dormem em seu apartamento. Eles instalaram seu "refeitório" na sala de estar. Ao lado da chaminé, Louis vê com horror suas tábuas de choupo utilizadas para alimentar o fogo, os fogareiros e os braseiros dos hussardos. Nos ateliês, para os quais desce às pressas, um novo choque: não há mais nenhuma ferramenta, tudo foi roubado. Os artesãos e os aprendizes desertaram há muito tempo: com que dinheiro Louis poderia pagá-los? Arrasado, ele foge antes de ser visto. Sua fábrica ocupada e saqueada, o que ele poderia esperar de pior? Setenta anos depois, a mesma coisa aconteceria. De novo pelas mãos do inimigo...

Louis volta à Rue Neuves-des-Capucines, onde também o esperam apenas as paredes de sua loja. Ele está arruinado. Restavam duas ou três malas embaixo do balcão, a vitrine estava vazia e o ateliê de embalagem fora fechado.

Como todos os parisienses, ele sente como uma humilhação o desfile das tropas prussianas em 1º de março na Champs-Élysées. Dois dias depois, com a assinatura do acordo de paz, os alemães deixam Paris; Louis participa, ao lado de dezenas de milhares de habitantes, da limpeza das ruas para apagar todo vestígio daquela afronta.[97] Ele não tem mais nada. Nem funcionários, nem ferramentas, nem loja. Pior ainda: ele não tem mais clientes. Ele se fixa um único objetivo: o futuro. A França precisará se reconstruir. Ela já sonha em reconquistar a Alsácia e a Lorena.

Louis Vuitton sabe que, se quiser se recuperar, não será na França que poderá se impulsionar. É chegado o momento de se voltar para os mercados estrangeiros e ir ao encontro de uma nova clientela, uma clientela que tenha dinheiro para gastar, tempo para viajar e conhecimento dos produtos de luxo. Ou seja, Inglaterra e Estados Unidos. Ele tem consciência de que isso levará tempo e de que já não é mais jovem: está com cinquenta anos. Georges precisa ser preparado para substituí-lo. Ele decide orientá-lo para uma educação anglo-saxã: "Pouco antes da Comuna, o menino foi enviado a Jersey. Lá, ele aprende inglês, e sua inteligência é tão vivaz que o diretor do colégio logo o coloca como auxiliar para corrigir os deveres dos jovens ingleses!"[98], diz o diário de seu neto.

Em Paris, quinze dias depois da partida dos prussianos, as pessoas estão prestes a viver mais horas sangrentas. Em 18 de março de 1871, os operários parisienses pegam em armas. É a Comuna. Em 23 de maio, o Palácio das Tulherias pega fogo. Três dias de incêndio e pilhagem conduzidos pelos *communards* marcam o fim dos símbolos do Segundo Império. A reconquista militar da capital pelo governo de Thiers, retirado em Versalhes, é acompanhada de uma verdadeira carnificina. Os *communards* são dizimados e fuzilados no

Muro dos Federados. Outros, presos, são deportados para a Argélia, para a Guiana ou para a Nova Caledônia.

Louis volta para Asnières. As pontes e o velho moinho foram devastados, a estação foi atingida por bombas. As casas estão demolidas, o castelo foi saqueado e suas árvores derrubadas. Para Louis, cujos ateliês foram devastados, é a destruição de toda uma vida de trabalho. É preciso comprar ferramentas e matérias-primas, reequipar os ateliês, reconstituir o estoque de madeira, remodelar o apartamento acima da fábrica para vigiar as obras, ter o suficiente para pagar aprendizes e artesãos, conseguir encomendas. A tarefa é imensa e ele pensa em desistir. Toda a convicção de Émilie é mobilizada para incitá-lo a lutar. Por várias semanas, juntos, eles fazem o inventário do que lhes restou. À noite, com obstinação, eles fazem as contas. Os dias passam e as noites afastam os pensamentos sombrios. Louis recupera o otimismo e a ambição. Enquanto Paris reergue a cabeça, ele de novo se imagina como o futuro senhor absoluto da viagem, indo atrás dos clientes onde eles estiverem, conquistando a América, esmagando a Inglaterra e afirmando sua superioridade francesa, como antes da guerra. Pensando apenas em vencer, ele recontrata seus artesãos e volta ao trabalho. Nenhuma guerra jamais detém um Vuitton.

TERCEIRA PARTE
A república de Georges
1870-1885

Recomeçar do zero

Em Paris, todos voltam à atividade. É preciso reconstruir, recomeçar, reviver! A França política hesita entre a república e a monarquia, enquanto a elite endinheirada segue pensando apenas em se divertir. A América está em pleno desenvolvimento. A estrada de ferro transcontinental está funcionando. O inglês Thomas Cook volta de seu primeiro circuito turístico em torno do mundo, que ele acompanhou pessoalmente; uma fantástica viagem que durou quase um ano e que acaba logo antes da publicação, em janeiro de 1873, de *A volta ao mundo em oitenta dias*, de Jules Verne. Ironia do destino, enquanto isso os trabalhadores britânicos celebram outro tipo de vitória: o primeiro dia de férias remuneradas. Será na primeira segunda-feira de agosto. Um dia para alguns, um ano para outros...[1]

A alegria de viver e comprar recupera seus direitos, permitindo a Louis Vuitton aos poucos reconquistar sua clientela. Mas, para trabalhar com força total, é preciso ter dinheiro. Muito dinheiro. Para reconstruir seus ateliês saqueados, ele se resigna a vender a loja da Rue Neuve-des-Capucines, exígua demais e pouco prática. A venda é rápida. Com a quantia, Louis se põe em busca de um local mais funcional perto da

Ópera, cujas obras foram retomadas, para grande surpresa do arquiteto Charles Garnier, que pensava que a República interromperia as grandes obras do Império.

Louis Vuitton fica sabendo por um amigo[2] que o Jockey Club quer mudar sua selaria de lugar. Fundado em 1833, esse clube, o mais exclusivo de Paris, fica na esquina do Boulevard des Capucines com a rua Scribe, no número 1. No térreo, um dos mais belos espaços da capital: onze metros e meio de fachada e oito metros de profundidade, bem na frente do Grand Hôtel. Louis adora estações e grandes hotéis. É lá que estão seus clientes, os viajantes internacionais. Ele vê outra vantagem naquele endereço: todas as companhias de viagens transatlânticas têm agências na Rue Scribe e as companhias ferroviárias ficam em torno da praça da futura ópera. Depois de conseguir rapidamente um comprador para sua primeira loja, ele compra a antiga selaria, reservando parte do dinheiro para as obras do ateliê de Asnières. O interior do clube é composto por três galerias. Ele decide usar duas para a venda de artigos de viagem e uma para empacotamentos. Ele aproveita a oportunidade da mudança para criar para si uma nova reputação de *malletier*, desejando ser considerado *emballeur* apenas acessoriamente.

Em Asnières, as obras começam. Ao mesmo tempo, começa a "obra da Scribe". Louis tem pressa de voltar para o mercado e pensa em lançar um novo revestimento: seu "cinza Trianon" é usado por todo mundo[3], é chegado o momento de voltar a se distinguir. De se impor. Ele pensa, então, não apenas num tecido, mas num desenho que seria de sua propriedade exclusiva. Ele escolhe revestir suas malas em havana e vermelho: com cores! Inimitável e perfeitamente identificável. Ele também decide caracterizar o interior das malas, revestindo-as com uma padronagem de quatro finas linhas vermelhas sobre fundo bege.

Ele também organiza seu próprio serviço de veículos de entrega, puxados a cavalo. Ele cria, no pátio da fábrica, uma oficina com uma forja para a manutenção das rodas. Mas o abrigo onde são guardados os veículos fica entre dois prédios do ateliê, ao fundo de uma passagem, estreita demais para que o cavalo dê meia-volta, obrigando-o a sair de costas. Louis manda então construir ao fundo da alameda uma plataforma, montada sobre um eixo vertical, protegida por um para-choque de via férrea, e que pode girar sobre si mesma, permitindo deixar o cavalo do lado de fora. Bem ao lado, uma estrebaria abriga os dez cavalos que garantem o envio das novas malas até a loja da Rue Scribe e a casa dos clientes. Os animais puxam lentamente carroções de madeira escura nos quais se lê, em grandes letras claras, *Louis Vuitton*, seguido de seus endereços. Louis acompanha em pessoa o carregamento das encomendas. Várias vezes por semana, sob a ponte de Asnières que começou a ser reconstruída, passam carroções onde se empilham dezenas de malas listradas, a trote lento, diante de um grupo de jovens pintores, há pouco instalados às margens do Sena: Manet, Seurat...

Rue Scribe, 1

A mudança para a Rue Scribe acontece no final do ano e, em 1º de janeiro de 1872, a clientela volta a empurrar as portas da casa Louis Vuitton. Ele levara menos de dois anos para reabrir. Na vitrine, malas listradas substituem as malas cinza Trianon. Elas são fabricadas "seguindo [seu] sistema, isto é, reforçadas por ripas presas com rebites de cobre e arrematadas por esquadros solidamente presos aos cantos. O fechamento era garantido por duas fechaduras e por uma resistente cinta que deslizava por passadeiras de couro"[4], diz o diário de seu filho. Louis aposta tudo naquilo. Se o modelo não funcionar, ele está arruinado.

A época é de crescimento. Aristide Boucicaut cria em 1871 o primeiro catálogo de vendas por correspondência, imediatamente imitado por seu antigo funcionário Jules Jaluzot, que está à frente da Le Printemps e edita no ano seguinte sete catálogos de vendas por correspondência: um catálogo geral e edições especiais para miudezas e aviamentos, enxovais, joias, gravatas, luvas, guarda-chuvas e sombrinhas, roupa de cama e colchas. Ele permite assim que uma clientela do outro lado do Reno – os inimigos da véspera – comprem produtos parisienses. Louis Vuitton se interessa por todas essas mudanças. Ele também gostaria de chegar a uma clientela mais ampla, mesmo alemã.

Todos os comerciantes falam de Aristide Boucicaut, que inaugura, em abril de 1872, a primeira parte de suas novas lojas e assenta as bases do comércio moderno. Ele cria "o mês do branco" em janeiro, para esquentar as vendas de roupas depois do Natal. Reza a lenda que ele tem essa ideia depois de um dia de neve em Paris, ao ver os telhados cobertos de branco. Depois, ele organiza a entrega a domicílio de seus produtos: "Na casa Boucicaut, entregamos a domicílio onde quer que um cavalo possa ir em Paris". Ele oferece envios por via férrea: "Na casa Boucicaut, enviamos por estrada de ferro gratuitamente qualquer encomenda superior a 25 francos". Por fim, ele afirma – e ninguém em Paris acredita – aceitar os produtos de volta: "Aqui, aceitamos o que deixou de agradar". A organização revolucionária de sua empresa se torna um modelo para o futuro: gestão dos estoques, artigo promocionais, setores de roupas para senhoras e importação de produtos exóticos, especialmente da Índia. Ele chega a distribuir às crianças balões e presentes gratuitos com a marca da loja, oferecer flores às mulheres e almanaques aos homens. Ele compra um burro para passear os filhos de suas clientes pelas galerias da loja, enquanto elas gastam no departamento de prêt-à-porter. Em Paris, as pessoas dizem, rindo: "Boucicaut? É o homem de quem a América tem inveja!".

Louis Vuitton visita regularmente os setores de roupas para mulheres e homens, bem como o setor de acessórios, para acompanhar a evolução da moda e entender as exigências de sua clientela. Sua mulher não o ajuda: Émilie não lê as revistas especializadas e raramente passeia pelas lojas de departamentos. Ela trabalha a seu lado e não tem as preocupações de uma burguesa. Louis precisa formar sua opinião sozinho. Ele segue de perto as novidades do mundo dos transportes, onde os avanços se aceleram, obrigando-o a pensar em malas cada vez mais adaptadas a eles. A história dos trens, a bordo dos quais agora as pessoas passam vários dias, o interessa em particular. Georges Nagelmackers, um jovem belga, engenheiro de Minas, cria em Liège uma sociedade com seu nome, que se torna, com aportes ingleses, a Mann's Railway Sleeping Carriage Co. Ltd., para oferecer na Europa um serviço de leitos nos trens. Ele apresenta, numa brochura, um projeto de vagões-padrão que se adaptam a todas as vias europeias e podem se integrar aos comboios das principais companhias. No entanto, ele propõe um sistema diferente do vagão-leito americano, o famoso "Pullman", de que Louis Vuitton ouvira falar na última Exposição Universal. Nagelmackers viajou por dez meses a bordo de um desses vagões nos Estados Unidos, observando seus usuários, colhendo impressões e fazendo centenas de anotações. Ele percebeu que o individualismo dos europeus é muito superior ao dos americanos e anglo-saxões: ele inventa um modelo com toalete, vagão-restaurante e vagão-cozinha, para satisfazer a uma clientela abastada, disposta a pagar o preço do conforto. Sua ideia intriga, mas as regulamentações diferem para cada país, e a complexidade dos contratos para cada um deixa temerosos os Estados envolvidos, atrasando todos os seus projetos.[5]

O APRENDIZ GEORGES

Natal de 1872. Georges Vuitton tem dezesseis anos e volta de Jersey, onde fizera sólidos estudos.[6] Ele é chamado por seu pai, que considera suficientes dois anos de pensionato na Eden House School de St. Clement. Seu filho lhe será mais útil em Paris, na empresa familiar, do que na Inglaterra estudando comércio e literatura. Georges, por sua vez, gostaria de continuar os estudos superiores. Antes de sua partida, seu professor lhe oferece uma obra de Dickens, como primeiro prêmio. Georges gosta de ler e acalenta o sonho de escrever. Mas seu pai tem outros planos para ele: "Ele voltou para os ateliês, onde, sob vigilância constante, aprendeu os segredos da fabricação e da embalagem"[7], diz com uma ponta de amargura seu diário, escrito em terceira pessoa. "Sob vigilância constante" revela todo seu estado de espírito.

Em 2 de janeiro de 1873, Georges se torna aprendiz nos ateliês de Asnières. Ele passa por todos os ofícios: *emballeur*, marceneiro, vendedor, entregador, empacotador.[8] Ele reencontra alguns antigos companheiros, de antes da guerra, que lhe ensinam a manejar a plaina, a garlopa e o raspador. Ao lado deles, "Monsieur Georges" aprende, sem paixão nem talento especial, os gestos tantas vezes observados na infância. Embora aprecie o ambiente do ateliê, ele não consegue esquecer a calma silenciosa e os perfumes de cera das majestosas bibliotecas da Eden School. Ele tem muito orgulho do saber adquirido na Inglaterra, consciente de que poucos estudantes franceses têm a sorte de viajar e desenvolver uma mente tão aberta. Ele tenta se convencer de que é chegado o momento de colocar essa experiência a proveito da empresa familiar. Para escapar, à noite em seu quarto, acima da fábrica, ele lê. Ele devora *A volta ao mundo em oitenta dias*. Phileas Fogg se torna seu herói e a viagem seu sonho mais caro. Ele sonha um dia viajar, para ser um desses novos viajantes que começam a ser chamados de *globe-trotters*, e vender a eles artigos ao mesmo tempo bonitos e práticos, que terão seu nome. Em algumas tardes de domingo, ele pratica o remo no Sena, única viagem que lhe é permitida. Aos 52 anos, Louis, que dirige a casa há vinte anos e acaba de salvá-la da falência correndo muitos riscos, gostaria de deixar a direção comercial para Georges para se dedicar à concepção de novos modelos. É no campo da criação, ele sabe, que a sobrevivência de seu nome se baseia.

Pai e filho

Louis decide apresentar o filho a seus fornecedores, seus clientes, suas relações de negócios. Ao longo de vários meses, nenhum encontro ocorrerá sem que o filho acompanhe o pai. "Monsieur Louis" e "Monsieur Georges", inseparáveis, começam sua turnê pelos fornecedores de madeira. Os vendedores de choupo do Oise estão instalados num embarcadouro no Sena, acima de Paris. Georges descobre que seu pai tem inclusive uma barca para garantir os transportes, chamada *Louis Vuitton*. Que obsessão pelo próprio nome!

Depois o pai faz o filho, maravilhado, entrar nos aposentos privados onde ainda se embalam roupas, nos ateliês onde ainda se confeccionam vestidos, nos salões parisienses onde nasce a alta-costura. Num dia de inverno de 1873, Georges, aconselhado pelo pai, se veste com elegância. Algumas horas depois, ele empurra a porta do número 7, Rue de la Paix, e conhece Charles Frederick Worth, cuja casa também sobreviveria à guerra. O pequeno homem de passo rápido, de riso seco e aparência excêntrica, o leva para o segundo andar. Ali, se desenrola um espetáculo difícil de imaginar para um jovem criado nos colégios ingleses: uma escadaria atapetada conduz a pequenas salas onde se acotovelam encantadoras jovens de cabelos quase soltos, vestidos ainda em corte, experimentando os modelos da moda de amanhã. Sorridentes, com a silhueta alongada, o rosto cheio, a tez rosada, elas são as manequins da casa; Worth ajusta os modelos que elas apresentam às clientes. Algumas delas, as "sósias", são escolhidas pela semelhança física com as mais fiéis compradoras de Worth. A seus pés, enxames de costureiras passam, espetam, costuram... Aqui se cochicha, ali se ri, acolá se pragueja. Georges, estupefato, segue seu pai até o último andar. Ele teria ficado mais... Mas no topo da escadaria fica o ateliê do mestre. Com o lápis nos lábios, alisando o bigode, é ali que o famoso costureiro cria seus desenhos. Ele explica que precisa apagar, recomeçar, colorir. Depois, recortar as amostras, escolher os tecidos. Os dois homens apreciam o reencontro. Louis fala do filho, explica que eles agora trabalham juntos. Worth suspira. Ele pediu a seus filhos que o seguissem. Mas sua casa, ele teme, não sobreviverá a ele. Tem início uma conversa sobre a conjuntura e a retomada dos negócios. Worth também sofreu com a guerra contra a Prússia e com a Comuna; o fim do Império constitui uma enorme queda de faturamento. Como Vuitton, ele precisa mudar de estratégia comercial, adaptar seus modelos ao novo contexto, ampliar sua clientela. Louis ouve a confirmação de que a roupa de viagem está na moda, isto é, que deve ser usada como um traje elegante. Ela deve ser bonita, prática e adaptada aos meios de transporte. Worth abre em cima da mesa os jornais ingleses, em que as leitoras são aconselhadas sobre os tecidos, as formas e as roupas a levar. Recomenda-se o uso de tecidos de "fios de cabra", e cores e motivos neutros, como o cinza, o bege e o "tom de pó".[9] Worth confessa a Louis que está trabalhando em protótipos de vestidos mais práticos, com saias mais curtas para viagem, equitação, caminhada.

Numa confidência, ele prediz o uso de tecidos mais macios. Para Louis, essa informação é essencial: se as roupas se tornarem mais macias, elas serão mais fáceis de dobrar, empilhar, guardar. Não haverá necessidade de embalagens específicas. As malas poderão conter mais coisas. Isso significa que é preciso aperfeiçoar, e rápido, os compartimentos internos.

Nadar, o amigo dos impressionistas

Em abril de 1874, Charles e Louis se encontram no número 35 do Boulevard des Capucines, na casa de um amigo em comum: Gaspard-Félix Tournachon, mais conhecido sob o pseudônimo de Nadar. O famoso retratista, amigo de Baudelaire e George Sand, montou uma curiosa exposição até o dia 15 de maio, data em que ele prevê abandonar seu ateliê para transferi-lo a um lugar mais modesto, de aluguel menos pesado, na Rue d'Anjou. Ele também, agora, é auxiliado por seu filho Paul. Durante dois anos, a guerra o obrigara a interromper sua atividade, e ele precisa "se refazer". Louis admira aquele homem que se interessa pelas ideias mais avançadas de seu tempo, em política, ciências e literatura. Ele admira os precursores e, em 1860, Nadar é o primeiro a fotografar as catacumbas e os esgotos, graças a uma iluminação artificial; em 1871, ele tira as primeiras fotografias aéreas de Paris, de um balão! Ele tem inclusive a audácia de oferecê-las à cidade de Paris para levantamentos topográficos.

Naquela primavera de 1874, Nadar dá o que falar porque empresta seu ateliê a um movimento de jovens pintores independentes. Depois dos horrores da Comuna, indignados com as violências contra o povo e a feiura da sociedade industrial, alguns artistas se retiraram em aldeias bucólicas dos arredores de Paris: Asnières, Auvers-sur-Oise, Barbizon, Chatou. Eles estão em busca de luz pura e felicidade simples. Em busca de "impressões".

Dez anos depois do Salão dos Recusados de 1863, eles criam uma sociedade anônima e desafiam o Salão oficial organizando, dessa vez, sua própria exposição, cuja data é cuidadosamente escolhida: 15 de abril de 1874, exatamente duas semanas antes do Salão oficial.

Louis, Georges e Worth, amigos de Nadar, estão, naquele dia, entre os primeiros a ver as 163 obras com assinaturas ainda desconhecidas: Degas, Pissarro, Renoir, Monet, Sisley, Berthe Morisot, Guillaumin, Cézanne etc.

Manet, amigo de todos, é o grande ausente. Ele finalmente faz sucesso e não quer mais se misturar com os pintores malditos, criticados sem ao menos serem julgados. Pois é o que acontece: a exposição de Nadar escandaliza. As críticas destroem "as mais absurdas crostas desses pintores" que parecem "ter declarado guerra à beleza". Louis Leroy, jornalista do *Charivari*, zomba de um quadro realizado dois anos antes por Monet, intitulado *Impressão, sol nascente*, e exclama: "Impressão...! Tenho certeza...! Já que estou impressionado, deve haver alguma impressão ali...!". Graças a ele, e apesar dele, nasce o termo "impressionista". E, ainda que contestado, ele é imediatamente adotado pelos próprios artistas.

A exposição de Nadar é um fracasso. Mas apenas na aparência. Na verdade, a camada esclarecida dos burgueses da Terceira República não tarda a reconhecer o talento dos jovens pintores. E logo se vê Georges Clemenceau, o médico, prefeito de Montmartre, fundador da Comuna, o político mais promissor de sua geração, fazer amizade com Claude Monet. A França recupera sua audácia.

UMA PATENTE AUSTRÍACA

No verão de Asnières, em 25 de agosto de 1874, quando Louis está com 53 anos e Émilie acaba de festejar seu 38º aniversário, nasce a pequena Émilie Élisabeth, que recebe os nomes da mãe e da avó materna. Ela nasce às quatro horas da manhã, mas seu pai só a declara dois dias depois, acompanhado de um dos cocheiros do serviço de entregas e por um embalador do ateliê. É sua quarta filha: as necessidades do ateliê são prioridade. De cinco filhos, Émilie teve um só menino. Para Louis, Georges se torna, naquele dia, o único capaz de herdar seu negócio.

No outono seguinte, Louis Vuitton começa a conceber uma mala que poderia ser utilizada como uma espécie de armário portátil. A crinolina e a manga bufante obrigavam que as roupas fossem rapidamente desdobradas ao chegar ao destino, em virtude do volume. Mas se a roupa se tornar macia, então tudo muda! Torna-se possível transformar a mala em verdadeiro móvel. Essa radical mudança indumentária, condicionada pela necessidade do conforto e pelo tamanho dos meios de transporte, faria a fortuna dos Vuitton, que seriam os primeiros a vislumbrar a revolução das bagagens. Worth, decididamente, é uma relação preciosa. Surgem diferentes tipos de roupas: capa de chuva, traje de turismo ou para caminhadas, trajes de excursão, de montanha, de estação de cura, trajes para bicicleta, para trens..."[10]

No início de 1875, aparece, ou melhor, "reaparece" a mala-armário: a primeira patente havia sido depositada em Viena, em 1852. Na época, vários modelos se inspiravam nela; mas a moda das crinolinas, dos vestidos com adereços delicados ou amplos condenara a invenção.[11] Era impossível aos *layetiers* embalar com segurança as roupas dentro dela.[12] Além disso, em 1852 as viagens tinham poucos apreciadores, que se deslocavam por via férrea e levavam poucas bagagens. Por fim, o tamanho e o peso dessas malas-armários teriam provocado grandes protestos dos cocheiros, condutores e funcionários.[13]

Vinte anos depois, Worth coloca na moda o vestido sem adereços e a mala-armário renasce, em Paris, nas vitrines da Rue Scribe.[14]

Louis Vuitton, que conhece os modelos austríacos anteriores, explica a seus clientes: "Como na mais perfeita rouparia, os vestidos ficam suspensos dentro da mala-armário e não formam nenhuma dobra. Assim que a mala é fechada, pressionados uns contra os outros eles não podem mais se mexer, por isso é impossível que amassem ou estraguem. É a embalagem reduzida à sua extrema simplicidade, independentemente da facilidade com que se pode pegar a roupa desejada sem precisar retirar as outras".[15] Paris logo considera o modelo encantador e prático: a parte da frente pode ser puxada e trazer todos os cabides para fora. As roupas ficam suspensas na tampa; no fundo, são dispostos os compartimentos para lenços, luvas, gravatas, camisas, colarinhos, sapatos etc. Louis Vuitton será um dos raros fabricantes de malas, para não dizer o único, a retomar esse modelo, que permanecerá bastante confidencial por mais quinze anos. Apenas em 1890, como veremos a seguir, o modelo da mala-armário, que na Louis Vuitton se torna a

Wardrobe, objeto gigantesco que chega a ter 1,35 metro de altura e permite viajar com uma única bagagem, conhecerá um sucesso planetário.

Primeira "manobra publicitária"

Nos primeiros dias de janeiro de 1875, na Rue Scribe, Louis, ajudado por Georges, prepara uma suntuosa vitrine. Ele a quer cheia de malas, com modelos em uso, alguns abertos, outros fechados, empilhados. Na rua, diante da entrada principal, ele expões outros. A ordem é clara: só se deve enxergar Louis Vuitton, onde quer que se esteja, no Boulevard des Capucines ou na esquina das ruas adjacentes. Na calçada da frente, os manobristas do Grand Hôtel assistem intrigados àqueles preparativos de batalha. Eles não estabelecem a ligação com a inauguração da Ópera, prevista para 5 de janeiro. Um teatro que poderia nunca ter sido acabado: a retomada das obras só foi decidida em 1873, depois do incêndio que destruiu o antigo teatro de ópera da Rue Le Peletier...

Louis sabe que todos os aristocratas e mundanos de Paris passarão por sua loja naquela noite, precedidos pela realeza europeia. Em 5 de janeiro de 1875, depois de catorze anos de obras, 2.500 espectadores comparecem à Ópera para assistir à apresentação inaugural. Ela acontece na presença do marechal Mac-Mahon, da rainha-mãe da Espanha, Isabel II, do jovem rei Afonso XII e do lorde prefeito de Londres. Todos descobrem o suntuoso edifício barroco e fantasioso, erigido por Charles Garnier para Eugénie, que não estava mais ali, exilada na Inglaterra. Da fachada com esculturas de Carpeaux à escadaria com trinta colunas de mármore, o monumento deixa a todos mudos de admiração. Todos aplaudem aquele que teve a audácia de reivindicar sua construção, assinando seu prédio como uma obra de arte: o palácio Garnier. Naquela noite, assiste-se aos dois primeiros atos de *La Juive*, a cena da bênção dos punhais de *Les Huguenots*, o primeiro quadro do segundo ato de *La Source* e a abertura de *La Muette de Portici* e de *Guilherme Tell*. O antigo protegido do imperador, Charles Garnier, fica muito amargurado: ele, o construtor, não é convidado para a inauguração. Ele assiste mesmo assim, pagando seu ingresso... num segundo camarote! À saída, o público o reconhece e o aclama.

No dia seguinte, Louis e Georges leem na imprensa a resenha da noite. A humilhação infligida a Garnier é denunciada por todos os jornais, que ironizam "essa administração que faz o arquiteto pagar pelo direito de assistir à inauguração de seu próprio monumento!".

No fim da noite, a manobra publicitária de Louis não terá sido inútil. Pouco depois da noite de 5 de junho, os Vuitton recebem um pedido real: Isabel II, da Espanha, pede que a casa Vuitton se encarregue da embalagem das coisas de sua corte, pois o jovem rei Afonso XII precisa voltar para Madri. Louis vai com Georges à residência parisiense da monarquia espanhola. Ele finalmente reata com seu tipo de clientela. Decidido a aproveitar até o fim aquela oportunidade, ele encomenda novas etiquetas, nas quais manda imprimir: "*Loja de Artigos de Viagem para Senhoras e Homens – Louis Vuitton, Emballeur registrado, SGDG – Especialista em Embalagem de moda – English Spoken – Fornecedor registrado de S.M. o rei da Espanha*".

A Ópera Garnier muda a vida do bairro. Na Rue Scribe, a clientela se faz mais numerosa e mais variada: viajantes, burgueses, mundanos, turistas, curiosos... A Ópera é mais que uma sala de espetáculos, ela é um verdadeiro lugar de encontros.

Nela se cruzam a antiga nobreza do Império, a das monarquias e a grande burguesia. Essa "alta sociedade" se encontra no Foyer de la Danse para falar de política, de especulação imobiliária, do canal do Panamá... Os parisienses alugam camarotes por um ano ou por seis meses; eles lhes dão acesso a uma ou três representações por semana, dependendo do preço.[16] Eles não costumam assistir a toda a representação: como na Itália, é de bom tom chegar no segundo ato e ir embora antes do fim. As árias nunca ficam no primeiro ato, portanto.

As pessoas estão ali para se mostrar. Depois da Ópera, elas vão aos cafés, lugares muito em voga naquela segunda metade do século, que às vezes são focos de vida intelectual. O célebre café Nouvelle Athènes, na Place Pigalle, recebe os impressionistas. Degas nele pinta *O absinto*. A música também aparece. É o início dos cabarés, a criação da SACEM, a Sociedade dos Autores, Compositores e Editores de Música, e em breve haverá a invenção do gramofone.

Louis explica essas novas regras sociais a Georges, que tem apenas 22 anos. Ele lhe ensina quem são os clientes, como são suas maneiras de pensar, ser, agir, desejar. Louis não tem uma mentalidade de criado. Ele considera seus clientes como modelos a seguir, mais do que como poderosos a reverenciar. Ele aperfeiçoa a educação política de seu filho antes que este último parta para o serviço miliar. O jovem será incorporado no dia 5 de novembro para um serviço obrigatório de um ano no 30º regimento de artilharia em Orléans.[17] Louis tem pressa de vê-lo livre dessas obrigações. A atividade da Rue Scribe é retomada e a notoriedade das malas Vuitton começa a fazer novos invejosos. Especialmente do outro lado da Mancha, onde a supremacia francesa não é nem um pouco apreciada.

O inimigo inglês

Os britânicos fabricam artigos de viagem desde o início da história do turismo. Louis Vuitton "sonha lutar com o país de seus concorrentes e afirmar a superioridade da fabricação francesa no Reino Unido; mas o projeto é ousado, os ingleses têm uma vantagem e uma reputação difícil de igualar; a tentativa é árdua", escreve seu filho em seu diário.[18] Ele sem dúvida sugere que será preciso esperar os esforços do filho para que a casa Vuitton se firme na Grã-Bretanha.

Louis desconfia dos ingleses, e estes também prestam atenção em sua concorrência. Para lutar contra suas malas de madeira de choupo leve, eles desenvolvem, como mostram suas patentes, a chamada mala *sole-leather*, ou seja "100% couro", com uma estrutura de papelão, portanto leve. Seu custo de fabricação é particularmente baixo, por isso ela se vende muito bem, mesmo na França. Para Louis, é uma ameaça à sua frágil recuperação, tanto que, alguns meses mais tarde, ele vê aparecer, nas vitrines das lojas de departamentos, uma mala de vime, ainda mais leve: "Ela vinha da Inglaterra, onde fora criada para compensar os pesados artigos de papelão e couro da produção britânica. Essas malas, chamadas *baskets*, foram primeiro recobertas de couro, depois de tela de algodão envernizado, a fim de diminuir o preço e conservar o mesmo aspecto", conta Georges em seu diário.[19] Na França, devido à sua origem, ela é chamada de "mala inglesa". Ela é, em si, um formidável argumento de venda. Amargo e preocupado, Georges Vuitton escreve: "Era uma atração para o público francês, que sofria, na época, de uma anglomania exacerbada. Só o que vinha de Londres era bom, até a lavagem de roupas, praticada nessa cidade por lavadores franceses, que colocavam no frontão de suas lojas, para atrair a clientela inglesa: *French*

Laundry".[20] Louis Vuitton não acredita no futuro dessa mala, que ele julga pouco sólida e incapaz de proteger corretamente seu conteúdo da chuva, da umidade, do pó. Ou dos ladrões. A casa Vuitton nunca fabricará nada de vime, nunca cederá a nenhuma influência. No entanto, a clientela de Louis é composta, na época, por muitos ingleses: em 1875, seus registros contam com uma maioria de nomes anglo-saxões.[21]

Em 5 de novembro de 1875, enquanto Georges se une a seu regimento em Orléans, Louis Vuitton trabalha contra a concorrência, considerando bastante inoportuna a partida do filho naquele contexto difícil. Além disso, ele perde o monopólio das malas com tampo plano, que substituem quase que totalmente as malas arredondadas – que são apreciadas pelos ingleses, tanto que a loja londrina Harrods, termômetro da moda inglesa, venderá as suas até depois de 1900.[22]

Na ausência de Georges, Louis aperfeiçoa sua produção: "As guarnições de ferro são substituídas por guarnições de couro e cobre; ele retoma uma tradição ancestral, o revestimento dos tampos da mesma forma que os *layetiers-malletiers* dos séculos XVII e XVIII".[23] Ele aperfeiçoa a proteção das arestas das malas, cobrindo-as com encaixes de couro ou cobre, e escolhe para seus tampos um revestimento interno em capitonê de seda, retomando uma padronagem com losangos que ele adorna, a cada interseção, com um pequeno prego de cabeça dourada. Esse capitonê permite melhorar a pressão sobre as roupas dentro da mala.[24] É possível inclusive alfinetar acessórios, como chapéus, broches, luvas. A fita que delineia os losangos é colorida, muitas vezes com um fúcsia[25] brilhante que contrasta com o marfim da seda. Os compartimentos e as gavetas móveis, por sua vez, seguem cobertos por um tecido cru. Uma vez aberta, a mala Vuitton parece muito preciosa;

por fora, seu padrão listrado havana e vermelho é muito elegante. As malas Vuitton mais parecem móveis do que objetos de viagem, no sentido prático da época. Nenhum fabricante de malas alcança tamanho refinamento.

No final do ano de 1875, Nubar Paxá, então primeiro-ministro do Egito, encomenda uma mala chamada "mouresca", com acabamentos em ferro preto, bastante orientais. Essa será a primeira de uma longa série de encomendas para esse homem de gosto refinado, que até a morte será um cliente fiel da casa.

Novamente copiado

Na Rue Scribe, em 1876, vive-se de novo um mau momento: depois do acabamento cinza Trianon, a mala listrada também é copiada. Louis, como se tivesse se preparado para isso, tira imediatamente de seus cadernos um novo modelo: ele conserva a padronagem de listras, mas muda sua largura e suas cores. O novo tecido apresenta duas listras alternadas em tom sobre tom, cada uma de cerca de um centímetro, em cor havana. Ele registra seu desenho no ministério do Comércio.[26] E as novas malas ocupam a vitrine...

No fim do ano, Georges enfim volta do exército.[27] Louis não dá um segundo de descanso ao filho: em dezoito meses, uma nova Exposição Universal abre as portas em Paris e eles precisam prepará-la. A concorrência é agressiva e Louis tem a firme intenção de estabelecer, de uma vez por todas, a superioridade de suas malas francesas sobre os produtos ingleses e americanos.

Sob a colina do Trocadéro, as obras já começaram; o arquiteto Davioud prevê, diz-se, a construção de um palácio colossal para receber os 36 países participantes.

Outro industrial espera com impaciência essa Exposição Universal: o engenheiro belga Georges Nagelmackers. Em 4 de dezembro de 1876, ele abre o próprio negócio e funda a Compagnie Internationale des Wagons-lits, que tem um capital de 4 milhões de francos.[28] O rei dos belgas, Leopoldo II, é o primeiro a aderir à nova companhia, que tem por objetivo "a construção e exploração de vagões especialmente equipados para as viagens noturnas em estradas de ferro, garantindo aos usuários o conforto necessário para o sono". A sede social fica em Bruxelas. Nagelmackers comprara tudo de Mann, seu antigo sócio, e lança novas linhas: Paris-Menton, Paris-Roma, Calais-Bolonha, Paris-Genebra, Viena-Orsova, Berlim-Breda.[29] Nagelmackers planeja apresentar no Palácio do Trocadéro, em 1878, o modelo de um toalete – de verdade! – a bordo de um vagão.

Um estranho conde italiano

Em novembro de 1877, enquanto Aristide Boucicaut morre e seu negócio se expande – 67 milhões de francos de faturamento e 1.800 funcionários –[30], uma multidão entusiasmada recebe, na Gare d'Orléans, o retorno de um explorador, Pierre Savorgnan de Brazza.[31] Ele tem 25 anos, uma barba muito escura e um olhar frio que lhe dá ares de grande maturidade. Aos olhos dos franceses, ele já é um herói: o jovem conde italiano, nascido em Roma, que chega à França aos treze anos, frequenta a escola naval e se torna oficial francês, acaba de fazer uma extraordinária travessia de canoa, depois a pé, da floresta virgem que se estende do rio Ogoué ao rio Congo. Ele realizara seu sonho: penetrar na misteriosa África Equatorial, chamada em antigos mapas do século XVII de "Reino de Makoko". O jovem "Brazza", como ele já é chamado, colocara na cabeça que resolveria um enigma geográfico: retraçar o curso do Congo, o rio mais largo e poderoso depois do Amazonas. Muitos representantes do governo francês e das delegações de sociedades de geografia estão no cais, curiosos para ver em que estado aparecerá o herói do dia. Eles sabem que o cansaço e a doença lhe deram pouco sossego...[32] Sua expedição durara dois anos e precisara de uma grande caravana. A lista de pessoas e materiais que ele precisara obter do departamento da Marinha resumia o tamanho da aventura: "Soldos, armas e armamento, roupas e equipamentos, víveres, medicamentos, armas de refúgio e munições".[33] Suas malas – trinta caixas de lona e folha de Flandres[34] – não guardavam quase nenhum objeto pessoal. Brazza é um homem simples. Ele se veste modestamente[35], come com apetite o que os indígenas lhe preparam – "lagartas defumadas marinadas em óleo de palma".[36] Numa carta escrita à sua mãe, ele explica que, ao longo de três meses, entre 12 de janeiro e 6 de abril de 1876, ele "não dormiu nenhuma vez numa moradia. Que nunca teve uma mesa para escrever e nunca escreveu sem ficar com dor nas costas [...] Que precisa escrever sobre os joelhos, o que para ele é um verdadeiro suplício".[37] Ele constrói para si, quando as condições permitem, uma cabana de folhas secas e cascas de árvores, "um casebre", como ele mesmo diz.[38] Ele aprecia esse pequeno conforto: "É com sensível prazer que poderei entrar em nossa morada quando esta estiver pronta e que poderei apreciar a maciez de uma cama bem feita sobre uma mesa. Na verdade, eu nunca teria pensado que houvesse tanta diferença entre dormir no chão e dormir numa mesa, embora eu, que falo em ter uma morada, devo aproveitá-la muito pouco, estando quase sempre em excursão".[39]

A mala-leito de Savorgnan de Brazza

Em 1877, enquanto a elegante Paris disputa sua presença, Brazza só pensa em partir: tinha sido informado da chegada à cidade de Boma de Stanley, um americano encarregado por Leopoldo II, rei dos belgas, de conquistar a margem do Congo. Ele se preocupa: deve agir rápido se não quiser ser ultrapassado. Stanley dispõe de tudo o que falta a Brazza: homens, equipamentos, dinheiro. Brazza decide não se contentar com os equipamentos do exército e quer ser financiado pelo Estado francês com bagagens sob medida, adaptadas às circunstâncias. Ele quer conhecer o fabricante de malas cuja engenhosidade é louvada em Paris: Monsieur Louis Vuitton.

Tudo leva a crer que os dois homens se encontram em Asnières, no início da primavera de 1878, logo antes da partida do explorador. Brazza visita os ateliês e explica a Louis o cotidiano de suas expedições[40]: floresta equatorial, tendas provisórias, abrigos de galhos e folhas, noites no chão, numa ponte ou num banco de areia sob uma coberta impermeável, as canoas à deriva...

Louis Vuitton ouve o explorador com atenção. Ele sugere a Brazza uma mala-leito de pequeno volume, para respeitar suas necessidades materiais. Ele desenha, comenta, demonstra ao explorador a resistência dessa cama dobrável, composta por uma estrutura articulada de madeira e metal sobre a qual é estendido um estrado de pano com um confortável colchão *galette*. Tudo discretamente camuflado numa mala listrada bege e marrom, capaz de enfrentar as intempéries. Brazza fica estupefato: como aquele fabricante de malas conseguia entender as necessidades de exploradores de quem não sabia nada? Brazza faz a encomenda, logo antes de partir por seis meses. Sua mala lhe seria entregue na volta.

O renome da França

Um mês depois, em 20 de maio de 1878, o primeiro presidente da Terceira República, o general-presidente Mac-Mahon, inaugura a Exposição Universal de Paris. Ela acontece na colina de Chaillot, onde foi construído o suntuoso palácio chamado Trocadéro, apelidado por alguns de "o hammam" ou "o bazar", em razão de seus dois "minaretes", torres de oitenta metros de altura! Do outro lado do Sena, diante das encostas da colina, duas galerias de setecentos metros são edificadas ao longo do Champ-de-Mars[41], emoldurando um magnífico jardim de dez hectares. Mais de 16 milhões de visitantes[42] vêm admirar as obras-primas das manufaturas nacionais de Sèvres, Gobelins, Beauvais. O famoso artesanato francês. Entre os expositores da classe 41, "Objetos de viagem e acampamento", Vuitton e seu filho recebem os curiosos, num estande que Louis quis pequeno para não ter muitos gastos – a lembrança da guerra ainda é lancinante –, mas cuja decoração ele concebe com zelo, em torno do tema das colônias. O guia-itinerário entregue na entrada da Exposição afirma que "a indústria representada nessa classe não tem mais de vinte anos. O gosto pelo conforto, que aos poucos tomamos emprestado da Inglaterra, determinou os plenos direitos dessa indústria em nosso país. É em Paris, centro do conforto e do luxo, que se concentra quase que exclusivamente a fabricação dos objetos de viagem e acampamento. Couros de todos os tipos, marroquins, tecidos crus, tecidos encerados, papelão e madeira, e também cobre, ferro, aço, e até prata, constituem as matérias-primas dessa indústria, que a cada dia faz avanços consideráveis".[43] No guia, a lista resumida dos principais expositores não menciona a casa Vuitton.

Louis visa uma clientela de alta classe; ele sabe que a realeza europeia foi convidada pelo governo francês a visitar a exposição. Sua estratégia não é tanto tornar sua marca conhecida, mas ser comparado aos outros fabricantes, franceses e estrangeiros. Certo de conceber os melhores artigos de viagem do mundo, ele acredita que os convidados necessariamente escolherão uma bagagem Louis Vuitton depois de passar em revista as outras casas. Seu investimento logo dá frutos. Numa manhã de verão, um emissário da corte da Espanha vem lhe pedir um orçamento para uma série de malas-correio masculinas com envelopes (estojos de proteção), marcadas com uma coroa real. Vuitton é fornecedor para a corte espanhola há três anos. Alguns dias depois, o rei Afonso XII em pessoa, em visita oficial a Paris, quer ser apresentado ao famoso *malletier*. Ele parabeniza Louis pela leveza de suas malas, pela beleza de seus capitonês, e confirma a encomenda – pela considerável quantia de 460 francos – para assim que voltar a Madri.[44] Essas referências são a melhor propaganda da casa Vuitton. Georges e Louis passam os 175 dias da Exposição fazendo idas e vindas entre a loja da Rue Scribe, os ateliês de Asnières e o estande no Trocadéro. Eles ainda encontram tempo de visitar o Grande Órgão do sr. Cavaillé-Coll, exposto no salão de festas do Palácio do Trocadéro. Os franceses sentem uma enorme admiração por esse fabricante de órgãos, famoso por restaurar o grande órgão da igreja de Saint-Sulpice, conservando vários elementos do antigo instrumento, união notável entre a arte antiga e a arte nova.[45] O Grande Órgão exposto no Trocadéro não é o maior do mundo, como se diz nos corredores, mas está entre os mais perfeitos. Ele tem 21 pedais e 4.070 tubos, que vão de meio centímetro a dez metros de comprimento![46] Louis também se interessa pelo grande balão de Henri Giffard, preso ao exterior do palácio. Uma multidão de curiosos se amontoa aos pés daquele mastodonte dos ares com 36 metros de diâmetro! No mês de agosto, o tempo, seguido de perto por Giffard[47], está ideal e Louis Vuitton sobe no cesto: quando o balão se eleva, ele enxerga a capital e seus arredores numa circunferência de 120 quilômetros.[48] Pela primeira vez, Louis avista o imenso horizonte; esta será sua única viagem nos ares. De volta à terra firme, ainda sob o impacto daquele incrível voo, ele leva o filho para ver uma invenção que faz todos os visitantes acorrerem: o fonógrafo do americano Thomas Edison, já conhecido por outra inovação. Esse antigo funcionário das estradas de ferro americanas aperfeiçoou o telégrafo duplex, que permite transmitir automaticamente as mensagens numa linha, sem a intervenção de um operador. Louis também fala ao filho de outro americano, Graham Bell, que em março passado criou um aparelho surrealista que, completado por uma invenção de Edison, o microfone de carbono, permite conversar à distância: o telefone.[49] Depois, Louis conduz Georges ao pé da estátua da Liberdade, realizada pelo escultor Bartholdi[50] sobre uma estrutura metálica assinada pelo engenheiro Gustave Eiffel, presente da França aos Estados Unidos por ocasião do centenário da Independência, celebrado em 1876. Nenhum jornal francês relatara o massacre, em junho daquele mesmo ano de 1876, dos trezentos homens de George Armstrong Custer pelos sioux de Touro Sentado e Cavalo Louco, então auxiliados pelos cheyenne. A batalha de Little Bighorn é, no entanto, o maior incidente de toda a história dos indígenas da América do Norte.[51] Dois anos depois, em 1878, enquanto Paris recebe a Exposição Universal, o exército americano se vinga dos índios exterminando todos os rebanhos de bisões...

Georges se interessa muito pela história do Japão, pelas lacas e estampas apresentadas no pavilhão desse país. Ele se sente fascinado pelo refinamento japonês, que marcará sua vida, e cuja influência alguns verão até mesmo naquilo que se tornará o símbolo da casa Vuitton: a padronagem Monogram.

Os japoneses serão os únicos interessantes aos olhos de Georges, aliás, quando ele registrar suas impressões das Exposições Universais que visita pelo mundo.

Encontro com Joséphine Patrelle

Nos corredores da Exposição, também se fala das noites que animam Paris no Moulin de la Galette ou no novo hipódromo.[52] Georges e Louis não frequentam os lugares da moda. Eles trabalham. Sem descanso. Eles participam de algumas festas entre comerciantes que a concorrência da Exposição Universal acaba aproximando.

É ao longo de uma dessas festas que Louis conhece a família Patrelle, originária de Lilas. Louis Patrelle fizera fortuna ao inventar um aroma culinário com seu nome, um colorante 100% natural à base de glicose e extratos de cebola, que as cozinheiras francesas adoram porque confere instantaneamente um tom dourado a seus molhos, tripas, gratinados e marinadas, tornando-os mais saborosos.[53] Milhares de garrafas do "aroma Patrelle" são vendidas todos os meses. Patrelle, que participara da Exposição Universal de Londres em 1862, troca com Louis suas impressões sobre os ingleses.

Para ele, a supremacia da Grã-Bretanha já não é a mesma: ponto positivo para a indústria francesa. Eles comentam os princípios da política social paternalista instaurada por Aristide Boucicaut logo depois da guerra de 1870: generalização da participação dos vendedores, cantina, fundo de aposentadoria, serviço médico gratuito e descanso dominical, ainda não obrigatório. Depois da morte de Boucicaut, sua mulher assumira a gestão e a coordenação do Bon Marché. Como Aristide quisera, a marca participa da efervescência cultural e intelectual da Exposição Universal; ela expõe, num pequeno salão, os artistas recusados, organiza concertos na praça da Rue du Bac à frente da loja (praça que hoje tem o nome do fundador do Bon Marché), cria salões de leitura para os clientes cansados, oferece aulas de música aos funcionários e coloca à disposição deles uma grande biblioteca. A loja de departamentos se torna um lugar tipicamente parisiense, com cerca de 2 mil empregados.[54]

Patrelle de repente nota o jovem de físico agradável que acompanha Louis. Muito alto, Georges tem ombros largos, rosto redondo, cabelos loiros, olhos claros, bigode elegante. Um belo rapaz, pensa Patrelle, que pressente seu ar pouco satisfeito: desde o início da conversa, Georges fuma em silêncio. Patrelle se apressa a convidá-los para sua casa em Lilas, para apresentá-los a Joséphine, sua filha. Ela tem dezesseis anos, Georges tem 21; idade de casar! Os dois jovens se entendem na hora e, com a proximidade do fim da Exposição, Georges promete a Joséphine, se seu pai autorizar, buscá-la para um passeio. Eles poderiam ir por exemplo ao Bois de Boulogne para uma caminhada? Seu pai é o maior fabricante de malas de Paris, ele explica. A jovem entende que ele tem grandes responsabilidades no negócio familiar.

Em 22 de outubro, em meio a um grande burburinho, o presidente Mac-Mahon apresenta suas felicitações[55] a um grupo de expositores franceses premiados por seu trabalho: Nadar, o genial retratista, é consagrado com uma medalha de ouro. Naquele ano, porém, a casa Louis Vuitton não é recompensada. Em 10 de novembro, exaustos, pai e filho veem com alívio a Exposição fechar suas portas. Ela lhes trouxe muitos clientes e reforçou sua posição mundial para os modelos de grande luxo. Louis fica satisfeito com os seis meses passados ao lado do filho. Ele fica particularmente orgulhoso de ver suas habilidades comerciais se confirmarem. Mas não é homem de demonstrar seus sentimentos ou expressar seu reconhecimento em palavras... Com os seus, ele é mais reservado ainda do que com seus colegas, que parabeniza abertamente quando eles trabalham bem. Depois da exposição, ele não gratifica o filho com nenhum elogio, mas lhe anuncia a intenção de lhe entregar a direção comercial da casa.

No final do ano de 1878, Louis volta à calma de seu gabinete em Asnières, onde mais uma vez se dedica à busca de novos modelos e métodos. Georges assume as encomendas da Rue Scribe; suas novas funções lhe deixam pouco tempo para cortejar Joséphine. Mas o pai da jovem não cessa de solicitar suas visitas. Aquele Georges Vuitton, cujo pai dizem ter um negócio magnífico, é o genro ideal. Patrelle insiste que os jovens se frequentem. Georges leva Joséphine para andar de canoa no Bois de Boulogne; enquanto rema, ele lhe diz como adora a canoagem e descreve seus exercícios no Sena aos domingos. A jovem o ouve distraidamente; ele lhe fala de suas leituras, dos heróis de Jules Verne, de sua vontade de viajar; ele menciona a Inglaterra e seu desejo de voltar para lá, dessa vez para travar uma batalha contra seus maiores concorrentes. Ah, os ingleses! Ele lhes imporá seu nome! Ele coloca tanto ardor em sua fala que Joséphine precisa lhe pedir para ser mais discreto: da canoa vizinha chegam olhares curiosos e eles quase viraram. No fim da tarde, ele acompanha a jovem até a casa de seu pai, que logo o convida para jantar; lisonjeado, Georges aceita. No entanto, ele está sobrecarregado, sua primeira encomenda real acaba de se concretizar: duas malas-correio para Afonso XII, rei da Espanha.[56]

Algumas semanas depois, Georges pede a mão de Joséphine. Patrelle fica encantado: como ele desejara, sua filha se casaria com um Vuitton. O noivado é celebrado no verão de 1879, trazendo um pouco de alegria aos corações da família Vuitton, enlutada com a perda da irmã de Georges, Émilie Élisabeth, morta aos quatro anos de idade, em 19 de janeiro de 1879.[57] Depois do almoço de noivado, organizado em Lilas no luxuoso palacete com torres dos Patrelle, as famílias marcam o casamento para o mês de novembro do ano seguinte.

Brazza contra Stanley

Em 21 de outubro de 1879, Thomas Edison, o infatigável inventor, oferece ao mundo a primeira lâmpada elétrica. É uma revolução! A vela ilumina pouco, o gás provoca explosões, a lâmpada a petróleo causa incêndios, o acetileno tem mau cheiro. Ele fica 48 horas sem dormir diante de sua primeira lâmpada... até que ela estoura! Desbancando para sempre as lamparinas a gás em proveito da lâmpada elétrica, Edison ilumina o mundo.

Savorgnan de Brazza está longe de tomar parte desse entusiasmo: na mata africana, não há eletricidade... Nem festas de fim de ano. Enquanto trabalha com ardor numa mala para bonecas com listras marrons – encomenda especial do perfumista Guerlain para o ano-novo[58] –, Louis é informado de que Savorgnan de Brazza parte no dia seguinte, 27 de dezembro, para uma longa expedição.[59] A corrida entre Stanley e Brazza fascina a imprensa. Eles são chamados de "o conde e o aventureiro". Um americano a serviço dos belgas, um italiano a serviço dos franceses. Um jornalista escreve: "Stanley um dia vê caminhando em sua direção um 'homem estranho, esfarrapado, de pés descalços e sem nenhuma escolta além de alguns miseráveis indígenas'. Trata-se de Brazza. Coisa curiosa, o homem *correto* é um antigo vagabundo de Nova York e o homem em farrapos é um dos representantes de uma das mais nobres famílias da Itália!".⁶⁰ Brazza, com equipamentos mais leves que o americano, avança mais rápido. Caixas e malas que caem atrasam o americano na subida do Baixo Congo. Em poucos meses, a França sai vitoriosa.⁶¹ Em 10 de setembro de 1880, depois de novamente subir o Ogoué, Brazza alcança o Congo e assina com Makoko, rei dos bateques, um tratado de amizade que coloca seus Estados sob protetorado francês. Reza a lenda que é sentado na cama dobrável de sua mala Vuitton que Brazza negocia com Makoko. O explorador então desce o rio Congo até o lago Nkuna (também chamado Stanley Pool) e funda, em 3 de outubro de 1880, em Malebo Pool, uma cidade que Chavannes nomeará, quatro anos depois, em sua homenagem, de Brazzaville. Paralelamente à ação de Faidherbe no Senegal, Brazza dá o pontapé inicial da dominação francesa na África Ocidental, a partir de entrepostos costeiros moribundos.

Na Rue Mazarine, no La Petite Vache, o nome de Brazza está em todas as bocas. Essa queijaria parisiense é o ponto de encontro dos exploradores e grandes viajantes.⁶² A alguns passos dali, no Cénacle, também há comemorações. Esse pequeno restaurante do Quartier Latin recebe regularmente Brazza e seus amigos. Numa sala enfumaçada, há disputas em torno da comparação das performances de Livingstone, Baker, Stanley, Speke, Burton e outros exploradores. Brazza escreveria: "O dono do local pode se vangloriar de ter vários álbuns, que são livros de ouro ilustrados pela fantasia dos clientes. Eles carregam nomes como François Garnier, Duverryer, Hamy, Pinard, Marche, Crevaux, Serpa Pinto, Cameron, Burton. O sr. Stanley é um dos raros viajantes que não se sentaram à mesa presidida há trinta anos pelo secretário-geral da Sociedade de Geografia".⁶³ Na sala do restaurante, naquele inverno, Brazza é o tema de todas as conversas. Os comensais seguem em mapas seus avanços e suas vitórias. Alguns louvam sua coragem e seu rigor. Outros deploram a avareza do Estado, que concede poucas subvenções ao aventureiro[64]... Sozinha em seu quarto parisiense, uma jovem segue secretamente suas façanhas: descendente de La Fayette, ela se chama Thérèse de Chambrun.[65] Alguns anos antes, durante uma temporada na casa de seu tio, embaixador da França no Vaticano, ela ouvira pela primeira vez o nome de Savorgnan de Brazza. Nas recepções da Villa Madame, à época só se falava do jovem conde estrangeiro, recém-saído da Escola Naval de Brest, que solicitava a naturalização francesa para servir na marinha e explorar o rio Congo. A jovem Thérèse, de quinze anos, entende o destino que aguarda aquele homem? Com voz clara e determinada, ela diz a seu tio: "Se eu um dia me casar, será com Pierre Savorgnan de Brazza".[66] Este, enquanto isso, manda seu secretário responder a todas as cartas de suas admiradoras: "O sr. De Brazza está se guardando para a primeira francesa nascida em Brazzaville...".[67] Brazza já pressente que uma cidade ganhará seu nome.

LOUIS VENDE VUITTON

Embora Louis Vuitton se interesse pela trajetória de seu famoso cliente explorador, naquele fim de ano de 1880 sua mente está longe. Ele pensa no futuro, ou melhor, no futuro de sua empresa. Ele está com sessenta anos, trabalha há meio século e, se deu seu nome a um negócio, agora pretende eternizá-lo. É chegado o momento de se organizar para não assistir ao desaparecimento da obra de toda uma vida. Encorajado por Émilie, como em todas as etapas importantes de sua vida, ele toma uma difícil decisão: ceder sua sociedade a Georges e ao mesmo tempo lhe oferecer um dote para casar com a herdeira Patrelle. Em 3 de novembro de 1880, dois dias antes do casamento, o sr. Delaunay, tabelião em Paris, recebe o sr. e a sra. Louis Vuitton[68], acompanhados do filho Georges. Ali, Émilie e Louis assinam uma escritura de "Venda de capital empresarial e cessão de contrato" para o filho: "Perante o mestre Alexis Achille Delaunay e seu colega tabelião em Paris, abaixo assinados, compareceram o sr. Louis Vuitton, fabricante e vendedor de artigos de viagem, e a sra. Émilie Parriaux, sua esposa, a quem ele autoriza, residindo juntos em Paris, na Rue Scribe, número 1. Os quais pelo presente venderam, se comprometem conjuntamente e solidariamente, a todas as garantias ordinárias de fato e de direito, ao sr. Georges Feréol Vuitton, seu filho, negociante, residindo em Asnières (Sena), na Rue du Congrès, número 14, que pelo presente aceita o capital empresarial cuja designação segue abaixo".[69] Segue-se a enumeração da clientela e a lista de bens de Rue Scribe: três móveis-vitrine, uma escrivaninha, uma mesa-escrivaninha e dois balcões de carvalho.[70] Há também o mobiliário do ateliê de embalagem: cinco bancadas, um aparelho a gás, um lote de ferramentas diversas e um relógio de pêndulo.[71] A tomada de posse é antecipada em dois dias, para 1º de novembro, "época em que ele tem o direito de assumir o título de sucessor do sr. e da sra. Vuitton".[72] O valor do patrimônio comercial e do contrato é fixado em 60 mil francos. É pouco provável que Georges, que tem apenas 23 anos, disponha dessa quantia. Seu pai previu, portanto, um "arranjo". Ele especifica na escritura: "Trinta mil francos serão pagos por meio da constituição do dote que será feito pelo sr. e pela sra. Vuitton, pai e mãe, ao sr. Vuitton filho, no contrato de casamento deste último".[73] Assim, Georges salda metade da venda com seu dote. As modalidades de pagamento da outra metade da dívida parecem bastante duras para um jovem assalariado há apenas oito anos: "Quanto aos 30 mil francos restantes, o sr. Vuitton filho se compromete a pagar 15 mil francos em 1º de novembro do ano que vem". Georges terá pagado essa quantia?

Nessa escritura de compra e venda, aparece um parágrafo no mínimo surpreendente, solicitado por Georges Vuitton e intitulado: "Proibição de criar outro estabelecimento", estipulando que "O sr. e a sra. Vuitton estão formalmente proibidos de criar ou dirigir no futuro um patrimônio comercial de venda e fabricação de artigos de viagem em Paris, num raio de mil metros do comércio presentemente vendido".[74] Essa cláusula de não concorrência é hoje corrente na redação de escrituras de compra e venda de capitais comerciais. Ela não era tão comum em 1880 entre um pai e seu filho. Se Louis Vuitton tiver vontade de abrir um comércio concorrente, ele se comprometerá a pagar "participação nos lucros e sem prejuízo do direito que o sr. Vuitton filho teria de mandar fechar o novo estabelecimento"![75]

Naquele 3 de novembro de 1880, Louis Vuitton garante o futuro de sua empresa, a perenidade de seu nome e os rendimentos de seu filho. Cedendo o patrimônio comercial, ele se mantém o criador e habilmente se posiciona para a eternidade.

De volta a Asnières, Louis e Émilie abrem uma garrafa e brindam com Georges. Eles desejam boa sorte ao novo proprietário da casa "Louis Vuitton". Georges Vuitton nunca esquecerá dessa data. Mais tarde, numa cronologia que retraça apenas os nascimentos e mortes da família, ele registra de repente: "1880 – Geo Vuitton à frente da casa". Louis não está prestes a partir.

Dois dias depois, em 5 de novembro, Joséphine Patrelle se torna Joséphine Vuitton. No registro civil[76], Louis Vuitton ainda escreve sua profissão como *emballeur*. Georges especifica "fabricante de artigos de viagem". Vários amigos estão presentes na cerimônia; do lado Vuitton, a família é pouco numerosa. Há apenas Louise-Élisabeth, a irmã mais velha de Georges, que comparece sem o marido, com quem, mais uma vez, brigou.

Louis Vuitton e a marroquinaria

Logo depois do casamento, o jovem casal começa a trabalhar. Joséphine ajuda Georges na loja. Em Asnières, Louis se dedica à construção. As obras de ampliação e organização da sede, iniciada em 1872, continuam. O ateliê, que conta então com 28 artesãos[77], aumenta a cada dia.

Os Vuitton acrescentam uma ala ao prédio. Eles decidem que está na hora de diversificar e se dedicar a uma nova atividade: "Louis Vuitton não pudera se dedicar à criação de artigos de couro, como bolsas, malas de couro etc.; em 1880, porém, quando cedeu o negócio ao filho, a quem tomara o cuidado de ensinar em boa hora os segredos de seu ofício, os dois se dedicam a acrescentar aos ateliês de Asnières uma ala onde a marroquinaria ocuparia o lugar principal", lemos no diário de Georges.[78] Ele acrescenta um espantoso comentário em terceira pessoa, bastante desprovido de modéstia: "Aos 23 anos, devidamente instruído e elegante, ele assume, com seu pai, a condução da casa. [...] Louis Vuitton conserva a atividade de direção da fábrica e, com Georges, há um novo impulso".[79] Louis, portanto, continuava lá.

Louis escolhe liberar o primeiro andar, onde fica o apartamento familiar, para nele instalar um ateliê; ao mesmo tempo, ele manda construir duas grandes casas no jardim da Rue du Congrès. Uma para Georges e Joséphine; outra para Émilie e ele, bem mais espaçosa, muito iluminada. As duas gerações vivem e trabalham lado a lado. Joséphine tenta fazer Georges entender que gostaria de um pouco de intimidade. Sua sogra controla o tempo livre do casal e seu sogro a vida profissional. Em 15 de agosto de 1881, às seis horas da tarde, ela dá à luz seu primeiro bebê... e, para agradar a Louis, chama sua filha de Marie-Louise-Élisabeth. Joséphine teria gostado, no entanto, de se diferenciar da tradição familiar. Dois dias depois, às sete horas da manhã, Georges bate à porta do pavilhão situado no número 67 da Avenue d'Argenteuil, na esquina da Rue du Congrès, onde Louis aloja alguns funcionários. Ele pede a Amand Alexandre Villeroy, um cocheiro do serviço de entregas a cavalo, que o acompanhe ao gabinete do registro civil; ele precisa de testemunhas para declarar o nascimento de sua primeira filha. Os dois homens vão buscar outro funcionário, o embalador Jean-Baptiste Cornevin, que mora no número 10 da Rue des Parisiens. Cornevin e "o pai Amand" são dois fiéis funcionários que trabalharão até o fim da vida para a casa Vuitton.[80]

Asnières, subúrbio residencial de Paris, está em pleno desenvolvimento. Os impressionistas apreciam especialmente o lugar; as margens do Sena oferecem o espetáculo de uma modernidade que eles gostam de pintar: desenvolvimento industrial de um lado, surgimento dos lazeres náuticos por outro. Depois de Seurat e seu *Um banho em Asnières*, Monet, Renoir, Van Gogh e Signac se instalam nas margens para se inspirar.

Todos os domingos, na grande sala de jantar familiar, Louis preside um almoço em que seus filhos se sentam ao lado de seus amigos. Émilie tem olhos para tudo. Mas ela parece cada vez mais cansada. Ela ouve distraidamente os homens falarem de um incêndio que devastou, às cinco horas da manhã daquele 9 de março de 1880, a grande loja Le Printemps, no

Boulevard Haussmann. Uma importante exposição de novidades da estação primavera-verão seria inaugurada. Dizem que o encarregado da iluminação – ainda a gás, ao que parece – teria tocado com sua varinha de acendimento uma cortina no setor de bordados; a loja inteira foi imediatamente queimada. Um convidado diz ter lido na imprensa que os empregados, quase todos dormindo no sótão do prédio, contemplaram o incêndio de pijama no bulevar!

Georges não perderia por nada no mundo aqueles almoços dominicais durante os quais, graças a seu pai, constitui para si uma agenda de endereços. Ele se impacienta: sua casa, ainda que situada na frente da de Louis, é muito mais modesta e não lhe permite receber. Ela só conta com dois quartos, um para o casal e outro para os filhos, no qual dorme a pequena Marie-Louise. Sua vida social por enquanto acontece no grande salão luminoso de seus pais. Numa poltrona *crapaud*, Joséphine suspira. Ela tem dezenove anos e se entedia completamente.

Georges está longe de imaginar o luxo com que Charles Frederick Worth mobilia sua nova residência, a poucos quilômetros dali, no coração de Suresnes. Sua casa é uma imagem de sua excentricidade. Ele chega a comprar um lote de colunas do Palácio das Tulherias, destruído durante a Comuna, recriando em sua própria sala um pouco da decoração cara à sua antiga cliente, a imperatriz Eugénie.

Louis Vuitton e a publicidade

Naquele início de 1882, as conversas na casa dos Vuitton giram em torno de uma nova arma comercial: a publicidade. É preciso gastar dinheiro em cartazes, republicados pelos jornais? Louis é a favor. Em 1880, ele lança as primeiras propagandas "Louis Vuitton" em cerca de cinquenta revistas: *Le Revue générale industrielle, Concours hippique, Le Courrier de la presse, La Revue illustrée, Le Goût parisien* ou ainda *Le Figaro*.[81] Sua mensagem valoriza o apego da casa à evolução dos costumes e destaca o desenvolvimento dos transportes.[82] Louis está entre os primeiros comerciantes de artigos de luxo a fazer publicidade.

O conceito é lançado nos anos 1830, com pequenos cartazes. Os reclames nos jornais aparecem pouco depois, em 1836, quando Émile Girardin funda *La Presse*, o primeiro jornal político: ele entende antes de todo mundo que, com a publicidade, seu jornal custará menos ao leitor. Em 1840, a publicidade assume diversas formas: vinhetas, cartões, leques etc. As editoras publicam anúncios nos jornais para promover seus livros. Depois, elas imprimem cartazes ilustrados difundidos nas livrarias, fazendo assim com que os próprios comerciantes tenham a ideia de colocar reclames nos jornais e distribuir catálogos ilustrados. Dez anos depois, o cartaz se insere na nova paisagem urbana de Haussmann. E, por volta de 1870, as lojas de departamentos cobrem os muros de Paris de cartazes comerciais.

No início dos anos 1880, Louis Vuitton constata que o consumo se abre para a maioria e que a imprensa escrita alcança uma população mais amplamente alfabetizada. Ele pressente o sucesso do cartaz publicitário, ainda que, por enquanto, uma verdadeira rivalidade ainda persista entre o texto e a imagem. Os slogans não recuam diante de nenhum exagero. Louis vê os encartes nas lojas como um novo meio de tornar suas bagagens conhecidas, de distingui-las de seus concorrentes e de permitir que ele se imponha no mercado. Ele é logo seguido por todas as grandes casas, e pouco a pouco se vê o aparecimento de propagandas para produtos muito diferentes: bens de consumo, poupança, imóveis, espetáculos e, é claro, como sempre, estradas de ferro.[83]

Nascimento de Gaston-Louis

Georges se volta para a aventura dos transportes e para tudo o que lhe permite aumentar sua clientela da Rue Scribe. Mas seu entusiasmo é bruscamente abalado: em 7 de fevereiro de 1882, sua filha Marie-Louise morre[84]; ela não tem nem seis meses. Acompanhado de Louis, ele vai fazer a certidão de óbito. Nota-se no registro civil que Louis ainda se declara *emballeur* e Georges "fabricante de artigos de viagem".[85]

Émilie gostaria de apoiar o filho e a nora nessa provação, mas também está muito fraca. Sua saúde não melhora. O verão a vê perder as forças, o outono a confina à cama. E o pior acontece: depois de lutar toda a noite, velada por um Louis em lágrimas, Émilie morre em 6 de novembro de 1882, às quatro horas da manhã.[86] Devastado pela morte da mulher, Louis não quer soltar sua mão, apesar do pedido do médico. Fazia 28 anos que ele não passava um dia sem ela. Ele encarrega Georges de oficializar o falecimento, pois não tem forças para tanto. Nove meses depois da morte de sua filha, Georges, arrasado, volta ao registro civil. Ele passa no número 10 da Rue des Parisiens para pedir a Cornevin, o embalador, que o acompanhara na declaração do nascimento de Marie-Louise, que testemunhe, dessa vez, a morte da sra. Vuitton. Cornevin veste um casaco e o segue.[87]

Abalado com a morte das duas mulheres de sua vida, Georges se atira com tudo no trabalho, resumindo a situação em seu diário da seguinte forma: "Dono da casa de comércio, ele divide seu tempo entre o lar e os negócios, ignorando todas as distrações".[88]

A partir daquele momento, mais ainda que antes, pai e filho se amparam. A autocomiseração não é típica naquela família e eles se lembram das lições de Émilie: nos momentos difíceis, deve-se sempre olhar para frente. Eles se agarram ao bom humor de Joséphine, que espera um filho para o início do ano seguinte. Louis acelera as obras em Asnières. Encomendas importantes precisam ser honradas, como a do quediva Ismail, feita em 18 de novembro de 1882[89]: uma mala especial com três caixilhos de cobre. Desde a inauguração do canal de Suez, o quediva é um cliente fiel.

Em 30 de janeiro de 1883, o pequeno Gaston-Louis Vuitton vem ao mundo no número 15 da Rue de la Comète, em Asnières[90], na casa em que morará a vida toda. Louis Vuitton se lembra muito bem do nascimento de seu primeiro neto: naquele dia, Goto Shojiro, edil de Tóquio, lhe faz uma encomenda especial. Georges talvez gostasse de se encarregar pessoalmente. Ele se alegra de ver que os japoneses se interessam pelas malas Vuitton.

Enquanto isso, em Paris, Thérèse de Chambrun finalmente conhece Pierre Savorgnan de Brazza, o homem pelo qual está apaixonada há anos. Eles se veem sentados lado a lado durante um almoço na casa de amigos em comum. A jovem não se surpreende. Ela tinha certeza de que o destino os reuniria. Uma conversa animada tem início entre eles e um dos amigos íntimos de Brazza, Antoine d'Abbadie, observa com ar divertido "que eles pareciam se entender perfeitamente".[91] Mas Brazza parte novamente. Dessa vez, para instaurar um governo nas regiões descobertas por ele.

Sua partida ocorre em 21 de março de 1883. Suas condições de viagem claramente melhoraram: Louis Vuitton construiu e personalizou para ele todo um acampamento. Dos ateliês de

Asnières saem as malas nas quais se pode ler, em belas letras inglesas: "P. Savorgnan de Brazza".[92] Uma delas lhe serve de mesa de cabeceira e escrivaninha, onde ele preenche todas as noites, numa máquina de escrever, as páginas de seu diário, hoje um precioso testemunho.

Au Bonheur des Dames

Na França, outra aventura fascina a opinião pública: a das lojas de departamentos. Émile Zola acaba de publicar *Au Bonheur des Dames*. Aos 43 anos, ele decidiu abandonar o jornalismo para se dedicar inteiramente à sua obra literária. No décimo primeiro romance de seu amplo afresco sobre o Segundo Império, os franceses acompanham a trajetória fenomenal de um certo Octave Mouret, empreendedor de talento, proprietário da loja Au Bonheur des Dames, e o destino de Denise, vendedora, que percorre todos os degraus da hierarquia. Zola passa dois meses fazendo pesquisas nas lojas de departamentos parisienses, para enfim dar a seus personagens os traços de Aristide e Marguerite Boucicaut. O crítico Albert Cim escreve, quando o livro é publicado: "Dessa vez não acusaremos o sr. Zola de se comprazer em pintar apenas horrores e vícios!".[93]

Em Paris, as lojas de novidades florescem em toda parte: Aux Buttes Chaumont (Boulevard de la Villette), À la Place Clichy, À la Parisienne (Faubourg Montmartre, 41), Au Paradis des Dames (Rue de Rivoli, 10), Aux Dames de Paris (Rue Saint-Antoine, 85 e Rue du Roi-de-Sicile, 5), Au Petit Manteau Bleau (Boulevard Beaumarchais, 95) ou ainda os Grands Magasins de la Moissonneuse (Rue de Ménilmontant, 28).

Os cartazes exaltam a chegada das roupas da estação, as promoções especiais e outras novidades que inundam Paris.

A lei de 29 de julho de 1881, que rege a liberdade de imprensa, logo proíbe a colocação de anúncios nos muros. Surge a placa "Proibido Cartazes". Para compensar essa proibição, as propagandas invadem as páginas dos jornais, que delas tiram o grosso de suas receitas.

E agora se viaja para o Oriente...

Em 5 de junho de 1883, Louis e Georges Vuitton descobrem, através de uma propaganda, que o primeiro grande trem expresso europeu logo ligará o Oriente ao Ocidente. Seu nome: Trem do Oriente, logo rebatizado de Expresso Oriente. O suntuoso palácio sobre trilhos é comercializado pela Compagnie des Wagons-Lits. Para a inauguração, Georges Nagelmackers, fundador da CWL, dá início a uma gigantesca operação de publicidade. Nove meses antes, com um sutil senso de relações públicas, ele envia à imprensa e a algumas personalidades do mundo ferroviário o seguinte convite, na forma de carta: "O senhor deve ter visto nos jornais que nossa companhia organiza entre Paris e Viena um trem de teste chamado 'Trem Relâmpago de Luxo'. Se sentir vontade e não temer uma viagem de 2 mil quilômetros a todo vapor, ficaremos felizes de tê-lo conosco. Acredito que será interessante, para o senhor que viaja bastante, julgar por si mesmo a maneira como queremos transportar pessoas da maneira mais rápida e confortável possível pelas grandes linhas do continente. Partiremos de Paris na terça-feira, 10 de outubro, às 18h40 (Gare de Strasbourg) e chegaremos em Viena na quarta-feira à noite, voltando na sexta-feira".[94] As respostas não se fazem esperar. Há poucas recusas! A viagem é efetuada em exatas 21 horas e 53 minutos, batendo o recorde de velocidade graças à supressão das paradas para comer: Nagelmackers oferece a seus convidados refeições gastronômicas, num belíssimo vagão-restaurante, o primeiro da história da companhia, recém-saído das oficinas de Rathgeber, em Munique.[95] Na volta, a imprensa o incensa.

Depois dessa viagem inaugural, Nagelmackers lança uma campanha publicitária para anunciar a partida, em outubro de 1883, do primeiro comboio de luxo na linha Paris--Constantinopla. Enquanto isso, Louis finaliza a encomenda de três malas para Nubar Paxá, o primeiro-ministro egípcio, bem como a de uma mala-correio para o rei da Espanha, Afonso XII.[96] Depois, no início de outubro, ele corre à Gare de l'Est, na companhia de Georges. Como no início da aventura da estrada de ferro, ele quer assistir à partida desse grande expresso de luxo que percorrerá 6,5 mil quilômetros em menos de duas semanas[97], atravessando a França de Sadi Carnot, a Baviera de Luís II, a Áustria-Hungria de Francisco José, a Sérvia de Alexandre I, a Bulgária de Ferdinando e a Romênia de Carlos I, para chegar à Turquia de Abdul Hamide II!

Na plataforma, Louis Vuitton observa os viajantes: diretores, engenheiros das estradas de ferro ou dignitários do serviço público, com roupas impecáveis, trajes escuros, cartolas e luvas. Louis e Georges sabem que eles são clientes atuais ou potenciais. Eles aliás conhecem alguns; Louis aperta mãos e apresenta o filho. Georges promete para si mesmo que muito em breve também viajará, como os heróis dos romances de Jules Verne. No meio da agitação que reina antes do apito, Louis se aproxima do vagão de bagagens e se diverte contando as malas listradas ou cinza Trianon compradas em sua loja. O enviado especial do *Le Figaro* conta que "um vagão de serviço está cheio de bagagens, que a Companhia mandou buscar a domicílio por seus veículos, e que encontramos em nossos quartos em Constantinopla, sem precisarmos nos preocupar com elas por um segundo sequer".[98] Louis se lembra que, quarenta anos antes, nas plataformas das estações parisienses, sonhava fazer suas próprias malas e vê-las embarcando para o outro lado do mundo. Ele manda Georges dar uma olhada na aparência interna dos vagões de luxo em madeira de teca. O comboio é composto de dois vagões-leitos, um vagão-restaurante e um vagão reservado às provisões, frigorífico e adega de vinho. Cúmulo do conforto para a época, há uma cabine com ducha![99] Quatro viajantes dormem por cabine, cada uma decorada com gosto, provida de lençóis de verdade e cobertores. No momento da partida, as cabeças que saem pelas janelas para saudar a multidão na plataforma é uma estranha visão... Só há cartolas, nenhum véu! Nagelmackers se recusara a vender bilhetes para as mulheres, não por misoginia, mas por segurança: a travessia dos Bálcãs não é segura e ele teme saqueadores. Está fora de questão fazer as viajantes de espartilho e chapéu correrem qualquer risco. Nagelmackers inclusive pediu que cada passageiro levasse um revólver.[100]

O insight de Georges

De volta à Rue Scribe, Georges se sente muito abatido; o Expresso Oriente age sobre ele como um gatilho. Ele também quer partir. Partir! Deixar a França, viajar, viver no exterior, não ser apenas o filho de Louis Vuitton, mas se tornar ele mesmo. Joséphine o encoraja. Ele pensa em montar sua própria empresa, com seu próprio nome, mas é impossível. Então pensa em criar um negócio Vuitton em outro país. E a Inglaterra lhe parece o lugar ideal para seus planos. Ele se contém desde que voltou do colégio St. Clement's; a concorrência dos ingleses à casa Vuitton o obceca. Não apenas seu pai lhe fala disso desde sempre como ele também, há dez anos, sofre suas afrontas no cotidiano. Nem o título de *maréchal des logis*, que ele recebe em 19 de março daquele ano de 1884[101], consegue tirar de sua mente essa ideia fixa. Viajar. A França já não lhe interessa. Ele quer ir para o centro do maior império. Onde tudo acontece. Onde tudo se decide, industrialmente, politicamente, culturalmente. Onde estão os primeiros fabricantes de malas do mundo. Onde ele poderia ter um nome próprio. Ele está em busca de identidade, e a expatriação é um meio de conseguir isso: "A mala inglesa tem reputação mundial, ele decide arrancar essa supremacia da Inglaterra e apropriar-se dela", diz seu diário.[102] Mas como obter de seu pai a autorização para o exílio?

Em maio de 1884, enquanto nasce Renée Versillé[103] – futura esposa de Gaston –, Georges vai falar com o pai. Com habilidade, ele explica que a loja da Rue Scribe se tornou pequena demais[104], que é preciso pensar em crescer e que em vez de buscar uma estratégia de expansão na França, seria mais sensato se voltar para o mercado estrangeiro. Ele explica que "SUA casa já está bem estabelecida"[105], que o setor de marroquinaria lançado há dez anos funciona bem, que agora é preciso pensar em vender bolsas e malas Vuitton do outro lado das fronteiras. Ele sugere enfrentar o principal concorrente em sua própria terra. A recusa de Louis é categórica. Ele está com 63 anos, não vendeu seu patrimônio comercial ao filho para vê-lo largar tudo depois de quatro anos! Ele não quer nem pensar em retomar a gestão da Rue Scribe. O tom sobe entre os dois homens. Louis critica Georges por sua ingratidão; Georges acusa o pai de não confiar nele, de não entender o futuro. Louis se mantém inflexível. Ele avisa Georges: não aguentaria uma traição.

Relações tensas

Ao longo de várias semanas, os dois homens não se dirigem a palavra. Na Rue Scribe, Georges volta a focar nos clientes; ele recebe, entre outros, Charles Garnier[106], que quer fazer uma encomenda de malas: o arquiteto há algum tempo faz idas e vindas entre Paris e Nice, onde está construindo, com Gustave Eiffel, o primeiro observatório francês em terreno elevado, a 372 metros de altitude. Desde a inauguração triunfal da Ópera de Paris, ele é muito solicitado; em particular, desenhou as plantas dos cassinos de Monte Carlo e Vittel.

Louis tenta acalmar o filho, associando-o a seu trabalho. Ele segue de perto as encomendas especiais, como a de Garnier, e circula de ateliê em ateliê. No entanto, a acalorada discussão com Georges o abalou. Acima de tudo, ela o leva a uma terrível conclusão: a casa Louis Vuitton ainda precisa dele. Ele entendeu que o filho pensava em criar uma casa "Vuitton" e não "Louis Vuitton". Talvez até "Georges Vuitton"? E isso, nem pensar. Ele vira artesãos largarem as ferramentas e deixarem o ateliê na hora depois de uma crise de fúria do patrão, vira contramestres indelicados montarem o próprio negócio depois de aprender todos os segredos de fabricação, precisara lutar com seu primeiro assistente, Émile Rabec, que, depois de gerenciar uma sucursal Vuitton tentara fazer fortuna utilizando seu nome, e agora seu próprio filho Georges pensava em abandonar o navio para abrir em Londres uma casa "Georges Vuitton"! Ele ainda o ouve dizer: "A loja da Rue Scribe é pequena demais"... Quanta má-fé! O mais belo local do bairro de La Madeleine! Onze metros e cinquenta centímetros de vitrines na frente do Grand Hôtel, um dos mais luxuosos palacetes de Paris, que recebe viajantes do mundo inteiro. Quanto àquela frase, ah!, aquela terrível frase, "SUA casa já está bem estabelecida na França", que ousadia! Quem estabeleceu a casa? Georges esqueceu depressa os trinta anos de trabalho de seu pai. Pretextos ruins, motivos errados...! Georges não quer ser empregado de uma casa que leva o nome de seu pai, só isso. Louis não consegue deixar de sofrer. Émilie faz uma falta tremenda naqueles momentos difíceis. Ele decide continuar a criar, pensar, controlar, dirigir. O futuro da casa passa por ele. O futuro da casa "Louis Vuitton". E não "Georges Vuitton". Nem "Casa Vuitton". Ou "Vuitton Filho". Uma questão começa a obcecá-lo: como evitar que seu filho, quando ele morrer, mude o nome da casa?

    Ele faz um balanço e conclui que a sobrevivência de sua empresa depende da exclusividade de seus produtos. Mas sempre que ele coloca no mercado um novo modelo ou uma nova estampa, suas malas são copiadas. Para que sua sociedade seja inafundável, ele precisa se tornar inimitável. Já que os modelos não podem ser protegidos, ele precisa encontrar um mecanismo secreto. E o único mecanismo de seus produtos é a fechadura.

    Ele aperfeiçoa, assim, um sistema de fechamento fiável, a fim de proteger os preciosos objetos de seus ricos clientes. Hábil com as mãos, Louis também é um excelente artesão em serralheria, como vimos. Com Maréchal, durante seu aprendizado, ele trabalhara com o fechamento das caixas. Desde então, concebera os próprios sistemas de fechamento de suas malas, sem nunca se satisfazer com peças compradas de fornecedores. Ele não para de pensar sobre isso. Até que algo o tira de seu projeto e abre novos horizontes: um industrial, Édouard Delamare, acaba de inventar o primeiro veículo automóvel quadriciclo, com motor a explosão. E ele anda! O motor primeiro funciona a gás, depois a petróleo... A aventura do automóvel tem início.

Visionário, Louis sabe que sua empresa pode tomar parte nessa aventura; será preciso equipar os veículos, inventar bagagens adaptadas e acessórios internos, almofadas e assentos. Então, sem descanso, Louis desenha...

Nos ateliês de Asnières, os rumores de um estremecimento entre pai e filho chegam aos ouvidos dos funcionários: "Monsieur Georges quer partir para Londres!". A capital inglesa interessa os artesãos fabricantes de malas por outros motivos: foi lá que Karl Marx morreu, em 14 de março de 1883, aos 64 anos, sentado à sua mesa de trabalho, sem ter tido tempo de publicar o grosso de seus escritos. Seu amigo Friedrich Engels se encarrega de publicar, no ano seguinte, postumamente, o segundo volume de *O capital*. Essa publicação inesperada causa grande comoção. "A Bíblia da classe trabalhadora", como diz o Congresso da Internacional, se tornara, desde o primeiro volume, o manual dos socialistas de todos os países que já conheciam Marx pelo *Manifesto* de 1848. Os jornais socialistas popularizavam suas teorias; durante uma greve geral, que eclode em Nova York e Chicago, trechos são disseminados na forma de panfletos para encorajar os operários à resistência. Estes últimos exigem a redução da jornada de trabalho. Eles elegem um dia de manifestações: o escolhido será 1º de maio, que logo se espalhará pelo resto do mundo.

A RECONCILIAÇÃO

Alguns dias depois de seu conflito de opiniões, Georges procura o pai com uma proposta: continuar a gerenciar a Rue Scribe e, ao mesmo tempo, lançar uma nova atividade na Inglaterra. A resposta de Louis não se faz esperar: de novo, não. Georges não tem o dom da ubiquidade e a Inglaterra fica a um dia de trem ou diligência de distância, mais uma noite de barco. Uma loucura. Georges, que esperava essa recusa, aperfeiçoara seus argumentos. Ele não tem medo de viajar, basta se organizar. Depois de vários dias de discussões encarniçadas, Louis reconhece que o filho tem armas para tentar fazer a guerra aos ingleses. E se Georges fracassar, ele pensa, será fácil fazê-lo voltar.

Eles começam a trabalhar na elaboração de um projeto insano, que nenhum francês jamais ousara: montar uma loja de artigos de viagem em Londres. Todas as noites da primavera de 1884, pai e filho se encontram em torno da grande mesa da sala de jantar de Asnières. Georges está entusiasmado, ele já imagina o tamanho da loja *Vuitton*, a futura fachada da *Vuitton*. Secamente, seu pai o repreende: "a loja *Louis Vuitton*", "a fachada *Louis Vuitton*". Com pragmatismo, este último pensa numa estratégia de instalação. Para dar certo, há uma única solução: chegar com tudo e abrir uma bela loja perto de uma estação para atrair os viajantes ao passar. Georges pensa diferente. Ele fala em precauções comerciais necessárias para não ferir as suscetibilidades britânicas. Louis pede ao filho que ouça e tome notas. Eles combinam que Georges fará uma primeira viagem de prospecção para determinar a localização da futura loja.

Antes da partida, seu pai lhe dá os últimos conselhos. Ele cita o grande viajante Edmondo de Amicis, que dizia sobre Londres: "Não se passeia por uma cidade, se viaja por um país".[107] Louis de novo recomenda que ele procure um lugar perto das estações. Existem em Londres mais de 150 estações de trem. Em Chapham Junction, bairro do sudoeste, passam setecentos trens por dia![108] Com milhares de viajantes, há milhares de clientes potenciais. Georges ouve distraidamente as advertências de seu pai sobre o preço dos aluguéis, a superfície, o aluguel e as escolhas dos operários, caso obras fossem necessárias. Louis insiste, explicando que ele precisa começar visitando as ruas mais comerciais, depois percorrer os bairros elegantes. Aqueles onde o elitismo e a extravagância andam lado a lado, longe da Londres popular que Jules Vallès descreve no jornal parisiense *L'Événement*. Desde a Comuna, Vallès está exilado na capital britânica e envia toda semana um editorial no qual fustiga aquela Inglaterra cujas classes sociais estão separadas por um abismo tão grande que não parecem pertencer à mesma nação. Georges lera sua coluna "A rua em Londres". "Ah, não é a rua da França!"[109], escreve Vallès. Quando a rainha Vitória se torna imperatriz das Índias, o escritor menciona, por sua vez, os londrinos que sofrem: "Em Londres, a fome, como a Companhia das Índias, tem entrepostos em toda parte. Ela tem seus refúgios preferidos, mas não se limita a eles".[110] Ele menciona o alcoolismo, flagelo inegável da sociedade vitoriana, que, nos anos 1880, leva à criação do Temperance Party[111], que encorajava a abstinência. Vallès é impiedoso com as mulheres, as "piores bêbadas da nação", que estão longe de pertencer exclusivamente à classe operária.[112] Nos bairros pobres, os pubs e os *gin palaces* representam quase um a cada dois estabelecimentos.[113] Onde faz calor e não há luz: as pessoas bebem para esquecer suas dores. Em 1875, o consumo de álcool na Inglaterra e no País de Gales chega ao ápice: 6 litros de destilados e 155 litros de cerveja por habitante por ano![114] Lembremos as razões que motivaram a primeira viagem em grupo organizada por Thomas Cook: acompanhar os militantes antiálcool da Sociedade da Esperança a uma manifestação da liga pela temperança.[115]

Não é essa a Londres que faz Georges sonhar, mas a dos lordes, dos negociantes, dos viajantes, dos gentlemen, dos ricos. Ele precisa ser aceito por uma sociedade elitista, compreender a aristocracia britânica e seus códigos. Antes da partida, Louis coloca na mala do filho a coletânea dos artigos de Jules Vallès, recentemente publicada, revista e aumentada para a ocasião sob o título *La Rue à Londres*.[116] Enquanto isso, o conde Paul Vasili registra num caderno palavras surpreendentes: "A Inglaterra, que é divertida por suas excentricidades, é triste por seus nevoeiros, pungente por seu pauperismo, sua bebedeira, sua prostituição; ela é pequena por seus preconceitos, por seu fanatismo bíblico, pela hipocrisia do domingo; opressiva por suas leis judiciárias, por sua aristocracia; grosseira por seus pugilatos; ruim por sua cozinha. Mas ela é grande pelo livre-comércio, pela liberdade, pelo lar, por seu patriotismo, sua coragem, sua intrepidez, sua constância, seu espírito de aventura; ela é rápida como um cavalo puro-sangue ou um cão de raça; ela tem velocidade, que leva os grandes povos, por suas ferrovias, suas estradas, seus táxis; ela é benevolente em suas instituições de previdência, atraente pela beleza de suas mulheres, por sua hospitalidade; sadia e forte por suas abluções de água fria e por seus exercícios físicos. Ela é boa por seus salmões e faisões".[117]

Uma manhã, Louis acompanha Georges até a Gare du Nord. Sua viagem deve durar 33 horas: ele pegará um trem para Calais, depois um barco para Dover e uma diligência para Londres. Aos 27 anos, Georges está louco de impaciência com a ideia de voltar para aquela Inglaterra deixada doze anos antes e que o atrai como uma rica herdeira cheia de promessas. Ele tem um único sonho: a independência.

Em busca de um local em Londres

Georges passa vários dias percorrendo as ruas de Londres, conhecendo os bairros abastados. Na Oxford Street, ele encontra um local que parece convir à instalação de uma loja Vuitton: "A

Oxford Street constitui a principal via de ligação entre o West End e a City, entre o bairro residencial da moda e a casa de negócios do grande centro da cidade. A Oxford Street acaba em Marble Arch, perto do Hyde Park, e é prolongada pela Bayswater Road a oeste, sendo esta a velha estrada para as carroças em direção ao distrito servido pela estrada de ferro da Great Western Railway a partir de Paddington", diz um jornal da época.[118] Em seus quase 2,5 quilômetros de extensão, centenas de caleches se cruzam, levando senhores de cartola e alguns que já cederam à moda, ainda audaciosa, do chapéu-coco.

Encantado, assina o aluguel e faz a viagem em sentido inverso. Seu pai recebe a notícia com frieza: por que se precipitar daquele jeito? Por que escolher a primeira loja encontrada? Georges não devia ter decidido nada sem ele! Por que ao menos não enviara um telegrama? E por que não seguira seu conselho de se instalar na frente de uma estação? Georges segue muito satisfeito com o endereço no centro do bairro residencial mais chique do momento. Aquele é *the place to be*; e se ele não assinasse imediatamente, perderia uma oportunidade única. Louis resmunga, depois aprova. Ele pensa no dia da abertura e saboreia de antemão a reação de seus concorrentes. Ele imagina a tabuleta da loja "Louis Vuitton Trunks". Seu nome e sobrenome finalmente atingirão o alvo, o coração do Império Britânico.

Mas não há apenas Georges e sua Inglaterra! A colonização avança a passos largos. O país inteiro segue as explorações de Savorgnan de Brazza. Até 1885, o jovem conde se obstina a estabelecer a dominação francesa na margem direita do rio Congo, perto de sua foz. Ele estabelece 26 entrepostos num território que é três vezes maior que a França; uma implantação que ele deseja pacífica, com a "benevolência dos indígenas". Bismarck quer a todo preço desviar a França de sua vontade de retomar a Alsácia e a Lorena: a África chega na hora certa. Em fevereiro de 1885, por iniciativa do chanceler, uma conferência reúne em Berlim os representantes de catorze nações e nela se decide não dividir a África. Na verdade, a conferência organiza seu desmembramento, declarando oficialmente a França proprietária da região costeira, de Libreville a Brazzaville, enquanto Stanley é autorizado a fundar o estado do Congo, propriedade pessoal do rei dos belgas, Leopoldo II.

A Alemanha, por sua vez, se interessa pela indústria: o alemão Karl Benz constrói o primeiro carro (de três rodas) com um motor a combustão interna de um único cilindro, o Motor Wagen. Ele atinge a velocidade de 12,87 quilômetros por horas durante os testes! E tem tudo do carro moderno: a ignição, o chassi, o resfriamento a água, a caixa de câmbio, o diferencial. Nada essencial será inventado a seguir...

Passa-se da viagem coletiva de trem ou barco à viagem individual, muito mais adaptada às exigências dos clientes ricos. Louis pressente que esse será um formidável desafio.

No ateliê, as conversas entre os funcionários de novo giram em torno de Marx; Friedrich Engels acaba de publicar o terceiro volume póstumo de *O capital*. A cada um suas conquistas. A Internacional Socialista se desenvolve. As greves se sucedem. A crise econômica que assola o mundo todo, bem como o escândalo do Panamá, provoca manifestações que preocupam a clientela de Louis Vuitton. E a ele também.

Um zuavo em Oxford Street

Em 1º de março de 1885, Londres está inquieta. Na Oxford Street, no número 289, uma imensa bandeira tremula no nevoeiro espesso que recobre a cidade.[119] Uma bandeira tricolor.

Azul, branco, vermelho. Ela indica a tabuleta de uma vitrine, iluminada com eletricidade, atrás da qual os londrinos descobrem, "um tanto embasbacados"[120], uma encenação que eles a princípio julgam ser uma farsa: sobre um monte de areia, cercada por árvores exóticas, vê-se uma mala-leito semelhante às utilizadas pelos oficiais das colônias; sobre o colchão aberto está deitado um manequim de cera, que veste um uniforme de... zuavo francês.[121] Pura provocação, naquela época de feroz rivalidade colonial.

Shocking! Really shocking, indeed! As pessoas se acotovelam, se empurram, erguem a cabeça para tentar ver o nome do provocador[122]: "Louis Vuitton". Um francês! Que vem escarnecer de Londres! E que espera vender! Os comentários se disseminam e a inauguração logo se assemelha a um vale-tudo. No dia seguinte, a imprensa repercute[123] a insolência daquele *french trunk-maker* que ousou se estabelecer na Oxford Street, afirmando querer destronar as bagagens inglesas. *Ridiculous!* Beira-se um incidente diplomático. Georges Vuitton fica encantado: seu nome está em todos os lábios. Ao executar esse projeto imaginado por seu pai, este fora seu único objetivo. Ele lhe envia um telegrama para narrar o acontecido. Louis sabia que os ingleses reagiriam. Seu filho acha que agora deveria colocar uma vitrine mais discreta. Ele não quer se indispor com sua futura clientela. "Nem pensar!", brada Louis. Ele quer que Georges mantenha a vitrine até o verão: o zuavo francês vai atrair a clientela, em vez de afastá-la. Por várias semanas, uma multidão de ingleses, curiosos, chocados ou risonhos, passam pela loja; nenhum se mantém indiferente: a estratégia funciona.

Georges escreve várias vezes em seu diário que está "realizando seu sonho de juventude".[124] Ele afirmará mais tarde – depois da morte de seu pai – que seu propósito, ao criar aquela filial, era "mostrar aos franceses que não era indispensável ir à Inglaterra para comprar artigos de viagem".[125] Seu objetivo, portanto, não é apenas vender na Inglaterra, mas reter a clientela francesa, tentada a comprar "inglês" em Paris: "A mala inglesa e a bolsa inglesa resistiam; mesmo os entre nossos compatriotas, turistas franceses, negociantes ou industriais que viajavam pouco ou muito, só admitiam artigos de viagem de fabricação inglesa e, se necessário, atravessavam o canal para ter certeza da origem das *bags, grips* e *trunks* de que precisavam".

Em outras palavras, Georges, em Londres, teria salvado um Louis que naufragava em Paris... Sua observação, totalmente contrária à realidade, teria agradado a Louis se ele estivesse vivo para lê-la?

Primeiros meses difíceis

Nas primeiras semanas, Georges tenta superar inúmeras dificuldades. Ele é apoiado por Joséphine, que vai ajudá-lo.[126] A jovem, cheia de boa vontade e dinamismo, se alegra de estar na Inglaterra. Pouco importa que o trabalho seja árduo, o que conta, para ela, é ver o marido usufruindo de certa independência. Finalmente!

Será ela que sugere aos clientes que seria muito agradável se Georges recebesse uma pequena mensagem caso eles ficassem satisfeitos com suas compras? Certo é que mensagens começam a chegar, mais parecendo "cartas de recomendação" do que a missivas escritas com espontaneidade:

Paris, 15 de maio de 1885.
Usei por um bom tempo a cama de viagem do sr.
Vuitton. Fiquei extremamente satisfeito em todos

os aspectos, e a considero superior a tudo o que jamais vi no gênero. Barão B.M.[127]

Para Georges, essas cartas são a melhor publicidade do mundo. Ele as mostra com orgulho, sempre ocultando a identidade do autor, aos clientes que hesitam em fazer uma compra em sua loja. De resto, o contexto não é dos mais favoráveis, como ele contará alguns anos depois em seu diário: "Desde o início do século, as fábricas inglesas de artigos de viagem conquistavam, graças a seus talentos e feitos, uma situação sem igual junto a compradores preocupados com a solidez".[128] Ou ainda: "No coração do país mais reconhecido pela fabricação de artigos de viagem, era preciso lutar contra os fabricantes ingleses e principalmente contra a consolidada reputação desse país, onde a viagem fora, por assim dizer, calculada e levada a seu maior desenvolvimento".[129] A concorrência é atroz. A sofisticada *department store* Harrods montara, por volta de 1880, a dois passos da Brompton Road, sua própria fábrica de artigos de selaria, logo transformada em *trunk factory*, produzindo malas e acessórios de viagem de primeira linha.[130] Os outros fabricantes, por sua vez, já existem há muito tempo e dividem entre si uma clientela exigente.

A instalação dessa sucursal em Londres é, portanto, uma verdadeira batalha, longe de estar ganha. Mais tarde, em seu diário, Georges não perderá a ocasião de apresentar seu pai como uma pessoa indecisa e sem audácia, um provinciano que esboçava vagos projetos e não ousava concretizá-los – Georges, que fala de si mesmo na terceira pessoa, escreve: "Louis Vuitton sonhara muitas vezes em travar uma guerra contra o país de seus concorrentes e afirmar no Reino Unido a superioridade da manufatura francesa; mas o projeto era bastante temerário, os ingleses tinham uma vantagem e uma reputação difíceis de igualar, a tentativa era arriscada. Seu filho Georges decidiu encará-la".[131] Ele chega inclusive a afirmar: "O coroamento da obra dessa casa foi a sucursal de Londres, sobre a qual nunca é demasiado falar, pois Georges VUITTON foi o primeiro a tomar uma iniciativa tão cheia de riscos".[132]

No entanto, a loja de Londres custa muito dinheiro a Louis. A partir de Asnières, graças ao telégrafo, ele segue as dificuldades do filho e prgueja contra sua falta de sucesso. Em Paris, seu amigo François Goyard acaba de ceder a seu filho Edmond seu patrimônio comercial e Louis não deixa de pensar que Georges também poderia ter se contentado com isso!

Ele é logo absorvido por suas obrigações: o sultão turco Abdul Hamide II, senhor do Império Otomano, lhe encomenda, de seu palácio em Istambul, uma mala com três grandes gavetas, com uma estrutura interna fixa e compartimentada para sua roupa de baixo. Louis reveste o interior da mala com um tecido rosa com uma franja de ouro e o capitonê do tampo em cetim.[133]

Numa noite de 1885, Georges telegrafa de Londres a Asnières: ele obtém uma medalha de prata na Exposição Internacional de invenções e patentes que acaba de terminar. Ele explica que esse é o único prêmio conferido à indústria de artigos de viagem, e isso "concorrendo com os artigos dos melhores fabricantes da Inglaterra".[134] Trata-se de uma "medalha de prata *hors concours*"[135], e seus "concorrentes britânicos, apesar de verdadeiros sacrifícios, não foram premiados".[136] Primeira vitória do outro lado da Mancha... Louis exulta.

Na França, o ano é globalmente muito satisfatório para as indústrias de viagem. O crescimento do mercado acompanha o grande movimento colonizador e beneficia todas as manufaturas francesas, em Paris, Lyon, Toulouse, Nantes, Orléans, Rouen,

Bordeaux, Anger ou Roubaix, onde se encontram os pontos de partida das linhas férreas e as praças marítimas.[137] Porém, os fabricantes de malas são muito criticados, pois naquela época em que o protecionismo impera, eles importam tecidos de linho, cânhamo e algodão, bem como couros, madeiras e uma infinidade de peças de bronze, ferro, aço e alumínio[138], sem desenvolver seus negócios no exterior para compensar essas importações. Louis Vuitton, na linha de frente, aproveita esse impulso: sua mala-leito suplanta a rede, que oferece um conforto muito relativo aos oficiais em campanha e aos exploradores, como demonstra essa carta recebida pela casa:

> *Tamatave, 27 de agosto de 1886.*
> *Sr. L. Vuitton [...] Sua cama é uma excelente invenção, faz dez meses que a utilizo e ela não mudou, enquanto todas as camas de ferro ou de madeira (dobráveis) dos outros oficiais já estão todas quebradas. Queira receber, senhor, a certeza de meu perfeito reconhecimento, G. de T.*

Georges publicará essa carta em 1897, entre outras, no prefácio de um catálogo comercial da casa.

Em 1885, o Vietnã e o Daomé se tornam franceses. O Egito, por sua vez, passa para protetorado britânico: a França desistiu de aprovar o orçamento militar necessário, tornando impossível qualquer intervenção no local. Depois do Congresso de Berlim, a competição iniciada entre as nações da Europa resulta na partilha dos territórios segundo fronteiras artificiais, dividindo etnias e reinos. Essas anexações não causam problemas de consciência a seus artífices, que declaram agir "para o bem" dos povos: fala-se inclusive numa "superioridade da raça branca".¹³⁹ Louis acompanha pela imprensa as conferências dos exploradores na Sociedade de Geografia.

Faz um ano que seu filho vai e vem entre Londres e Paris. A viagem é longa e cansativa. Ele pensa nos dois engenheiros, Daimler e Maybach, que acabam de construir o primeiro carro de verdade, o Stahlradwagen, dotado de um bicilindro horizontal. Seus trabalhos logo estarão prontos. Um carro! Quanta liberdade... E pensar que ele ainda leva um dia e uma noite inteiros de viagem para atravessar a Mancha. Três dias. Mas Georges nunca se queixa, feliz de estar sozinho em Londres, num território todo seu, mesmo que ele ainda não seja rentável. Longe disso.

Morte de um gênio

Naquele ano de 1885, em 22 de maio, no Conselho Municipal de Paris¹⁴⁰, o presidente interrompe subitamente os debates: "Senhores, acabo de ser informado, como todos vocês, do luto que se impõe à Pátria: Victor Hugo morreu! Proponho a suspensão da sessão".¹⁴¹ Um membro do Conselho se levanta: "Acrescento uma única coisa às eloquentes palavras que acabamos de ouvir. Solicito que o Conselho Municipal compareça em pessoa, e imediatamente, à casa de Victor Hugo para expressar à família do maior de todos os poetas os sentimentos de simpatia e condolências dos representantes da cidade de Paris". "Muito bem! Muito bem!", aprovam os presentes.¹⁴²

Assim que a notícia é anunciada, uma imensa multidão se amontoa na frente da casa de Victor Hugo, na Place des Vosges; a emoção é indescritível. Nadar é chamado para imortalizar o gênio da literatura em seu leito de morte. Victor Hugo deixou um testamento: "Dou 50 mil francos aos pobres.

Desejo ser levado ao cemitério em seu carro fúnebre. Recuso a oração de todas as Igrejas. Peço uma prece por todas as almas. Acredito em Deus". Senadores e deputados decidem que suas exéquias serão nacionais e seu corpo sepultado no Panthéon, que recupera para a ocasião uma vocação civil. "A França deve fazer luto; o mais ilustre de seus filhos sucumbiu", diz o número especial do *Le Petit Parisien*.[143]

A data do funeral – cuja organização foi confiada a Charles Garnier – é marcada para 1º de junho; na véspera, o corpo é depositado sob o Arco do Triunfo. Um longo tecido de crepe preto cobre o monumento obliquamente.[144] O catafalco com as iniciais V.H. é velado a noite toda por couraceiros a cavalo.

No dia seguinte, às onze horas, 2 milhões de pessoas assistem à passagem do cortejo. Um silêncio pesado e denso invade a cidade. Na Rue Scribe, a cortina da casa Vuitton está abaixada. Na ausência de Georges, Louis pediu aos funcionários que colocassem um cartaz na vitrine: "Fechado por luto nacional". Nas ruas, nenhum cavalo, nenhum carro, nenhum transeunte. Louis Vuitton acompanha a passagem do comboio. O carro fúnebre dos pobres, seguido por uma multidão guiada por Georges Hugo, neto do escritor[145], chega às duas horas da tarde na frente do Panthéon, levando atrás de si as sombras de Fantine, Gavroche, Claude Gueux e Hernani. O fim do cortejo só chega ao Panthéon às seis horas da tarde.[146] Enquanto isso, o caixão de Victor Hugo é colocado na cripta. É a primeira vez na história da França que um escritor recebe semelhante homenagem. No dia seguinte, os jornais, amargos contadores do custo de uma emoção, calculam que a França gastou um milhão de francos em flores e coroas de flores.

A PRIMEIRA FECHADURA

Enquanto Georges, em Londres, luta para impor sua marca e seus produtos, Louis se concentra em uma coisa: aperfeiçoar o sistema de fechamento das malas, para torná-las invioláveis e inimitáveis. Ele passa os dias trabalhando em diferentes tipos de fechaduras, indo de um fornecedor a outro, em busca do sistema mais engenhoso. Em 1886, ele finalmente encontra: "Naquele ano, várias modificações foram feitas às fechaduras de todos os modelos da casa e à construção das malas, em especial a substituição das duas fechaduras por uma única fechadura e duas travas".[147] O fechamento do tampo passa a ser garantido por um sistema em três pontos que torna a mala mais segura: "Essa fechadura especial, com fivelas, traz um novo aperfeiçoamento, uma nova contribuição"[148], explicará Georges.

Enquanto isso, a América também se torna um país produtor de malas e artigos de viagem: os impostos alfandegários, proibitivos, e os custos de transporte de fato impedem as importações. Reunida, no início, em Newark e Nova Jersey, essa indústria logo se dispersa pelos Estados da União. As fábricas de trezentos a quatrocentos operários são numerosas e, não satisfeitas de servir aquele imenso mercado, os fabricantes americanos exportam seus artigos para a América do Sul e para o Canadá. A revista da área, *The Trunk and Leather Goods Record*, publicada na Filadélfia, contém numerosas informações e Georges Vuitton é um leitor assíduo: "Constatamos o gênio americano, sua potência criativa, e o desenvolvimento dos artigos de viagem se mostra em toda sua beleza"[149], ele escreve, acrescentando, com uma ironia pérfida sem modéstia: "Essa publicação nos permitiu seguir no dia a dia o avanço dessa indústria e encontrar, primeiro timidamente, depois totalmente às claras, a cópia de nossos artigos franceses". Ele então começa a sonhar em conquistar o mercado americano. Mas não ousa falar com seu pai sobre isso.

Este último, aliás, se preocupa acima de tudo com a Exposição Universal Internacional de 1889, para o centenário da Revolução Francesa. Louis Vuitton foi nomeado membro dos comitês de admissão e instalação da Exposição. Como em 1878, esta acontecerá no Champ-de-Mars, na esplanada dos Invalides, nas colinas de Chaillot e nas margens direita e esquerda do Sena. A paisagem parisiense será de novo transformada.

No início de 1886, um concurso é lançado por Jules Grévy, presidente da República, para "provocar a manifestação de ideias de conjunto"[150], como – por que não? – reunir os jardins dos Champs-Élysées e a esplanada dos Invalides por uma ponte provisória. Os concorrentes têm toda liberdade de propor seu próprio projeto para a exposição, com exceção da construção de prédios nos jardins públicos do Champ-de-Mars; os pavilhões principiais, aliás, precisam ser inteiramente de ferro, com preenchimento de tijolos, alvenaria ou gesso. Os concorrentes são convidados a estudar a ideia de uma torre de ferro com base quadrada, de 125 metros de largura e 300 metros de altura, que ficaria no Champ-de-Mars.[151] Os projetos são submetidos a uma comissão presidida pelo ministro. O despacho que autoriza a atribuição de doze prêmios, três de 4 mil francos, três de 2 mil francos e seis de mil francos, aos autores dos melhores projetos. Fica estipulado que o ministro pode utilizar à sua vontade os projetos premiados. Apesar do curto prazo de que os concorrentes dispõem, mais de cem projetos são inscritos. Sob a presidência do ministro do Comércio e da Indústria e da vice-presidência do subsecretário de Estado de Belas Artes, a Comissão anuncia em maio de

1886 os ganhadores dos prêmios de 4 mil francos: srs. Dutert, Eiffel e Formigé. O primeiro como arquiteto da galeria das máquinas, o segundo como construtor da torre de trezentos metros, o terceiro como arquiteto do Palácio das Belas Artes e do Palácio das Artes Liberais.[152] A audácia do júri é extraordinária. Gustave Eiffel, que tem então mais de cinquenta anos e dirige desde 1867 os "Établissements de construction métallique" de Levallois, começa as obras de edificação de sua torre, que deverá ser desmontada em dezembro de 1889, depois da Exposição.

Uma onda de protestos se eleva, assinada por nomes célebres: Gounod, Maupassant, Sully-Prudhomme, Bonnat, Garnier, Leconte de Lisle, Meissonier, Lefèvre, Sardou e vários outros[153], que naquele ano enviam uma carta incendiária a Alphand afirmando que a Torre seria "a desonra de Paris". "Essa chaminé de fábrica esmagaria com sua massa bárbara todos os nossos monumentos, humilhados, todas as nossas arquiteturas, diminuídas. Sobre a cidade inteira, ainda fervilhante com o gênio de tantos séculos, veríamos a sombra horrenda dessa odiosa coluna de metal se espalhar como uma mancha de tinta"[154], eles escrevem.

Depois que a obra fica pronta, todos se tornam entusiasmados admiradores do monumento de Gustave Eiffel.

UMA VIZINHANÇA BARULHENTA

Em Asnières, antecipando as encomendas da Exposição Universal e se lembrando da afluência de 1878, Louis adianta a produção e observa seus artesãos. Ele está preocupado. A principal fonte de plágio vem de funcionários desonestos atraídos pela concorrência. Louis, que já não é, oficialmente, o dono da casa, não deixa de se preocupar. Sem prejudicar seus rendimentos, ele quer pagar corretamente seus artesãos, para evitar que eles o deixem e levem seus segredos. Ele os mima, verifica suas amizades, ajuda suas famílias. Ele sempre oferece bonificações nos dias de batismos ou casamentos. Ele pensa inclusive num sistema de fundo de previdência, como Aristide Boucicaut e outros haviam feito antes dele.

Ele aloja seus *malletiers*, cocheiros e *coffretiers* em pavilhões comprados para isso, como na Avenue d'Argenteuil, número 67, ou na Rue des Parisiens, número 10.[155] Ele também manda construir um pavilhão em seu terreno, que reserva para os melhores *emballeurs*[156], cuja saída seria uma catástrofe. Louis gostaria de comprar um terreno no número 13 da Rue de la Comète, para ampliar seu falanstério.

Mas ele tem um vizinho que não quer se mudar e com o qual prefere "não se indispor": o domador de feras Bidel, personagem então bastante célebre.[157] Esse colosso inofensivo dedica sua vida aos animais raros, que ele apresenta em parques de diversões. Um terrível acidente o tornou conhecido. Em 1º de setembro de 1876[158], ele mandara vir de Lyon, onde então dirigia o grande zoológico instalado no Cours Perrache, um magnífico leão de juba preta, capturado na cordilheira do Atlas. Na chegada do animal à Gare de Vaise, Vicard, um boiadeiro abrira o vagão sobre o qual estava indicado "Animal feroz – Leão – Proibido abrir". Iludido pela aparência sonolenta do animal, o homem tentara acariciá-lo e tivera, na mesma hora, um braço arrancado. Vicard morrera devido aos ferimentos. No dia seguinte, o domador fizera uma apresentação em benefício da viúva e de seu filho. Depois, ele se instalara em Asnières, onde continuava trabalhando com a terrível fera, que se tornara tão famosa quanto seu amo.[159]

Acompanhado de seus felinos, entre os quais o leão, chamado Sultan, Bidel percorre a França, a Bélgica, a Espanha e a Itália. No inverno, ele vive na Rue de la Comète; suas feras ficam trancadas em jaulas direto no chão, no jardim vizinho ao dos Vuitton. Seu zoológico é impressionante: quatro leões do Cabo da Boa Esperança, três panteras da Índia, um leopardo da Ásia, um leopardo da Pérsia, três tigres reais de Bengala, dois ursos brancos das regiões polares, um urso preto da Rússia, e também hienas, lobos, macacos etc.[160] Joséphine não fica muito tranquila com essa vizinhança. E se os animais fugissem? Ela pede a Georges para se mudar. Louis recusa. As jaulas são sólidas.

O pequeno Gaston, de três anos, sente fascínio por aquele estranho vizinho pouco loquaz, que não revela seus segredos de adestramento: "Basta uma grande energia, muita vontade e coragem", ele diz.[161] Georges com frequência coloca Gaston nos ombros para lhe permitir ver, por cima do muro, o colosso bigodudo ou uma de suas feras. Nos domingos, Gaston ouve sem se cansar o avô Louis contar de novo e de novo a história daquele homem incrível, do qual ele nunca será amigo, famoso por entrar na jaula dos tigres sem proteção. Fascinado, o pequeno Gaston vê seu avô imitar Bidel, abrindo a jaula sem hesitar, com chicote na mão, encarando os animais sem pestanejar e punindo-os ao menor erro.

Em 1886, Bidel está no auge de sua glória e a imprensa relata suas façanhas com regularidade.[162] As carruagens com a parte superior aberta são inclusive apelidadas de "bidel", alusão aos vagões de dois andares com que o domador transporta seus animais!

Em 6 de julho de 1886, enquanto a família está reunida em Asnières, um funcionário vem avisar de um acidente. Não no ateliê. Na feira de Neuilly. Enquanto estava na jaula dos leões, Bidel foi atacado na garganta por seu leão preferido, Sultan.[163] Aos 47 anos, Bidel fica entre a vida e a morte.

No dia seguinte, os jornais divulgam o acidente.

De seu jardim, o pequeno Gaston passa os dias espreitando a volta do domador. Algumas semanas depois, Bidel sai do hospital e logo viaja em turnê.

Louis espera que um dia o colosso lhe encomende uma mala para transportar, de feira em feira, sua roupa de apresentação. Ele se imagina desenhando um modelo de "mala-armário", como um criado alguns meses antes para o sultão Abdul Hamide, com gavetas para guardar os chicotes. E, por que não desenhar, ele confidencia a Gaston, que aplaude às gargalhadas, uma mala especial para Sultan, o famoso devorador de homens?

1º DE MAIO

Em 1º de maio de 1887, para grande fúria de Louis, os trabalhadores franceses se manifestam exigindo a divisão da jornada de trabalho em três parte iguais: trabalho, lazer, descanso, seguindo os passos dos sindicalistas americanos, que acabam de obter a jornada de trabalho de oito horas. Uma data simbólica, escolhida justamente porque as empresas americanas começam nesse dia seu ano fiscal.

Louis Vuitton se pergunta o que aconteceria com sua própria empresa se seus artesãos trabalhassem "apenas" oito horas por dia! Impensável. Nenhuma lei rege o tempo de trabalho na França: ele acontece nos sete dias da semana, menos quando o patrão, bom católico, oferece a manhã de domingo a seus trabalhadores para ir à missa. A lei de 1841, votada depois de uma onda de greves, apenas proibia fazer as crianças de oito a doze anos trabalharam mais que... oito horas por dia! Trinta anos depois, a lei de 9 de março de 1874 proíbe a contratação de menores de treze anos e limita a doze horas a jornada de trabalho dos adolescentes. Quanto aos adultos, o Senado francês só decretará a jornada de oito horas em 23 de abril de 1919.

Louis percebe que, por todos os lados, o mundo das fábricas se modifica. Não é apenas a relação patrão-empregado que sofre grandes modificações; as relações entre clientes e fornecedores também estão mudando. Consideravelmente. Jules Jaluzot, dono da loja de departamentos Le Printemps, cria uma minirrevolução: ele oficializa as promoções, ousando colocar, em 15 de janeiro de 1887, um anúncio no *Le Figaro* proclamando a venda com desconto dos produtos não vendidos no ano anterior! Até então, o desconto é dado em função de promoções temáticas, semanas especiais, concursos... Mas saldos oficiais em toda a loja, nunca ninguém ousara fazer isso! Jaluzot é um grande comunicador e corre riscos. Ele cria uma caixa econômica para seus clientes, que abrem contas onde eles depositam dinheiro que necessariamente será gasto na loja. Audácia formidável, num momento em que as mulheres ainda não têm acesso a contas bancárias distintas das de seus maridos. Graças a Boucicaut, Jaluzot e os outros, as lojas de departamentos se tornam focos de constante inovação, transformando a maneira de produzir, consumir, e subvertendo a vida cotidiana da classe média.

A Exposição Internacional Marítima de Havre

Em 19 de junho de 1887, Georges está em Paris para receber o grau de sargento-ajudante na reserva. Ele aprecia os títulos. E aproveita para fazer um balanço sobre a situação em Londres. Dois anos depois da abertura da loja, as dificuldades continuam. A loja está longe de ser rentável e Louis pensa em fechá-la. Georges repete ao pai: "Desde o início do século, as fábricas inglesas de artigos de viagem conquistavam, graças a seus talentos e feitos, uma situação sem igual junto a compradores preocupados com a solidez".[164] Ele está convencido de que o sucesso virá a longo prazo. Louis não acredita nisso. Ele gosta de resultados imediatos. Seu objetivo não é tanto combater as fábricas inglesas, mas impor a marca Louis Vuitton. Para isso, é preciso inovar até ter o melhor produto do mercado, e saber vendê-lo. Os ingleses estão longe de fabricar artigos de viagem superiores. Práticos e sólidos, sim, mas nada luxuosos! E Georges deveria ser capaz de fazê-los entender isso. Em 1934, ao fazer um retrato do pai logo depois de sua morte, Gaston Vuitton resume a experiência londrina da seguinte forma: "Por vinte anos ele se dedicará a ela, perderá tempo, desperdiçará dinheiro, pois todos os anos são deficitários, mas ele mantém a cabeça erguida, luta".[165] Um sorvedouro, por teimosia de ser o melhor.

A caminho de Londres, em junho de 1887, Georges passa por Le Havre para representar Louis, que está com 66 anos e não aguentaria o cansaço da viagem, na Exposição Internacional Marítima. A mala-leito continua sendo o modelo mais apreciado. A casa Vuitton nunca perde a ocasião de informar a seus clientes que o grande explorador Savorgnan de Brazza usa uma em seu acampamento! O sr. Delio, jornalista do *Havre-Exposition*, relata que "ao entrar na Exposição pela porta do cais d'Orléans, o visitante não pode deixar de observar, à esquerda do relógio, um viajante sibarita, deitado numa cama dobrável de lençóis limpos. Essa cama pode ser dobrada dentro de uma mala portátil e ainda deixa espaço para vários objetos".[166] Em Le Havre, o pragmatismo de Louis Vuitton destoa. Embora várias empresas peçam a artistas famosos[167] – pintores, esmaltadores, decoradores, gravadores etc. – que associem seus nomes a alguns modelos, ele se interessa sobretudo pela técnica. A revista *Havre-Exposition* relata que, ao contrário de algumas casas que oferecem ao público e ao júri produtos "especialmente destinados a impressioná-los", o *malletier* francês se vangloria de ter em seu estande "malas, bolsas, valises etc. de fabricação corrente, que podem ser adquiridas imediatamente [...] em suas lojas de Paris ou Londres".[168] Para o autor do artigo, a melhor prova da originalidade das malas Louis Vuitton – "verdadeiros objetos de arte"![169] – é o número de imitações que elas suscitam no exterior, especialmente na América; ele enfatiza, no entanto, que essas imitações "estão para seu protótipo como uma cópia de um belo quadro para seu original".[170] Aquele país, explica o jornalista que transcreve as palavras de Georges, coloca no mercado "miseráveis cópias das malas do sr. Vuitton, apoderando-se de seus modelos e fabricando-os com zelo duvidoso".[171] O jornalista conclui seu artigo com a incontornável anedota sobre "o único prêmio conferido a um artigo de viagem"[172] durante a International Inventions Exhibition, dois anos antes. Pequena revanche de Georges antes de atravessar o canal da Mancha e voltar a todas as dificuldades que ainda o esperam em Londres...

Cartas de recomendação

Na Rue Scribe, a caixa de correio da loja mal consegue conter todas as cartas que elogiam a solidez das malas da casa. Cartas sem calor literário. Mas essa correspondência descreve os países atravessados pelos clientes da casa Vuitton, mostrando a amplitude das viagens feitas à época. Como uma carta enviada de Nova York, em 11 de junho de 1887[173]:

> *Caro senhor, é uma alegria lhe dizer que seu envio com meus produtos chegou em boas condições. Deixei Paris em outubro passado com duas de suas malas e percorri a Áustria, a Rússia, a Turquia, o Egito, as Índias, a China e o Japão. Atravessei o Oceano Pacífico até São Francisco, depois o continente americano até Nova York de trem. Suas malas aguentaram bem a viagem, e o conjunto de seus compartimentos segue em bom estado como no dia da partida, e se eu refizer essa viagem usarei as mesmas malas. Agradeço-lhe por sua bondosa atenção, T.B.W.*

Dois meses depois, em 15 de agosto de 1887, Georges recebe outra carta de felicitações especialmente significativa:

> *Caro senhor, acabo de receber seu envio do dia 30 de julho e me apresso a lhe garantir que estou perfeitamente satisfeito com a mala, em todos os aspectos. Não apenas ela resistiu com sucesso ao brutal e terrível tratamento conferido de Paris a Argel, passando por Itália, Suíça, Alemanha, França, Inglaterra e a travessia do oceano, como*

também à manipulação negligente e mesmo mal-intencionada que nossos "destruidores de bagagens" praticam ao esvaziar os porta-malas. Com exceção da sujeira causada pela viagem, a mala parece tão sólida quanto no dia em que a comprei. Ela com certeza está em muito melhores condições do que a mala que mandei fazer aqui, que me custou várias vezes o preço da sua, e que hoje é uma verdadeira ruína absolutamente sem valor. Respeitosamente, E.H.K.

Georges decide utilizar essa carta quando precisar falar sobre o preço das malas. A casa costuma ser criticada pelos preços que pratica: a "mala-vestidos" de 110 centímetros, primeiro modelo que uma mulher deve ter no enxoval, custa 215 francos. A quantia é exorbitante para a época e os próprios Vuitton reconhecem isso.

Dez anos depois[174], Georges publicará essa carta na abertura de um catálogo. Para convencer os visitantes céticos, ele passa a palavra à sua clientela, com um golpe de mestre.

Na vitrine Goyard

Para Louis, comercialmente falando, nada equivale ao "trabalho de campo", e a Exposição Universal de 1889 se aproxima.

Até lá, o fabricante de malas precisa resolver um problema. E não qualquer um, como explica Georges em seu diário: "Constatando que por um erro nas formalidades de registro do padrão no secretariado do Conseil des Prud'hommes a 'mala listrada' era diariamente imitada, os srs. Vuitton, que decididamente começaram a aprender às próprias custas as leis sobre a propriedade industrial, precisaram mais uma vez inovar".[175] Georges insiste na extensão da imitação: "Alguns anos depois, a mala listrada era adotada no mundo inteiro!". Copiada... de novo! E não apenas no exterior: na Rua Saint-Honoré, a trezentos metros da Rue Scribe, uma magnífica mala revestida com a famosa padronagem listrada bege e marrom ocupa o lugar de honra da vitrine de Edmond Goyard, *malletier* desde 1792, como dizem suas etiquetas. As duas casas mantêm boas relações, e o filho Goyard se defende explicando aos Vuitton que vários fabricantes de malas usam aquela padronagem. Ele acrescenta que sua casa o vende desde 1865![176] Ele afirma, não sem ironia, que inclusive aos poucos o abandonou para criar sua marca "goyardine" em 1872, enquanto Vuitton lançava a sua padronagem listrada. Georges fica furioso. Louis, encantado. Seus padrões e modelos são copiados? Então ele se tornou "a" referência no mercado. Georges decreta que é preciso declarar guerra à imitação. Processar. Dessa vez, Louis o ouve, mas o encarrega de se ocupar disso. Ele não entende nada de Direito e das sutilezas da burocracia. Georges consulta um famoso advogado que examina o registro e percebe que, por economia, Louis não recorrera a um engenheiro consultor para descrever com exatidão sua patente. Ele simplesmente fizera o registro de "uma padronagem listrada".[177] Ele agira com boa-fé, sem dúvida, e como conta seu neto: "Para ele, um *malletier* só poderia registrar o artigo de viagem e ele nunca julgara necessário mencionar aquilo".[178] Mas como a lei não rege a boa-fé, Georges precisou abandonar a ideia de processar os imitadores. E Goyard corria o risco de conseguir um registro antes. Furioso com seu pai, Georges o incita a abandonar o padrão listrado bege e marrom. Eles precisam encontrar outro para a Exposição Universal. Louis mantém o sangue-frio: inventar outro desenho não o assusta. Pensar, imaginar, inovar é o que ele mais gosta de fazer. No entanto, ele pede a Georges, não sem certo humor, que o registro da marca, daquela vez, seja corretamente efetuado.[179] Depois pega seu caderno e volta aos esboços. Por fim, ele percebe que aqueles obstáculos têm um lado positivo: eles lhe dão ótimas razões para seguir trabalhando.

"L. Vuitton, marca registrada"

Louis escolhe abandonar definitivamente a estampa listrada. Ele fala com o filho e, depois de lhe mostrar um primeiro esboço, desenha pequenos quadrados de cor chocolate sobre fundo bege, criando um efeito gráfico muito moderno, verdadeira ruptura com os modelos antigos. A nova padronagem é chamada de *toile damier*, tabuleiro de damas. Dessa vez, Louis tem certeza de que ninguém poderá copiá-lo. Nem Goyard nem os outros. No início do mês de agosto de 1888, menos de um ano antes da Exposição Universal, Georges se dedica ao registro do desenho e do modelo. Ele envia um engenheiro civil, o sr. Robelet[180], ao Conseil de Prud'hommes de Paris.[181] Georges afirma que dessa vez o registro é "feito segundo as regras, com todas as garantias possíveis".[182] Ele explica ao pai que é preciso acrescentar, seguindo os conselhos de Robelet, o nome da marca numa das casas do tabuleiro: Vuitton deve aparecer na estampa.

Louis se espanta: será necessário? Elegante? Em harmonia com a padronagem? Tranquilizado pelas respostas do filho, que quer ver o nome "Vuitton" em toda parte, ele se deixa convencer. No entanto, ele exige o nome "Louis Vuitton", e não "Vuitton". Não se sabe se Georges protesta. Mas aquele é um momento importante na história da marca. O nome de Louis, pela primeira vez, aparecerá nas malas. Georges pediu que eles escrevessem "Vuitton e Filho"? Ele explicou ao pai que nenhum proprietário colocava seu nome em seus produtos, com exceção dos vendedores de farinha láctea e fosfatina? Ele obtém do pai uma concessão: a inscrição "Marque L. Vuitton déposée", ou L. Vuitton, marca registrada.

O que acontece é muito significativo. Em 21 de agosto de 1888, o engenheiro Robelet registra no Conseil des Prud'hommes um documento que convém ler com atenção. Ele escreve na margem "Depositante: sr. Georges Vuitton"; depois, no texto, diz que age "para e em nome do sr. Georges Vuitton", mas – e aí reside o estratagema – registra "um desenho em que figura uma padronagem aplicável aos tecidos e demais fazendas, destinado a ser colado externamente nos revestimentos dos artigos de viagem, de invenção de Monsieur Vuitton". *Monsieur Vuitton*... Com habilidade, e certamente a pedido de Georges, Robelet não especifica o primeiro nome do inventor – ao que tudo indica, Louis –, sugerindo assim que Georges, cujo nome é citado várias vezes no documento, é seu autor. O filho afasta o pai. E não para por aí.

Quando os primeiros rolos do novo tecido chegam ao ateliê, o "L" de Louis é tão pouco legível que praticamente se lê "Marque Vuitton déposée". O L, num canto, só poderia passar despercebido. Difícil não ver nisso uma manobra suplementar de Georges para aos poucos fazer seu pai desparecer.

Não sabemos qual foi a reação de Louis, pois os únicos relatos históricos que restaram nos arquivos da empresa foram escritos por Georges e, depois, por seu filho Gaston, que basicamente transcreve as recordações de seu pai.

Um ritmo de homem de negócios

Em 1888, três anos depois da abertura da loja de Londres, o ritmo de vida de Georges é digno de um homem de negócios do século XXI. Encontramos no diário de seu filho Gaston o seguinte programa: "Para ganhar tempo, Georges deixa Paris à noite pelo *Cheap night service*, faz a travessia em embarcações como o *Petrel* ou o *Fowl*, barcos terríveis cujos nomes ainda estão gravados na memória de alguns velhos lobos do mar na costa norte, chega à Londres de manhã, parte à noite ficando ausente apenas um dia; ele passa duas noites em claro, mas isso não conta!".[183] O *Petrel*, antigo *Étoile du Nord*, é um navio da companhia Jenkins & Churchward; ele transporta passageiros desde 1862 na linha Dover-Boulogne ou Dover-Calais.[184] O conforto a bordo é bastante rudimentar e Georges não prega o olho à noite. Ele chega exausto a Londres, onde os problemas o esperam; o faturamento é insuficiente, o espaço é pequeno demais para as vendas e a vitrine é estreita demais para valorizar as malas. Ele precisa se render aos fatos: Louis estava certo e suas escolhas foram desastrosas. Ele precisa de um novo local. Mas onde encontrar o tempo necessário para procurar um? Joséphine não está mais ali para ajudá-lo. Ela deixou Londres com o filho Gaston e voltou a morar em Asnières: está grávida e, pelo tamanho da barriga, poderia estar esperando gêmeos. Em Londres, naquele inverno de 1888, Georges está sozinho. E os ingleses fazem tudo que está a seu alcance para desencorajá-lo. Um dia, de sua vitrine, ele avista um estranho cortejo. Ele sai com pressa da loja e não acredita no que vê: há malas caminhando pela Oxford Street. Um concorrente inglês, em busca de publicidade, teve a ideia de colocar homens dentro de suas malas, deixando de fora apenas suas cabeças e pernas, e de fazê-los desfilar pela cidade. O cortejo desperta a curiosidade dos passantes. Todos tentam se aproximar daquela procissão silenciosa e decifrar o nome do engenhoso fabricante, inscrito nas malas.[185] Georges se pergunta de onde os ingleses tiram aquelas ideias; ele não tem tanta imaginação! Qual será o próximo achado de seus concorrentes?

Em Paris, a abertura da Exposição Universal se aproxima e o distrai de suas preocupações londrinas. Para a ocasião, a loja Le Printemps ilumina seus ambientes com luzes elétricas, antes que as ruas de Paris. Cerca de 160 lâmpadas de arco elétrico e 112 lâmpadas incandescentes são instaladas. Com várias medidas de segurança: o incêndio de 1881 deixara amargas lembranças... Os hotéis estão lotados de viajantes cheios de um mesmo entusiasmo e um mesmo desejo de consumo. Na Rue Scribe, é preciso abrir a loja doze horas por dia para dar conta das encomendas. O eterno dilema do comerciante: a quem dedicar mais tempo? À nova clientela, que exige atenção total para realizar uma compra, ou à antiga, a quem se deve o privilégio de ser tratada com prioridade? Georges é talentoso para lidar com uns e outros. Ele sabe que naquele período o trabalho será multiplicado por dois: os clientes aproveitam a temporada em Paris para consertar uma cinta frouxa, para acrescentar uma alça ou trocar uma fechadura.[186] Eles também aproveitam para fazer uma nova encomenda. E querem partir com suas malas: nos ateliês, a produção não pode parar.

A exposição "da torre Eiffel"

No início de 1889, um cartaz vermelho representando uma torre metálica é afixado em todas as estações de província. Trata-se de uma propaganda da Compagnie du Chemin de Fer Paris-Lyon-Méditerranée: "Inauguração da Exposição

Universal de Paris 1889! De 1º a 15 de maio de 1889: 25% de desconto em todos os bilhetes de ida e volta para Paris com saída de todas as estações de nossa rede".

Depois de ter sido posta em questão três anos antes, devido à crise econômica mundial desencadeada por uma intensa especulação na bolsa sobre as novas tecnologias, a Exposição Universal de Paris vai de fato ocorrer, especialmente graças a Georges Berger. Instalado numa modesta cabana no Champ-de-Mars, esse homem conseguiu, a despeito de tudo e todos, como explica o *Le Figaro*, "influenciar a opinião pública, superar as hesitações dos capitalistas, superar o ceticismo dos industriais, conter os incessantes perigos da instabilidade governamental, despertar para além dos continentes e dos mares a simpatia hesitante dos povos distantes, aplacar as desconfianças e vencer as antipatias dos vizinhos europeus".[187] Aquele que é visto como o cérebro da exposição, auxiliado por Alphand, fizera uso de argumentos espantosamente modernos: "As pessoas se perguntaram se a Exposição de 1889 é oportuna em meio à crise econômica atravessada pelo mundo industrial. Eu perguntaria, em contrapartida, se a maneira de atenuar e vencer uma crise consistiria em se abster, por causa dela, de todos os empreendimentos de tempos de prosperidade, e se as pessoas realmente ousariam afirmar que não é oportuno instruir, interessar e entusiasmar o público pela revelação grandiosa e atrativa do avanço inventivo do mundo"[188], ele contesta vivamente em 1886. Em períodos de crise, a economia precisa ser relançada com grandes obras: as teorias contemporâneas dizem a mesma coisa. O comissário Georges Berger obtém ganho de causa, portanto, dedicando-se dezoito horas por dia, ao longo de três anos, a uma obra colossal "com um bom humor imperturbável e uma obstinação feroz".[189]

Em 6 de maio de 1889, o novo presidente da República francesa, Sadi Carnot – que substitui Jules Grévy, obrigado a renunciar após um escândalo sobre condecorações obtidas por corrupção, no qual seu genro estava envolvido –, inaugura a Exposição Universal. A cerimônia acontece no Champ-de--Mars, no Palácio das Indústrias, cujo térreo é reservado às recepções oficiais.[190] Ali também ocorrerão distribuições de prêmios e várias festas.

Enquanto isso, depois de 26 meses de trabalho, é concluída a imensa obra de Gustave Eiffel, erguida no Champ-de-Mars. O guia turístico *Joanne Paris 1889*, que lança uma edição especial "Exposição Universal", a descreve nos seguintes termos: "A Torre Eiffel é hoje o monumento mais alto do mundo: ela tem 125 metros a mais que o obelisco de Washington; sua altura é quase o dobro das catedrais de Colônia (159 metros), Rouen (150 metros), Estrasburgo (142 metros) e Viena (138 metros); ela é quase cinco vezes mais alta que as torres da Notre-Dame (66 metros)".[191] O monumento de Washington, era até então o mais alto do planeta: 169,25 metros.[192]

Embora alguns ainda façam suas críticas, os outros – 32 milhões de visitantes – admiram a proeza técnica. Nenhum erro de construção, nenhum acidente! Todos os números que a descrevem, a começar por seu custo – 7,1 milhões francos –, estão à altura de sua desmesura: "Ela pesa 7 milhões de quilogramas e é composta por 12 mil peças metálicas interligadas por 2,5 milhões de rebites de ferro de um peso total de 450 mil quilogramas. Desses 2,5 milhões rebites, 800 mil foram colocados à mão no próprio canteiro de obras da Torre", diz o *Guide Joanne*[193].

Na primeira plataforma, acessível ao público por dois francos, quatro restaurantes[194] foram abertos: no lado norte, voltada para o Trocadéro, uma *brasserie* flamenga; do lado leste, voltado para Paris, um restaurante russo; do lado oeste, voltado para Meudon, um bar anglo-saxão; do lado sul, voltado para a Escola Militar, um cabaré francês, o Louis XVI. Na segunda plataforma – é preciso pagar três francos para ter acesso a ela –, encontramos um simples bar-bufê, lojas nas quatro pontas e *Le Figaro*, que abriu uma gráfica ali e publica todos os dias, ao meio-dia, um número especial dedicado à Exposição Universal, numerado, datado e oferecido aos visitantes como certificado de subida.[195] O jornal também publica os *Guides bleues du Figaro*, especialmente dedicados à Exposição de 1889, em coedição com o *Petit Journal*. Vendido a um franco, ele deve seu nome à cor que domina toda a Exposição, aliado ao vermelho dos tijolos.[196] Vuitton não faz propaganda nesses guias, ao contrário de vários de seus concorrentes.

A terceira plataforma, dominada pela lanterna do farol e pelo observatório científico, não acolhe nenhum estabelecimento comercial. As pessoas a visitam para usufruir da "mais linda vista do mundo". Mas é preciso pagar muito caro para contemplar o panorama: cinco francos![197] Por fim, extraordinário detalhe, há ali um pequeno apartamento às vezes ocupado por... Gustave Eiffel.[198]

Depois da inauguração da torre, Louis Vuitton decide visitar seu topo utilizando um dos elevadores. Dois deles, fornecidos pela empresa americana Otis, têm uma velocidade de subida de dois metros por segundo e sobem duas vezes mais rápido que os elevadores franceses.[199] Eles são uma das principais atrações da Exposição, e desempenham um papel determinante na paisagem das cidades: é graças à Otis que começam a ser construídos os arranha-céus de Nova York. Os anos passaram desde o primeiro voo de Louis acima de Paris, em 1878, no cesto do balão de Giffart. O fabricante de malas tem agora 68 anos e, embora não tenha perdido sua curiosidade, se tornou muito menos corajoso. Ele é visto como um ancião. Principalmente por seu filho, que gostaria de vê-lo se aposentar ou, no mínimo, parar de controlar e criticar cada um de seus gestos. Mas o entusiasmo de seu pai permanece intacto. No alto da Torre, este último se extasia diante da incrível vista circular que abarca Paris até a floresta de Lyon, a noventa quilômetros dali. Ele fica maravilhado ao descobrir, acima da cúpula do farol, um pequeno terraço de 1,40 metro de diâmetro com um guarda-corpo metálico, ao qual só têm acesso os astrônomos, por uma escada da largura de uma chaminé de navio. Em 31 de março de 1889, Eiffel ali hasteou a bandeira francesa, num mastro de madeira, para indicar que as obras de elevação tinham sido concluídas. Alguns dias depois, relatou o *Le Figaro*, turistas ingleses autorizados a subir no topo da Torre deram um jeito de chegar ao terraço e rasgar a bandeira. Para grande escândalo da França. Os turistas disseram que só queriam levar uma "recordação", mas Louis Vuitton, como os outros franceses, não é tolo: ele conhece o orgulho dos ingleses e a guerra política, cultural e comercial que inflama os dois países há sete séculos. Embora alguns falem de uma iminente "aliança cordial", para ele se trata de uma ilusão.

O eterno jovem

A Exposição devolve a alegria de viver a Louis, cada vez mais traído por sua saúde. Ajudado por Georges, ele prepara o estande de Vuitton pessoalmente, com rigor. Ele continua sendo um dos homens mais informados sobre os costumes, as tecnologias e os materiais de seu tempo. Aconselhado por seu amigo Worth, ele também não perde nada das evoluções da moda. Em breve com setenta anos, esse eterno jovem permanece imbatível em dois acessórios encarregados de sustentar as roupas femininas e acentuar seu "pufe"[200], a "anquinha" e o *faux-cul*, que substituíram a crinolina. Worth lhe explicou que a "anquinha" era composta por várias fileiras de rolos ou babados tubulares de crina[201] e que anáguas com molas de aço às vezes garantiam a estrutura das saias. Louis observa, com interesse absolutamente profissional, que o conforto das nádegas e a elegância da silhueta melhoraram com o uso de um *faux-cul*, isto é, de uma almofada cheia de crina ou plumas presa à cintura.[202] Ele inclusive adapta suas malas para o transporte dos *faux-culs*, prevendo gavetas mais profundas!

Georges leva o pai para a margem esquerda do rio, para visitar o edifício da Compagnie Transatlantique, em cuja fachada são exibidos imensos mapas geográficos com o tracejado dos itinerários e dos principais portos de escala dos transatlânticos da companhia.[203] O pai e o filho olham com a mesma emoção para aqueles gigantes dos mares, novos palácios flutuantes, a bordo dos quais suas malas dão a volta ao mundo. Dentro do pavilhão, Louis e Georges, de pé sobre o modelo em tamanho natural do *supper-deck* do *La Touraine* – um transatlântico de duas hélices, em construção em Saint-Nazaire –, descobrem o cenário reconstituído em *trompe-l'œil* do porto de Le Havre, com os 67 navios[204] que compõem a frota dos irmãos Pereire – um suntuoso "panorama", atração principal da exposição pintado por Poulbot. Há também outros panoramas, representando interiores de transatlânticos e o embarque em Le Havre, as baías de Nova York, Argel e Marselha.[205] Nas malas dos viajantes, os Vuitton acreditam reconhecer o padrão listrado. Consagração.

Para voltar ao estande da casa no Palácio das Indústrias, Georges e Louis usam a pequena linha ferroviária construída para os visitantes. Ela sai do Quai d'Orsay e segue pela Avenue de Suffren até o fim do Champ-de-Mars, por quase três quilômetros. Nos dias de sol, o pequeno trem passa entre os visitantes sentados nos jardins do Champ-de-Mars para intermináveis piqueniques na grama...

No Palácio das Indústrias, sob uma extraordinária abóbada de 65 metros com linhas de notável pureza, da qual a crítica aplaude a "concepção ousada, grandiosa e moderna", eles se dirigem para a quinta fileira[206], onde se encontram os "objetos de viagem e acampamento": malas, roupas, redes, equipamentos para expedições específicas. As barracas, que se enquadram nessa categoria, foram instaladas na esplanada dos Invalides.[207] Os fabricantes franceses de artigos de viagem são pouco numerosos. A casa Artus, antiga casa Berthault, é muito comentada naquele ano[208]; seus negócios estão em pleno crescimento desde 1881, data em que o sr. Artus pai transformou seu ateliê de malas numa verdadeira fábrica de artigos de viagem. Ele ocupa um estande de primeira importância. Ali perto, a casa Louis Vuitton quis para o seu estande uma decoração muito personalizada, centrada nas viagens distantes, nos transatlânticos e nos barcos a vapor. Estão expostas "malas com gavetas"[209], "particularmente apreciadas por pessoas que, viajando sem criados, temem se abaixar para retirar os caixilhos".[210] Esse modelo, criado por Louis Vuitton em 1886 para Abdul Hamide, sultão do Império Otomano, tem portas de correr e permite "puxar totalmente uma gaveta sem que ela corra o risco de cair".[211] Também estão expostas as "malas para pele", que os czares adoram: elas têm a parte de dentro recoberta por madeira de canforeira, um antitraça natural, com vedação hermética que permite conservar os casacos de pele ao abrigo dos insetos. Depois, há as "malas-vestidos", especialmente estudadas para vestidos de cauda, vestidos de baile e capas: o fundo com cintas facilita a embalagem das roupas. Georges descreve às ricas visitantes as "malas-sombrinhas", disponíveis por encomenda. Ele também oferece as primeiras "malas-chapéus", que podem conter um ou vários desses acessórios. Ele explica que a caixa para chapéu em forma de cogumelo, criada em 1828 por Étard, já não convém "a nossas modernas e elegantes, que usam chapéus de todos os formatos, pequenos ou grandes, altos ou chatos, macios ou duros, de palha, fibra, tecido ou feltro, ornados com fitas, rendas, veludos, flores ou plumas". Ele diz que "é preciso um sistema leve, simples, rápido, prático, em que se possa colocar um chapéu, sem medo de encontrá-lo amassado na chegada, qualquer que seja seu valor. Somente a gaiola com fitas fixas responde a esses requisitos, por isso a adotamos em detrimento de qualquer outro sistema".[212]

Louis às vezes escapa para o Palácio das Máquinas, onde em 1855, quando jovem aprendiz sem futuro, ele vagava por horas. Ele descobre com o espanto de uma criança as pilhas, a telegrafia, a telefonia, a microfonia, a fotofonia, a luz e o transporte elétrico, a eletroquímica e a relojoaria elétrica.[213] Tudo aquilo que, naquele fim de século, transforma a vida dos homens mais do que esta é transformada há milênios. A eletricidade é a grande atração: "Ela está em toda parte, se apodera de tudo, serve para tudo. Ela transmite a luz, o movimento, a escrita e a palavra; por pouco, transmitiria a vida", exclama Georges Berger, o grande coordenador da Exposição Universal.[214]

Um mês e meio depois da abertura da Exposição, em 20 de junho de 1889, enquanto os visitantes se tornam cada vez mais numerosos e os dias particularmente rentáveis, Joséphine suplica a Georges que permaneça a seu lado, na casa de Asnières. Ela sente que dará à luz a qualquer minuto; e tem certeza de que serão gêmeos. Naquele dia, ao meio-dia e quinze, ela dá à luz a um primeiro menino, Jean Armand. Uma hora e meia depois[215], nasceu seu gêmeo: Pierre Eugène. Georges não segue a tradição: nenhum dos recém-nascidos tem o nome Louis. A distância com seu pai aumenta... Louis acusa o golpe.

Aos 31 anos, Georges é pai pela quarta vez. Ele apresenta a Gaston, de seis anos, seus dois irmãozinhos, e parte para o Palácio das Indústrias, em Paris. Ele promete ao filho mais velho que o levará para visitar o Palácio das Crianças e o Pavilhão do Mar. Mas ao longo das próximas semanas, ele não consegue manter a palavra. A chegada dos gêmeos perturba o ritmo familiar. Mesmo assim, ele tira tempo para acompanhar seu pai à seção francesa do Palácio das Belas-Artes, onde Louis admira as gravuras de Gavarni e Jacquemard[216], as esculturas de Carpeaux[217] e, acima de tudo, os belíssimos desenhos dos grandes arquitetos do momento[218]: Viollet-le-Duc, Percier, Fontaine e Charles Garnier, fiel cliente da casa Vuitton.

Embora Georges não seja muito sensível à arte, ele fica fascinado com a imaginação que alguns desenhos requerem: onde os artistas encontram aquelas ideias? Seu pai, ao contrário, se detém a cada estande. Georges se impacienta: ele pensa em todo aquele tempo perdido para as vendas.

Naquele fim de século, Paris continua sendo o modelo intelectual da Europa e o coração da civilização moderna, apesar da forte concorrência londrina e berlinense. A Exposição Universal de Paris dá o tom. Ostentar, atestar, exibir e ser visto é um ponto comum a todas as nações que procuram colonizar, conquistar ou ser reconhecidas.[219]

No início de outubro de 1889, durante a cerimônia de prêmios da Exposição, a casa Louis Vuitton recebe uma medalha de ouro pela concepção de seus *porte-habits*, valises concebidas como malas e que desbancam as pesadas *suitcases* dos lordes ingleses: "O máximo de leveza é alcançado junto com o auge da resistência a pressões e choques", contará Georges, atribuindo-se todo o mérito. Louis Vuitton também obtém, naquele dia, o certificado do Grande Prêmio por suas malas *wardrobes*.

O BAIRRO DO PRAZER

Louis e Georges assistem às noites oficiais que acontecem no Palácio das Indústrias. Os organizadores da Exposição aproveitam qualquer pretexto para oferecer grandes recepções nas salas suntuosas do andar térreo. Paris, com iluminação elétrica, é agora uma festa acessível aos burgueses. As salas de espetáculo se tornam cada vez mais numerosas. No Théâtre du Gymnase, *Belle-Maman*, a comédia de Victorien Sardou e Raymond Deslandes, é um sucesso.[220] Mas Georges não é um notívago. Ele trabalha, enquanto Paris se diverte.

Haussmann acabara de renovar a capital: os "populares" tinham sido expulsos. Agora, para encontrar residências menos caras e vinho mais barato, os operários e os funcionários vão a Montmartre, o "bairro do prazer". O Moulin Rouge acaba de abrir suas portas. Louise Weber é a primeira rainha do cancã. Dançarina ilustre, musa da noite parisiense, ela foi contratada para dançar a grande quadrilha. Apelidada de "La Goulue" desde a adolescência, pois ela costumava "virar o copo nos cabarés dos bairros mal afamados", ela ama viver, beber e se divertir. Ela circula em sua própria carruagem e chega aos ensaios com uma pequena cabra na coleira. Cumprimentando o público com uma desrespeitosa reverência, ela mostra a quem quiser ver o coração bordado na parte de trás de sua calcinha. Seus admiradores, homens acima de qualquer suspeita, usam casaca e cartola, e gritam de alegria quando, com a ponta de seu sapato, ela consegue, ao fim da dança, tirar seus chapéus. Ela é a musa sensual de um jovem de pernas curtas, Henri de Toulouse-Lautrec. Sentado em sua banqueta no bar, com o bigode mergulhado num eterno copo de absinto, o pintor adora quando os babados das anáguas vêm tocar seu rosto. Ele sabe que a festa não passa de aparências e que, por trás dos lindos vestidos, das cores e da alegria de viver, o esperam a dor, a solidão e a morte. La Goulue gosta da companhia daquele que chama afetuosamente de "o homenzinho de barba cerrada" ou "meu homenzinho". "Ele me faz crescer", ela dizia maliciosamente, "quando vejo minha bunda em suas pinturas, acho-a bonita". Todas as tardes de sexta-feira, a jovem passa na Rue Toulaque, no ateliê onde Toulouse-Lautrec recebe seus amigos. Depois, o artista descobre uma paixão quase igual por outro prodígio da grande quadrilha, que se tornara rival de La Goulue: Jane Avril, que ele acha "extremamente palpitante" e de quem fará um retrato admirável. A poucas ruas do Moulin Rouge, na colina, Francis Poulbot pinta Montmartre de outra maneira. Ele gosta das cenas diurnas. Sensível à miséria do bairro, ele não se contenta em destacá-la. Ele cria um abrigo para tratar gratuitamente as famílias e as crianças necessitadas. Seus desenhos de crianças de rua se tornam famosos e, rapidamente, os meninos de Montmartre são designados por seu nome: eles para sempre serão *poulbots*.

UM ENDEREÇO *SO CHIC*

O cotidiano dos Vuitton em Asnières está muito distante dessa vida boêmia. Georges volta para Londres, onde a loja continua sendo um insucesso. Oxford Street é uma via de grande circulação, mais do que uma rua comercial. Ele precisa encontrar um novo lugar com urgência. Ou voltar. Louis lhe deu ordens estritas de não voltar a errar. Georges lamenta não ter o dinheiro necessário para desenvolver seu negócio londrino sem seu pai. Ele precisa obedecer. No entanto, ele também sabe que precisa apostar no longo prazo. Como escreveu um jornalista durante a exposição de Le Havre a respeito dos artigos "eminentemente franceses" de Louis Vuitton: "Originalidade e solidez reunidos em produtos com que os fabricantes ingleses, no entanto tão apreciados, não poderiam competir".[221] Um dia, pensa Georges, a superioridade de Louis Vuitton será indiscutível do outro lado da Mancha.

Em 1º de dezembro de 1889, Louis Vuitton tem um novo endereço, número 454 da Strand, no rico bairro de Trafalgar Square: "A loja precisava crescer e foi transferida para um lugar mais luxuoso na frente da estação de Charing Cross"[222], alega Georges habilmente em seu diário. Ele fica muito orgulhoso do local, a poucos metros da Coluna de Nelson, que comemora a batalha naval que em 1805 opôs ingleses e franceses. Ele aprecia menos a tabuleta imposta por Louis: *Trunks & bags Louis Vuitton*. Georges se vê no coração de um dos melhores bairros da cidade, tão bem descrito por Théophile Gautier: "A Strand, que tem uma largura enorme, apresenta de cada lado lojas suntuosas e magníficas que talvez não tenham a elegância afetada das de Paris, mas um ar de riqueza e abundância faustosas. Ali se encontram as vitrines de vendedores de gravuras, onde podemos admirar as obras-primas do cinzel inglês, tão macio, tão maravilhoso, tão colorido e, infelizmente, aplicado aos piores desenhos do mundo".[223] Louis aprova o ponto na frente da estação, que garante a ʒação com o continente, mas está furioso. Ele acha o aluguel caro demais e a loja pequena demais. É preciso combater os ingleses, sem dúvida, mas não a qualquer preço.

Georges telegrafa ao endereço "Vuitton – Scribe – Paris" para anunciar que a inauguração foi bem-sucedida. Louis prageja ao ler o telegrama: o fim do ano se aproxima e ele sente que, mais uma vez, precisará injetar dinheiro no negócio londrino.

A batalha do nome

Um ano depois, em 19 de março de 1890, Otto von Bismarck é destituído de suas funções pelo *kaiser* Guilherme II, que já não confia nele. O "chanceler de ferro" foi o grande artífice da reunificação da Alemanha, então fragmentada numa miríade de Estados, sob a égide de uma Prússia todo-poderosa. Em 1888, porém, à morte do imperador Guilherme I, seu filho deseja instaurar uma política estrangeira mais agressiva e retomar a expansão colonial, por isso destitui o velho chanceler. Alguns meses depois, em 1º de julho, a Grã-Bretanha troca com a Alemanha a ilha de Heligolândia, no mar do Norte, pelas ilhas de Zanzibar e Pemba. A Alemanha também renuncia a qualquer pretensão sobre Uganda e sobre territórios na Somália e no Sudão. Há muita raiva em Berlim entre os partidários de um império colonial! Sir Henry Stanley, o famoso explorador inglês, ironiza: "A Alemanha trocou um terno pelo botão de um velho par de calças".

Louis Vuitton desde sempre se interessa pelos movimentos coloniais, para ele uma importante fonte de rendimentos. Há mais de quinze anos, sua mala-leito é particularmente estimada pelos exploradores. Nenhum vestígio escrito das primeiras encomendas de Savorgnan de Brazza foi conservado. A lenda familiar, baseada nos relatos de Georges, sugere que uma mala-leito foi inventada para o explorador por volta de 1875; na verdade, já existia um modelo no mercado antes do pedido de Brazza. Georges, em seu diário e de maneira muito sibilina, menciona especialmente uma casa bela que teria patenteado e vendido esse modelo sob seu nome, por dez anos.[224] E nada mais. Ele provavelmente tentou omitir o relato de uma história que não o beneficiava: por desatenção, a casa Vuitton teria perdido para os concorrentes esse modelo espetacular, depois de criá-lo? Gaston L. Vuitton, que mantinha uma espécie de diário sobre seus clientes mais famosos ou mais extravagantes, em que relatava anedotas vividas ou contadas por seu avô, seu pai ou ele mesmo, escreve: "Esse modelo de leito foi criado por meu avô em 1865. O leito inteiro cabia dentro da mala. Ele era dobrável, e o colchão também. Era um modelo extremamente prático, mas meu avô infelizmente não o patenteou. Ele foi copiado e se tornou tão apreciado que durante a conquista do Congo se tornou *o leito belga*!! E é com esse nome usurpado que aparece no museu do Congo em Bruxelas".[225]

Outros documentos permitem reconstituir com mais exatidão a história dessa mala-leito. Um primeiro modelo parece ter sido fabricado por Louis em 1868, com dimensões bastante reduzidas "para responder a uma encomenda do exército".[226] Sete anos depois, em 1875, quando Brazza faz a encomenda em Asnières, escreve-se que "uma mala-leito foi inventada para o explorador". Na verdade, Louis reproduz seu modelo, mas o adapta ao tamanho do conde, particularmente alto. Anotações manuscritas de Georges atestam a utilização desse modelo, há vários anos, pelos personagens mais prestigiosos da época: "Em 1878, o general Torrico fez a travessia completa da América do Sul com esse leito. O general de Couvay fez toda sua campanha de Tonquim com ele. Vários grandes viajantes, entre os quais poderíamos citar o barão Benoist-Méchin, o duque de Blacas, o sr. de Lapeyreire, o marquês de Morès, não quiseram empreender suas viagens sem a mala-leito Vuitton".[227]

A história da mala-leito teria sido ocultada por dez anos, portanto, para só ser contada quando a casa Vuitton pudesse se orgulhar dela, graças à encomenda de Savorgnan de Brazza. Como veremos, em outros momentos a família saberá reescrever a história e mesmo apagar as partes menos gloriosas. A constante preocupação de se colocar em cena e controlar o que a memória coletiva pode recordar a seu respeito é um dos motivos da perenidade dos Vuitton.

Em 19 de janeiro de 1885, dez anos depois da invenção do primeiro modelo, Georges Vuitton, consciente de que as patentes registradas por seu pai são ineficazes, de que as cópias de seus padrões e modelos correm o risco de prejudicá-los comercialmente, leva ao ministério do Comércio uma patente de invenção para um "*novo* sistema de mala-cantina com leito para acampamento desmontável". Ele atribui a si mesmo uma das mais famosas criações de Louis! A batalha pelo nome tem início. Georges não suporta mais a tutela do pai e faz de tudo para se livrar dela. O gênio comercial do filho não tolera a sombra devorante do gênio industrial do pai. A partir de então, todos os escritos de Georges que reivindicam alguma invenção se tornam suspeitos.

A chave do *who's who*

Em 1890, Georges está em Londres. A nova sede, na frente da estação de Charing Cross, atrai à loja uma clientela mais interessante, como seu pai previra, mas ainda não consegue garantir um rendimento ou lucro. À noite, para esquecer suas preocupações, ele foge para a leitura. Em 1890, como toda a Inglaterra letrada, ele descobre um autor de 36 anos, Oscar Wilde, que escandaliza ao publicar seu primeiro e único romance,

O retrato de Dorian Gray. Essa história de um jovem que leva uma vida livre e despreocupada até seu encontro com a morte deixa Georges um tanto indiferente. Ele prefere as aventuras de Phileas Fogg, o inglês que Jules Verne, seu autor preferido, transformou em herói.

Convencido de que "com um pouco de energia e perseverança, o sucesso deve coroar os esforços"[228], Georges mesmo assim se preocupa. Londres corre o risco de afundar a casa Vuitton, obrigada a enviar todos os meses, de Paris, dinheiro para pagar as contas. No entanto, poucos fabricantes ingleses trabalham para os clientes mais abastados. Nem mesmo a sofisticada loja Harrods, onde a aristocracia adora se abastecer, tem um departamento especialmente dedicado aos artigos de viagem. No âmbito luxuoso de sua loja londrina, Georges tem tudo para atrair uma clientela em busca de privilégios. A Exposição Universal de 1889, que reuniu um público de elite, lhe permitiu seduzir ingleses ricos. Ele se mantém confiante e escreve em seu diário, falando de si mesmo na terceira pessoa, para se inscrever numa história falsamente objetiva: "Livre dessas duas preocupações – a Exposição e a loja de Londres –, Georges Vuitton, que se mantém como único diretor da casa, voltou a trabalhar e criou a fechadura que leva seu nome e cuja descoberta foi decisiva para seu sucesso".[229] Com sua maneira de desconsiderar as ações do pai para melhor valorizar as suas, sem dar a impressão de fazer uma coisa ou outra, ele afasta Louis da invenção de três anos antes: "A fechadura de 1887 ainda não é a fechadura *nec plus ultra* sonhada pelos srs. Vuitton; em 1890, o filho criou uma nova fechadura, que leva seu nome".

Naquele ano, de fato, nos ateliês de Asnières e sob o estrito controle de Louis, uma fechadura revolucionária é criada. Seu sistema consiste em cinco placas metálicas de dimensões variadas inseridas num caixilho de aço. Georges elogia sua simplicidade: "Esse procedimento, que nada mais é que o uso da trava, bem conhecida na América, à guisa de ferrolho ou tranca de uma fechadura de segurança, tem como efeito a reunião absolutamente estável das duas partes da mala".[230] Adaptando a fechadura de tambor com três pinos, Louis acrescenta mais dois pinos para aumentar o número de combinações[231], tornando-a inviolável: "Pudemos gritar *Eureca*, pois a fechadura de segurança absoluta fora criada"[232], escreve Georges. "Graças a uma combinação especial, ela garante a cada comprador a propriedade exclusiva de uma chave especial, única, que nunca será reproduzida por outra fechadura, qualquer que seja o número de fechaduras construídas. Cada fechadura tem um número, o que permite fazer duplicatas e reconstruir sua chave, mas nenhum número é igual a outro. De modo que cada cliente pode abrir todas as suas malas com a mesma chave, suprimindo os volumosos estojos de viagem, nos quais nunca encontramos a chave certa..."[233]

Todas as fechaduras são numeradas, cada número é registrado numa ficha, cada ficha é atribuída a um comprador; quando uma mala perdida é reencontrada, é possível, graças ao número da fechadura, identificar seu proprietário no fichário Vuitton... e avisá-lo. Assim, com o passar dos anos, a casa constitui seu próprio *Who's who*, que se tornará uma ótima ferramenta comercial.

Procurar o inventor...

Com esta fechadura, os Vuitton lançam uma invenção extraordinária, que perdura. O trineto de Louis, Patrick-Louis, hoje embaixador itinerante da casa Louis Vuitton, acrescentará a ela um sexto pino, cem anos depois, ao assumir a direção dos ateliês de Asnières.

Em 1890, a fechadura revolucionária não é criada nos ateliês de Asnières, mas confiada a "uma casa de verdadeiros artistas serralheiros de Paris, o srs. Foucher e Delachanal".[234] Ela é logo posta à prova: "Em setembro de 1890, um hóspede de um dos melhores hotéis de Dieppe foi vítima de uma tentativa de roubo, e o audacioso ladrão, depois de forçar a fechadura por mais de duas horas, tentou abrir a mala retirando o tampo da mala, mas não conseguiu. Surpreso, ele precisou fugir antes de alcançar seu objetivo. Em janeiro de 1891, um fato análogo acontece em Nova York, em que tesoura e pinças nada conseguiram. O principal chaveiro da cidade foi chamado e se declarou incapaz de forçar uma fechadura como aquela, apesar de sua aparente simplicidade".[235]

Por toda sua vida, Georges dirá ser o inventor dessa fechadura. É mais verossímil que seu criador seja Louis: ele vive em Paris, enquanto Georges com frequência está em Londres; ele é um artesão, um serralheiro, coisa que Georges não é; e ele inventara outro modelo de fechadura, três anos antes. Tudo aponta para ele: sua habilidade, sua experiência com fechaduras, suas inovações técnicas constantemente repetidas, suas pesquisas sobre os sistemas de fechamento das malas. Louis tinha o gênio da inovação técnica, Georges, o da inovação comercial. Hoje, à pergunta "Quem inventou a fechadura de cinco pinos?", os membros da família respondem: "Louis". Henry L. Vuitton, que trabalhou a vida toda na casa e nutria uma admiração sem limites por seu avô Georges, conta que Louis foi quem "colocou num caixilho de aço cinco pinos de metal com cortes diferentes".[236] Em seu diário, Gaston, filho de Georges, escreve que seu pai foi o inventor dessa fechadura. Mas ele transcrevia as palavras de seu pai! Sob essa pequena história de paternidade técnica transparece a surda batalha de Georges para se apropriar, mesmo antes da morte de seu pai, da glória e da legitimidade de Louis.

A FALSA INOVAÇÃO DA MALA-ARMÁRIO

Aos 69 anos, Louis, homem tanto de caráter forte quanto voluntarioso, não pretende, ao contrário do que levou a crer ao vender sua casa para Georges dois anos antes, se aposentar. Ele mora na sede e está sempre atravessando o pátio, comum aos ateliês e à sua casa, para acompanhar a construção das peças, principalmente das encomendas especiais. Ele aproveita a ausência do filho para "dar uma passada" na loja da Rue Scribe. Ele pensa em novos compartimentos para as malas, mais de acordo com a moda e a indústria, que avançam a passos de gigante: a seda artificial à base de nitrocelulose acaba de ser criada. Sempre em contato com Charles Frederick Worth, Louis Vuitton fica sabendo que os vestidos para uso em casa se tornaram leves, vaporosos, em musselina de seda e com rendas, em cores pastéis que quase lembram um penhoar: eles são refinados, macios, graciosos.[237] O fabricante de malas conclui que será possível guardar mais roupas numa mesma mala. A história da mala permanece indissociável da dos artigos de viagem. E a mala-armário faz seu grande retorno.

As roupas leves podem ser perfeitamente acomodadas ao sistema de cabides que Louis Vuitton fabrica desde sempre. Na época de Napoleão III, quando ele trabalhava para Maréchal, ele encaminhava os vestidos da corte por transporte especial, para as fabulosas recepções em Compiègne, em caixas transportadas de pé.[238] Naquele ano de 1890, uma sociedade americana, a Innovation Trunk Company, relança o modelo da mala-armário para o grande público, primeiro nos Estados Unidos, depois na Europa. Os passageiros ricos dos transatlânticos apreciam sua comodidade. Na França, Vuitton faz um grande sucesso com as suas, sobretudo a *wardrobe*, de 1,35 metro de altura, que pode conter, se as gavetas forem retiradas, até 25 vestidos sem amassá-los! Para corresponder às exigências das companhias férreas americanas, a casa Vuitton oferece outros modelos, com dimensões menores, como a "115" (com uma altura de 115 centímetros).

Pouco depois, Georges Vuitton desconfiaria que a Innovation tivera conhecimento da patente austríaca registrada em Viena em 1856[239], e que por isso nunca preocupara seus imitadores! Georges conta com ironia que, na época, "não faltavam apreciadores de patentes e, para dar uma aparência de valor a suas cópias, todos encaminhavam seus pedidos a Washington, com certeza sem esperar uma aceitação ou recusa do Patent Office, cujos funcionários devem ter se surpreendido com o fantástico aumento de pedidos de patentes para a mesma coisa!".[240]

O escândalo da filha

Em março de 1890, Louis Vuitton está preocupado. Georges continua obcecado com Londres, que segue sendo um sorvedouro financeiro[241], e sua filha Louise-Élisabeth vive um drama que ele de bom grado dispensaria: o divórcio.

A história de Louise-Élisabeth Vuitton é bastante curiosa. Ela se casa em agosto de 1875 com Louis-Jules Regnault, de 25 anos, herdeiro de uma loja de ferragens situada no número 1 da Rue de Paris, em Asnières, e de uma quantia importante legada por sua mãe.[242] No início do casamento, o jovem casal vive em cima da loja de ferragens. Oito anos depois, em 1883, eles decidem se mudar para Paris, sem dúvida para enriquecer. Regnault compra uma loja de ferragens no número 69 do Boulevard Malesherbes.[243] O jovem casal aparentemente faz fortuna e leva uma vida confortável. Uma criança nasce.

Em 1888, Louis-Jules Regnault já não é proprietário, mas simples empregado de uma loja de ferragens, no número 39 da Rue Jouffroy, em Paris.[244] Teria falido? Não temos como saber. No mesmo ano, Regnault abre um pedido de divórcio, afirmando que sua mulher "se entrega à má conduta".[245] Uma acusação muito grave à época. A desonra recai sobre Louis. Sua filha! Suspeita de adultério! E, pior ainda, expulsa de casa! As coisas não mudavam desde Napoleão I, que explicava, retomando os princípios do Antigo Regime, que "a mulher é dada ao homem para lhe dar filhos, sendo, portanto, sua propriedade como a árvore frutífera é propriedade do jardineiro". O divórcio, porém, existia há um século, instituído na França em 1792 pela Assembleia Legislativa. Durante o Diretório e o Consulado, em Paris, um a cada três casamentos é dissolvido! Em 1804, o Código Napoleônico se debruça sobre essa legislação, reduzindo o divórcio, ainda autorizado apesar da oposição da Igreja, à condição de exceção: em Paris, há apenas cinquenta divórcios por ano. Em 1816, com o retorno do clero ao poder, Luís XVIII restabelece a indissolubilidade do casamento. Em 1884, uma das primeiras leis republicanas diz respeito à reinstituição da vigência, mas de maneira muito restritiva: a mulher só pode fazer o pedido em caso de adultério do marido, ocorrido na casa conjugal e constatado por oficial de justiça. Como Louis-Jules Regnault, o marido pode se divorciar por simples prova de má conduta, e não de adultério confirmado no domicílio... Louis fica extremamente preocupado. A legislação é clara: a esposa pega em flagrante delito de adultério é passível de reclusão em casa de correção. O marido enganado que mata a mulher se beneficia inclusive de uma grande indulgência por parte dos juízes. O medo de ter um filho bastardo na família por causa da mulher "infratora" é uma obsessão masculina, retratada com frequência no teatro e na literatura.

Em 1888, Louise-Élisabeth deixa oficialmente o domicílio conjugal. Ela é autorizada a voltar a viver em Asnières, na casa de seu pai, que tomou seu partido desde o início da crise. Ela parece já ter se refugiado com ele em momentos difíceis.[246] Sua situação é terrível: o divórcio é uma infâmia e Louise-Élisabeth já tem 33 anos. A mudança de sua condição social terá sido a causa de sua ruptura com o marido, ou será o contrário?

Em 1889, o pedido de Louis-Jules Regnault é indeferido, pois ele não consegue provar "má conduta" de sua esposa. A oportunidade é boa demais: a jovem inverte a situação e pede o divórcio por sua vez. Em 24 de março de 1890, o tribunal civil do Sena declara que acusar a esposa de má conduta sem provas "constitui injúria grave para com a mulher" e pronuncia o divórcio, dando a Louise-Élisabeth inclusive a guarda de seu filho. Quatro anos depois, graças a uma mudança na legislação, ela também recupera o sobrenome de solteira. E fica livre para se casar de novo, ao menos no registro civil. A honra dos Vuitton está salva. Um golpe de mestre.

Por que não a América?

É inadmissível, no entanto, que uma mulher divorciada viva sozinha. Para evitar o escândalo, Louis de bom grado recebe a filha que ele sempre ajudou, tanto afetivamente quanto materialmente. Naquela grande casa, vazia desde a morte da esposa, o retorno de Louise-Élisabeth é uma bênção. Ele pode reviver suas lembranças com ela, repassar o que ela viveu quando criança sem realmente entender. Ele continua interessado por tudo aquilo que o século que chega ao fim carrega de potencial, e se maravilha com as formidáveis transformações do mundo.

Ele, que levara dois anos para percorrer a pé, de seu Jura natal, o trajeto até Paris, agora assiste aos primórdios da aviação. Em 9 de outubro de 1890, ele fica sabendo que, no parque do castelo de seu amigo, o banqueiro Pereire, em Gretz-Armainvilliers, no departamento de Seine-et-Marbe, ocorre uma experiência incrível, longe dos olhares indiscretos. Depois de sete anos de pesquisas, o francês Clément Ader consegue se elevar nos ares a uma altura de quinze centímetros e por uma distância de cinquenta metros, a bordo de uma máquina na forma de morcego, com hélices de bambu e um motor a vapor...

Ouvindo o relato da façanha, Louis pensa, como no início das vias férreas, que precisará criar bagagens para esse novo meio de transporte. Ele já sonha com uma mala que seria colocada no avião para proteger as roupas do piloto!

Enquanto Louis elabora novos modelos, Georges imagina maneiras de vendê-los. Ele é um dos primeiros, na França, a cobiçar o mercado americano. Durante a Exposição Universal de 1889, em Paris, ele conheceu vários clientes que lhe fizeram vislumbrar a imensa força desse país. Em Londres, em sua loja, ele já recebera alguns desses viajantes vindos do outro lado do Atlântico em majestosos transatlânticos para gastar tudo na Europa. Embora não faltem fabricantes de artigos de viagem no Novo Mundo, nenhum deles parece oferecer objetos de qualidade equivalente aos da fama de Louis Vuitton. Innovation, a principal casa da costa leste, vende malas resistentes, mas os acabamentos e os materiais utilizados não se comparam aos de Vuitton: como os ingleses, os fabricantes americanos privilegiam a solidez em detrimento da elegância e do refinamento...

Os americanos gastam muito? Então Georges se instalará no Novo Continente. E irá atrás das fortunas onde elas estiverem. Na época, ele escreve: "Os industriais franceses que abrem filiais no exterior para vender produtos fabricados na França são pouco numerosos para que não aplaudamos sua corajosa iniciativa".[247] A arte de elogiar a si mesmo.

No entanto, o momento não é ideal para atravessar o Atlântico. Em 1890, os Estados Unidos são abalados por uma crise que se deve tanto ao excesso de especulação financeira quanto a escândalos bancários e à construção do canal do Panamá: a queda da bolsa leva ao fechamento das fronteiras e a um protecionismo que prejudica mais os europeus do que os americanos, que se beneficiam de um amplo mercado interno e desenvolvem uma imensa siderurgia para toda a indústria naval e ferroviária. Além disso, eles possuem enormes jazidas de uma matéria-prima cujo uso acaba de ser descoberto: o petróleo. Os países europeus, por sua vez, não têm um mercado interno e são afetados pelo protecionismo, cujo principal artífice na França é o ministro da Agricultura, Jules Méline. A Europa perde o controle do mundo; ela se exaure em guerras coloniais, disputas de fronteiras e atentados niilistas. Enquanto outros sonham com revoluções socialistas.

Georges, que não teme nenhuma iniciativa comercial, se prepara para desembarcar na América. Estimulado por casas de artigos de viagem que querem vender seus produtos, ele instaura uma rede internacional de agentes. Ele estará entre os primeiros franceses a ousar essa iniciativa.

Auxílio aos funcionários

Em 22 de novembro de 1890, enquanto nasce um certo Charles de Gaulle numa família burguesa de Lille, em Paris, o barão Haussmann, retirado de seu cargo por Napoleão III ao final de seu reinado, morre em meio à indiferença geral. Enquanto isso, os patrões, temendo o futuro, começam a tomar as primeiras iniciativas para auxiliar seus empregados. As primeiras caixas de socorro patronais se organizam, esboço de um sistema de proteção social para os assalariados. Entre os precursores estão Le Bon Marché e as manufaturas, glória francesa da Exposição Universal: "Sabemos que as manufaturas de Saint-Gobain estão entre os maiores estabelecimentos industriais da França: elas empregam 2 mil operários. Uma administração benevolente e paternal zela constantemente pelo bem-estar desses numerosos operários. Um fundo de previdência lhes garante uma pensão na velhice, por meio de retenções salariais e depósitos mais ou menos equivalentes feitos pela companhia".[248]

Em 1º de novembro de 1891, a sociedade Louis Vuitton cria por sua vez um fundo de previdência: "Assim que um funcionário adoecia, fazia-se em seu benefício, com exceção do patrão, uma coleta semanal. Como isso aconteceu várias vezes em 1890 e 1891, os mais velhos solicitaram a monsieur Vuitton que os autorizasse a deixar regularmente uma pequena quantia nas mãos do tesoureiro para constituir um fundo de socorro. Encantado com a ideia, monsieur Vuitton reúne seus artesãos e sugere a criação de uma sociedade limitada aos funcionários e à qual ele ficaria feliz de dar sua contribuição. Um regulamento que ele havia esboçado foi discutido e decidido, formando assim os estatutos do Fundo de Previdência em 14 de novembro de 1891, que reunia quarenta membros, entre os quais quatro mulheres. O direito de entrada era de 1 franco e a cota semanal de 0,25 centavos. Em troca disso, os membros recebiam em caso de doença 2 francos por dia, mais os gastos médicos e farmacêuticos. As adesões não eram obrigatórias".[249] O Fundo funciona a seguir graças aos depósitos patronais que "messieurs Vuitton se reservam o direito de aumentar à sua conveniência".[250]

Georges se atribui a paternidade desse projeto. No entanto, Henry L. Vuitton, neto de Georges, conta que Georges e Louis escreveram juntos "esse documento bastante excepcional para a época".[251] Mais tarde entenderemos por que Henry atribui tanta importância a isso... Mas é provável que Louis tenha sido o iniciador desse sistema de auxílio mútuo e aposentadoria ainda pouco disseminado, particular a cada empresa. Apesar disso, Georges, falando de si na terceira pessoa, escreve em seu diário: "Ele criou para seus funcionários um fundo de aposentadoria e socorro, que com prazer veríamos em todos os industriais, pois, à época, a questão social estaria muito perto de resolvida, e isso sem o auxílio do Estado". Ele acrescenta que se trata de uma sociedade "na qual se encontravam todas as disposições que mais tarde forneceriam a estrutura da lei sobre as seguridades sociais".[252] Alguns anos depois, um documento reunindo os regulamentos dessa obra social dirá que "sendo o fundo de Vuitton uma obra filantrópica livre, os srs. Vuitton não precisavam prestar contas a quem quer que fosse, por qualquer razão que fosse".[253]

O testamento de Louis

Em 1891, enquanto é instaurada o Fundo de Previdência dos Ateliês da Casa Vuitton, Louis, que tem cada vez mais dificuldade de se deslocar, toma uma iniciativa cujo alcance escapa a seu círculo mais íntimo. Ela marca, no entanto, uma virada essencial na história da casa: ele começa a escrever um catálogo detalhado de todas as coisas fabricadas em Asnières. Como numa arca de Noé, ele quer reunir tudo o que foi sua vida. Mais que um catálogo, trata-se de um testamento. E mais que um testamento, trata-se de um manifesto para o futuro, essa é

SUA assinatura. Esse filho de moleiro do Jura tem um sentido inato da História e dos meios de se inscrever na memória.

Georges, a quem o interesse comercial da ideia não passa despercebido, aplaude o pai, embora ele não avalie todo o alcance desse documento, que a partir de então lhe proibirá de reivindicar para si as invenções de Louis. Dois anos antes, em 1889, na Exposição Universal, este último prestara uma atenção especial aos catálogos que repertoriavam o conjunto dos produtos apresentados, facilitando a irradiação das potências industriais e comerciais aos quatro cantos do planeta. Desde então, os catálogos se tornaram "vitrines" das lojas de departamentos, que não hesitam em recorrer a desenhistas renomados para ilustrar suas capas. Ao contrário do que seu filho ainda acredita, Louis não pensa em seduzir sua clientela. Ele não se importa em colocar suas malas e bagagens em cena... Ele tem outra ideia em mente. Ele quer um inventário completo de suas invenções. Que Georges a seguir o utilize como catálogo de vendas é, para ele, algo secundário.

Tem início, então, um longo período de introspecção para o velho homem, que se debruça sobre sua vida como ele antigamente se debruçava sobre o Ancheronne, brincando à beira do riacho ao lado do moinho. E seu reflexo lhe devolve não um rosto de criança, mas de um homem elegante, fundador de uma casa de luxo que atendia a realeza. Ele relembra o caminho trilhado até Paris; ele relembra monsieur Maréchal, os companheiros aprendizes, as noites passadas sobre a palha no ateliê, sua primeira carteira de trabalho, as caixas a serem fabricadas, a confiança de seu mestre, as embalagens luxuosas para a imperatriz. Ele relembra o encontro com Émilie, seu sorriso, seu apoio constante, sua primeira loja na Rue Neuve-des-Capucines, o cheiro da madeira no ateliê da Rue Volney, o desenho da primeira mala plana, o sucesso da padronagem cinza Trianon. Ele relembra com orgulho a construção de sua fábrica, dos ateliês de Asnières, tão bonitos, tão modernos, todos de vidro e luz. Ele repassa o sucesso obtido ano após ano, mala após mala, exposição após exposição. Ele também pensa nas três filhas que não sobreviveram, além da pobre Louise-Élisabeth, que viveu um escândalo e cuja vida sentimental é um desastre. Ele pensa em Georges, seu único filho, tão corajoso, tão sólido, tão talentoso para as vendas. Seu orgulho. Ele suspira pensando na solidão que sente embora trabalhe com o filho.

Ao longo das páginas, Louis revive a pequena revolução que ele realizou sozinho: malas revestidas com uma padronagem quadriculada e malas de couro costuradas à mão, com ripas de faia e a novíssima fechadura patenteada; mas também malas-leito, malas de zinco com madeira de canforeira "para as Índias e as colônias", e *porte-habits*. Ele também apresenta as bolsas de marroquim ou pele de porco, com múltiplos frascos, estojos e caixas; a maioria não é utilizada como bolsa de viagem, mas como elemento interno para a mala, permitindo isolar a roupa limpa da roupa suja, diferenciar os itens de higiene ou simplesmente separar e proteger bibelôs[254]; em longas viagens, os clientes de fato gostam de levar seus objetos pessoais, para dispô-los nas mesinhas de seus quartos de hotéis ou de suas residências de férias.

Louis redige esse inventário com grande minúcia, não esquecendo nenhum detalhe técnico, e faz com que seja traduzido para o inglês antes mesmo de terminá-lo em francês.

Nele, Louis coloca duas propagandas de empresas que visam uma clientela que ele também tenta alcançar: na primeira página, um encarte para a Compagnie Générale Transatlantique, no Boulevard des Capucines, número 12, a dois passos da Rue Scribe: *French Mail Steamers: sailing from Havre and New York every Saturday*; na última página a propaganda de outra companhia marítima, a White Star Line: *Royal & United States Mail Steamers: sailing from Liverpool and New York every Wednesday*, cujo representante fica na Rue Scribe, número 1, logo acima da loja Louis Vuitton!

Mas Louis faz muito mais que um simples catálogo de vendas ilustrado por belas gravuras: ele coloca, de maneira obsessiva, seu nome e seu sobrenome a cada artigo. *Louis Vuitton* está no topo de cada página. Guardião de cada modelo. Verdadeira sentinela do futuro. Quando falta lugar, ele coloca suas iniciais. Assim, encontramos escrito "*L. V's linen bag*". Será que ele imprimiu essas iniciais para experimentar a ideia do monograma? Esta seria outra ideia de Louis, imposta a seus descendentes.

Ninguém jamais saberá por que Louis Vuitton ao fim da vida sente a necessidade de proteger cada um de seus modelos desse jeito, assinando-os. Ele teme alguma manobra de Georges? Teme ver seu nome desaparecer assim que seu cansaço o vencer? No escritório de seu tabelião, ele recebera a proposta de usar o nome "Vuitton e Filho" ou "Vuitton e Vuitton". E ele não gostara daquilo: não haveria Vuitton sem Louis.

O catálogo é publicado em janeiro de 1892. Trinta e cinco páginas, o balanço de uma vida.

Quatro semanas depois, em 27 de fevereiro, às quatro e meia da tarde, no quarto de onde ele já não sai desde que assinou a prova final de seu "testamento", Louis Vuitton fecha os olhos. Pela última vez.

O último adeus

Mais de seiscentas pessoas vindas de Paris e Asnières assistem ao funeral de Louis. Naquele dia, primeira segunda-feira de março de 1892, amigos e admiradores se reúnem "para acompanhar este homem de bem até sua última morada".[255] Um serviço religioso, sóbrio e elegante, é celebrado na pequena igreja de Asnières, pontuado por um *Pie Jesu* interpretado pelo professor de canto de Asnières, sobre uma melodia de Stradella. Um carro fúnebre, abarrotado de flores, se dirige com vagar ao cemitério, a poucas ruas de distância da fábrica. Duas magníficas coroas de flores precedem o comboio, oferecidas pelos trabalhadores da fábrica. Lentamente, o caixão de Louis é depositado num jazigo onde já repousam sua esposa Émilie e provavelmente suas três filhas – elas não são mencionadas nas documentações do cemitério. E o modesto túmulo é fechado com uma grande pedra clara. Um túmulo hoje anônimo, aparentemente abandonado, situado no antigo cemitério de Asnières, a poucos metros do imponente jazigo mais tarde comprado pela família e no qual foram reunidos Louis e sua descendência. Um túmulo diante do qual as pessoas passam sem se deter. O primeiro túmulo de Louis. Um túmulo de passagem...

Três dias depois, com o laconismo próprio dos obituários, o *Journal d'Asnières* resume numa única frase a vida de Louis Vuitton: "Ele construiu em pleno campo sua casa familiar, mais tarde transformada na grande fábrica de malas e artigos de viagem que até hoje se situa à Rue du Congrès e que goza de reputação universal".

QUARTA PARTE

Uma bela família francesa
1892-1970

Com a morte de Louis, Georges se vê sozinho no comando do negócio da família. Ele esperara muito por aquele momento. As pessoas de seu círculo descobrem um homem livre da ascendência do pai. Personagem ambíguo, trabalhador obstinado, ele passa dezoito horas por dia no trabalho. À guisa de férias, segundo ele mesmo, "ele sempre reserva dois meses por ano, mas para que eles durem mais ele os tira em 52 vezes".[1] Isto é, todos os domingos. Ou melhor, quase. Distrair-se? Ele está ocupado demais construindo seu império! Sua ambição: superar seu pai. Para isso, ele tem alguns trunfos: talento comercial e o conhecimento do mercado. Aos 35 anos, ele assume os negócios. O faturamento da casa, que chega a 200 mil francos em 1880, e não muito mais à morte de Louis, em 1892, chegará a 2 milhões de francos em 1911. Determinado, astucioso, eloquente, Georges sabe exatamente aonde ir e que meios utilizar para chegar até lá. Nenhuma batalha lhe dá medo. Em poucos anos, ele leva a casa Vuitton onde seu pai provavelmente nunca imaginou levá-la.

Patrão Georges

Senhor absoluto do negócio, Georges impõe um novo estilo. Tudo o que ele faz é calculado. Aos olhos das pessoas de seu círculo ele é um filho leal que presta homenagem ao falecido pai. No entanto, cada um de seus gestos, cada uma de suas palavras, cada um de seus escritos e cada uma de suas ações participam de outro combate, mais importante: impor seu próprio nome. Ele consegue a façanha de não deixar transparecer nada.

Tudo começa no dia da morte de Louis. Até então, sempre que Georges assina um documento, civil ou notarial, ele se declara "fabricante de artigos de viagem". Seu pai, por sua vez, se dizia *emballeur*. Em 27 de fevereiro de 1892, algumas horas depois da morte de Louis, seu filho vai ao registro civil para registrar o óbito. Ele declara sua identidade: "Feréol Georges Vuitton, *emballeur*, 35 anos".[2]

Em março de 1892, alguns dias depois do funeral, Georges fecha a porta de seu exíguo pavilhão, atravessa o jardim e se estabelece com Joséphine e os três meninos na espaçosa casa de seus pais, onde continuará hospedando a irmã e o sobrinho.

Oito anos antes, em 1886, seu pai e sua irmã – herdeira de metade da fortuna paterna – assinaram um documento que ele não esquecera: "No caso da morte de Louis Vuitton [...], fica aqui registrada a promessa de cessão ao sr. e à sra. Georges Feréol Vuitton da casa de residência contígua à fábrica, ocupada pelo sr. Louis Vuitton, composta por um térreo e dois andares com jardim [...]".[3] Desde a época dos almoços dominicais de seu pai, em que a alta sociedade parisiense se reunia na ampla sala de jantar familiar para comentar as atualidades e refazer o mundo, Georges sonha em ser anfitrião de recepções. Aquela casa fora o instrumento do sucesso social de seu pai; ela agora será o instrumento do seu. Para isso, ele não espera o fim do período de luto e toma posse do local.

Mas nem pensar em viver com a decoração de seu pai; ele quer tudo novo, tudo bonito. E um decorador! Durante as Exposições Universais, ele descobrira os vitrais dos artistas da Escola de Nancy. Em Paris e na região parisiense, as grandes casas burguesas costumam ter um vitral semicircular acima da porta de entrada, nas janelas das escadas ou dos salões. Georges ouvira falar de um excelente artesão vidraceiro de Asnières, na Rue du Progrès: Paul Louis Janin. Este último louva o charme das varandas, a exuberância dos jardins de inverno; entusiasmado, Georges lhe confia a decoração do grande salão e da sala de bilhar. Uma obra colossal, magnífica. E cara.

Em agosto de 1892, seis meses depois da morte de Louis, enquanto a casa ainda está em obras, a mulher de Georges dá à luz seu quarto filho. A tradição, o período de luto, a memória e o local ditariam que Georges lhe desse o segundo nome "Louis". Mas isso não acontece. O menino é chamado de Marvel Achille. Georges assim decide. O bebê morre oito meses depois, em 20 de março de 1893, unindo-se ao avô na eternidade do modesto túmulo do cemitério de Asnières.

É nessa época que Georges começa a pensar em escrever uma história das bagagens, ambição literária que ele nutre desde que interrompeu os estudos, aos dezesseis anos, e que seu pai decidiu torná-lo um comerciante. Agora que Louis não está mais ali para impedi-lo, ele realiza seu sonho redigindo um manifesto que o transformará no especialista inconteste dos artigos de viagem, o intelectual do meio. Assim, coloca seu negócio no coração da história da bagagem. É preciso ver nisso uma iniciativa comercial de excepcional perspicácia: Georges é o primeiro, entre os industriais de seu tempo, a compreender que vender um objeto também é vender a história de uma empresa. Os clientes precisam ter a sensação de comprar também o prestígio da clientela que os precedeu. Abrir-lhes as portas do passado da casa Vuitton é fazer com que eles compartilhem a vida das cortes imperiais, das explorações de Brazza, das viagens principescas.

Ao mesmo tempo em que relata a história das bagagens em geral, Georges Vuitton narra, num estilo insípido, os principais acontecimentos que fizeram da pequena empresa de embalagem de seu pai uma marca de malas internacionalmente renomada. Nos textos que ele reúne sob o título "História", ele cita seu pai de maneira fria, distante, sem contar nenhuma anedota pessoal, sem qualquer vestígio de emoção ou admiração. Como se ele, o filho de Louis, não tivesse vivido a seu lado dia e noite ao longo de dez anos, como se ele não fosse o único a poder falar dos riscos, das angústias, dos medos, dos sucessos, das celebrações, das vitórias. Ele descreve como um tabelião a Rue Neuve-des-Capucines, a fábrica de Asnières, a mala plana, as primeiras imitações. E isso é deliberado. Quando o assunto não envolve seu pai, a escrita se torna mais viva, mais precisa e, em termos ditirâmbicos, ele de repente menciona a coragem e a audácia de um homem, um único, que "confere um novo impulso" à casa: Georges Vuitton.

A obsessão pela glória não o abandona mais. Durante as Exposições Universais, ele consegue ser nomeado relator da categoria de Objetos e Artigos de Viagem. Assim, vê-se em condições de escrever textos sobre a profissão que colocam sua empresa em evidência, sem que nenhuma humildade matize suas palavras. Ele louva inclusive, em terceira pessoa, e com frequência na primeira página, suas próprias criações, as melhores, alfinetando educadamente seus concorrentes, mesmo os franceses. A vida toda, ele se apresentará como senhor da narrativa e da história.

A leitura desses textos revela cruamente a personalidade de Georges e a natureza de sua relação com seu pai: em um deles, em que repassa todas as datas de nascimento e de morte dos Vuitton por quatro gerações, ele se engana sobre a data da morte de Louis, que antecipa e situa em 1891! Como não ver nisso o ato falho de um filho com pressa de tomar o lugar do pai? Nessa cronologia, por fim, Louis é o único membro da família a não ter, ao lado de sua data de morte, o nome e o sobrenome na caligrafia de Georges em tinta preta. Georges escreve apenas: "morte de LV". Banais iniciais numa letra minúscula, estreita, rápida, quase ilegível. E a lápis.

Existir para além de seu pai se tornou o único objetivo de Georges. No entanto, a tarefa é quase impossível: a casa ainda se chama Louis Vuitton. O filho precisa, como bom comerciante, tirar partido do nome do pai e valorizá-lo, ao mesmo tempo em que busca diminuir a importância de seu papel.

Em 1894, Georges conclui a escrita de seu livro, uma obra "histórico-técnica", como ele gosta de defini-lo. Ele escolhe o título um tanto pomposo de *Le Voyage, depuis les temps les plus reculés jusqu'à nos jours* [A viagem, desde os tempos mais remotos até nossos dias]. Ele tem seu manuscrito prefaciado por Émile Gautier, prestigioso nome do *Le Figaro*, e ilustrado por quarenta xilogravuras, algumas muito caras, de Viollet-le--Duc. O sr. Dentu, editor dos catálogos oficiais das Exposições Universais, lhe envia um projeto de capa. Ao receber as provas, Georges quase tem uma síncope. Dentu sugere que a obra seja assinada por "LOUIS VUITTON, FILHO": o público quer a marca "Louis Vuitton", ele diz, e não a marca "Georges Vuitton". George risca raivosamente as palavras "Louis" e "Filho", substitui-as por "Georges" e reenvia tudo ao editor[4], que não cede e insiste: é indispensável utilizar o nome de Louis, verdadeira caução comercial. Dentu também lhe pede para acrescentar no prefácio dois retratos em água-forte: o seu e o de seu pai. Georges resiste, depois aceita; ele não tem escolha. Mesmo assim, ele negocia para que a assinatura apareça apenas na página de guarda: "Louis" será escrito em letras minúsculas e a vírgula entre "Vuitton" e "Filho", suprimida. Dentu aceita. O nome do autor não aparecerá na capa. Georges prefere que o livro seja lançado praticamente anônimo do que ser visto como filho de seu pai! Mas ele obterá novas honrarias: depois da publicação da obra, ele será nomeado oficial das Palmas Acadêmicas, em 27 de agosto de 1896.[5] Uma condecoração geralmente reservada aos professores.

CRIAÇÃO DA ESTAMPA MAIS FAMOSA DO MUNDO

Em 1895 morre o costureiro Charles Frederick Worth, velho amigo de Louis; Georges não presta muita atenção a essa morte. Ele está em plena crise: a padronagem *damier*, desenhada por seu pai e julgada inimitável, é copiada. Lembrando-se de ter registrado pessoalmente o modelo, Georges processa o imitador, que exibe ao tribunal um registro do fabricante da padronagem anterior à patente de Georges e provando a produção de uma *"toile à damiers* para artigos de viagem". Uma verdadeira afronta, que faz de Louis o plagiário! Em 1896, Georges é enfim derrotado. Ele frapragueja, explicando a Joséphine e Gaston "que houve uma manipulação, uma alteração dos registros!".[6] Mas ele não recorre.

Georges prefere passar para outra coisa. Ele pensa em criar uma nova estampa, mas já não quer se contentar com um desenho geométrico com listras ou quadrados[7], fácil demais de imitar. Seu filho Gaston, que continuará depois dele a redação dos históricos, conta que "em vez de se aventurar no labirinto das medidas legais, [seu] pai, cujo espírito criativo nunca é pego de surpresa, busca uma padronagem nova que tenha sua própria particularidade".[8] Em 1896, ele lança um novo revestimento com uma estampa muito singular, em que círculos se misturam a losangos e estrelas, bem como a um monograma: as duas letras do nome de seu pai. Colocar o nome e o sobrenome do fabricante num produto manufaturado[9] é para Georges a melhor maneira de se proteger das imitações. Que fabricante de malas ousaria reproduzir as iniciais da casa Louis Vuitton? O futuro provará que alguns, no entanto, terão essa audácia. Como a casa Victory Luggage, que lançará uma estampa com um monograma com suas iniciais enlaçadas, retirada do comércio depois de ameaças de processo por parte da casa Vuitton. Georges dá um nome à sua nova criação: a "estampa LV". Ele, que desde a morte de seu pai tenta triunfar sobre o progenitor, compreende que o comércio é mais importante que a glória.

Sempre pronto, em geral, a atribuir a si mesmo uma invenção, Georges no entanto não deixou nenhum escrito sobre a criação dessa estampa. Seu filho Gaston é quem a descreve, muito tempo depois: "[...] Ele pesquisa... e cria um desenho do qual cada componente é estudado. O olho não percebe todos os detalhes dessa composição, ele só vê o resultado, o conjunto: uma padronagem, espécie de tapeçaria clássica e ao mesmo tempo muito moderna para a época em que estamos,

1896. Ela será chamada de estampa 'LV'. Com essa composição, Georges Vuitton espera driblar e desencorajar os imitadores. É uma estampa de 'dissuasão'. Mas será possível ter certeza de desencorajar os imitadores?".[10] Uma estampa de dissuasão. Um desenho complicado, inimitável, que se tornará, por ironia do destino, o mais copiado do mundo um século depois.

Um azulejo de cozinha

Várias hipóteses sobre a origem desse desenho foram sugeridas. Em 1909, Gaston escreve: "Em 1896, Georges estuda a possibilidade de criar um revestimento com um desenho absolutamente inédito. Com a colaboração de desenhistas e tecelões, ele cria algo totalmente novo, que registra no Prud'hommes em 11 de janeiro de 1897".[11] Na época, Georges Vuitton de fato trabalha com o Comptoir de l'Industrie Linière, situado no norte da França, que produz em teares Jacquard os tecidos colados às malas Vuitton na fábrica de Asnières. Georges poderia ter pedido aos desenhistas desses tecidos uma padronagem para seus revestimentos.

Uma segunda hipótese, hoje aceita pela casa Louis Vuitton, fala de uma inspiração ligada ao "japonismo", termo nascido sob a pluma do crítico de arte francês Philippe Burty, em 1872. A influência da arte nipônica sobre o Ocidente se desenvolve com as Exposições Universais e o início da era Meiji. Walter Crane, um dos maiores especialistas em Japão, explica: "A abertura dos portos japoneses ao comércio europeu exerceu uma enorme influência sobre as artes europeias, independentemente de suas outras repercussões, em especial nas artes do próprio Japão. [...] Havia uma arte viva, uma arte popular, em que a tradição e o talento artístico permaneciam intactos, e cujas produções eram de uma diversidade atraente e cheia de grande vigor naturalista. Não surpreende que essa arte tenha seduzido com tanta força os artistas ocidentais e que seus efeitos tenham sido tão excepcionais".[12] Os relatórios das seções chinesas e japonesas das Exposições Universais constituem, a partir de 1851, só para a França, um espesso volume. A Porte Chinoise, no número 36 da Rue Vivienne, em Paris, e a loja Mariage Frères, aberta em 1854, foram as primeiras a familiarizar o público com os costumes de vida do Extremo Oriente, correspondendo ao entusiasmo da época. Em 1867, durante a Exposição Universal, a Europa manifesta inclusive um verdadeiro culto ao Japão, encontrado em romances, óperas, peças de teatro, balés. No final do século XIX, todas as lojas de departamentos parisienses têm um departamento dedicado ao Extremo Oriente. Georges dedicava uma profunda admiração pelos saberes e pela arte de viver dos japoneses, sobre quem ele dirá, no início do século seguinte: "Admirável clientela japonesa, que foi muito importante antes da guerra de 1870 mas que aos poucos desapareceu, pois todos os japoneses que vinham fazer seus estudos militares na França sob o Segundo Império se dirigiam para a Alemanha, cujas teorias acabavam de triunfar".[13] Em 1896, Georges Vuitton também foi afetado pelo japonismo, a ponto de se inspirar para desenhar sua estampa? Hoje, seu bisneto Patrick-Louis Vuitton, não acredita nisso: "Por que meu bisavô, sempre à frente em matéria inovação, teria se inspirado numa moda em declínio?".[14]

A casa Louis Vuitton não exclui a possibilidade de que Georges teria se inspirado em desenhos da arquitetura gótica, como os de Viollet-le-Duc ou os do Palácio Ducal, em Veneza!

Uma última pista leva a crer, por fim, que Georges teria apenas, e de maneira mais prosaica, recopiado o desenho dos azulejos de porcelana de Gien, que decoram a parede da cozinha de sua casa em Asnières!¹⁵ A estampa Louis Vuitton, emblema de uma marca planetária, seria uma imitação de um simples azulejo de cozinha? Essa hipótese, que parece uma brincadeira, é a mais plausível quando comparamos a padronagem com o azulejo em questão, que tem vários exemplares cuidadosamente conservados pelo setor de Patrimônio da casa Louis Vuitton. O azulejo fala por si: estrelas de quatro pontas com contornos arredondados e um ponto no centro, e flores de quatro pétalas dentro de um círculo. Tudo em cor ocre. Idêntico até mesmo na cor à famosa estampa Monogram! A única coisa não retomada pela padronagem é o desenho de um cardo dentro das quatro pétalas.

Essa hipótese, que nem a própria família Vuitton[16] questiona, explicaria por que Georges nunca deu a menor indicação sobre a origem do desenho.

Um tecido difícil

Em 11 de janeiro de 1897, Georges registra o modelo de sua estampa LV. Feito no tear Jacquard em fios de linho de dois tons, cru e terra de siena, ele é muito resistente e macio, mas difícil de colar. O jovem Gaston-Louis Vuitton, filho de Georges, que entra na fábrica como aprendiz aos catorze anos, acompanha de perto as dificuldades encontradas pelos artesãos: o baú da mala precisa ser raspado com uma plaina denteada para criar na madeira pequenas estrias que segurem a cola. Esta, à base de farinha e centeio, é passada no baú por artesãs, as coladoras, com grandes pincéis redondos, extremamente duros. A cola é pesada, viscosa, e as mulheres rebentam os punhos. O resto da operação é igualmente penosa, como explica Gaston: "Na superfície revestida de cola, estende-se o tecido, que não pode perder o alinhamento. Por fim, ela é coberta por uma folha de papelão, que permite alisar o tecido com um alisador em madeira de oliveira. Dois dias de secagem, depois a mala precisa ser revestida com cola de pele de coelho, que visa nutrir o tecido e fixar os fios. É absolutamente proibido tocar o tecido com os dedos, cada ponto de contato se tornaria uma mancha preta indelével, a mala só pode ser manejada pelas arestas. Depois de mais dois dias de secagem o verniz é finalmente aplicado, para isolar o tecido do ar, impermeabilizá-lo e conferir-lhe dureza e brilho".[17]

Há outra dificuldade. O cheiro da cola de centeio atrai os ratos: "Desde que começamos a utilizar esse tecido, tivemos – de tempos em tempos – malas que nos foram devolvidas totalmente desprovidas de revestimento. Elas pareciam rasgadas rente à madeira. Depois de vários acidentes desse tipo, percebemos que a cola de centeio aplicada em nosso tecido liberava – depois de seca – seu cheiro característico e atraía ratos. Em certos porões de transporte onde esses animais pululavam, a falta de outra comida os fizera descobrir essa despensa!"[18], conta Gaston.

Outra cola precisa ser encontrada, portanto, se possível antes da Exposição Universal, prevista para acontecer em Paris em 1900. O ateliê desenvolve diferentes produtos, à base de espinha de peixe ou osso, para grande descontentamento dos artesãos, incomodados com o cheiro insuportável: "Testamos, com maior ou menor sucesso, perfumes ou ingredientes que afastaram os roedores, e esse fenômeno desapareceu"[19], conclui Gaston.

No entanto, as vendas não deslancham: "No início, o público fica reticente e pede a estampa quadriculada e até mesmo a listrada. Por encomenda ainda executamos artigos com esses padrões"[20], escreve Gaston. Mas Georges aguenta firme. Ele aplica o motivo com o monograma em tecidos de várias cores: ocre sobre terra de siena, azul sobre azul, verde sobre verde, vermelho sobre vermelho. Está fora de questão ceder aos clientes, como seu filho explica: "Meu pai se obstina – ele conhece sua força; da mesma forma que seu pai impôs a mala plana, ele imporá sua estampa".[21] O monograma é uma criação sua. Ele tem a intenção de triunfar.

Depois da morte de Louis, Georges fica sozinho para lutar em várias frentes. Não apenas ele desenha uma nova padronagem, que adapta a suas malas e impõe a seus clientes, como também reestrutura os ateliês de Asnières, participa da Exposição Universal de Chicago de 1893 (sua primeira viagem à América!) e da Antuérpia (1894), ao mesmo tempo em que gerencia a produção na França. Ao voltar da Bélgica, em 1895, ele luta para obter da cidade de Asnières a substituição do imposto local, caro demais para ele, por uma taxa. A cidade, obviamente, recusa seu pedido. Depois, temendo a concorrência, ele faz duas viagens, para Argélia e para a Tunísia, onde planeja implantar lojas para a clientela das colônias. Mais tarde, ele chegará a essa clientela em seus locais de férias: Nice e Vichy.

No âmbito familiar, ele também é muito solicitado. Em 1897, sua irmã Louise-Élisabeth volta a casar: ela se apaixona por um certo Édouard Georges Gros, um solteirão de 38 anos que vive com a mãe e ocupa o posto de diretor administrativo de um negócio próspero em Maisons-Laffite. Encontrar, na época, um homem sério que aceita se casar com uma mulher divorciada de 42 anos, com um filho, é inesperado. Georges se encarrega de organizar o casamento. Ele fica aliviado: sua irmã e seu sobrinho, que viviam com ele, finalmente deixariam sua casa.

Todas essas mudanças lhe deixam pouco tempo para se dedicar à aventura do automóvel, que tem início naquele fim de século. Desde 1889, no entanto, data em que os primeiros "veículos sem cavalos" foram apresentados na Exposição Universal, Georges está obcecado por esse novo meio de transporte. Em 1894, por iniciativa do *Petit Journal*, a primeira corrida automotiva Paris-Rouen acontece. O evento exalta as paixões e faz Georges entender o alcance da revolução que se prepara: ele cria na mesma hora um protótipo de mala adaptada às formas da carroceria e que pode ser colocada no porta-malas traseiro. Ele retoma o tipo de fechadura estudada por seu pai para as malas de zinco dos exploradores.

Em 1898, o Automóvel Clube da França organiza a primeira Exposição Internacional do Automóvel, do Ciclismo e dos Esportes, no jardim das Tulherias, reunindo 220 expositores em 6 mil metros quadrados. Para evitar a presença de veículos que só teriam de automóveis o nome, o regulamento do salão prevê que "nenhum carro poderia participar da exposição se não tiver, previamente, efetuado na presença de um comissário o trajeto de Paris a Versalhes, ida e volta, por seus próprios meios"! De 15 de junho a 3 de julho de 1898, o público parisiense descobre os modelos mais recentes das marcas Peugeot, Dion, Panhard, Serpollet e Mors. Algumas apresentam como opção a nova mala-automóvel da casa Louis Vuitton.

Essa mala será aperfeiçoada a cada ano, até conter um *porte-habits*, uma caixa para chapéus, uma nécessaire de toalete e de piquenique, uma mesa de acampamento, cobertas de pele e almofadas para pés, xales leves de caxemira pura, estojos para mapas Michelin, facas de caça, vasos de flores, facas para piqueniques (com saca-rolhas integrado!), copos dobráveis, caixas de remédios e até caixas de bombons.[22] Pouco a pouco, Vuitton se tornará, portanto, um compilador de vários objetos desenhados por artistas renomados ou pela própria casa.

Georges na América

Naquele fim de século XIX, na França, o comércio segue um novo rumo. Depois que Félix Potin inventou, em 1880, a delicatéssen, a moda está com os merceeiros inovadores. Depois da Food House, aberta pela Harrods, em Londres, depois de Dallmayr em Munique, Peck em Milão, Fauchon cria um alvoroço na praça da Madeleine com seu grande salão de chá, uma instituição parisiense que fará os ingleses ficarem loucos de inveja. A poucos metros dali, na Rue Royale, as mulheres elegantes já frequentam, desde o Segundo Império, o café-pâtisserie da família Ladurée, onde, pela primeira vez, elas ousam ir sozinhas e segundo todas as regras de conveniência.

Longe do universo alimentício, surgem os primeiros contratos de gestão. Em Saint-Étienne, o merceeiro Geoffroy Guichard, que dirige um estabelecimento com o nome de Casino, inaugura sua primeira filial no dia 25 de abril de 1898, em Veauche, pequeno vilarejo do Loire. O contrato especifica que o gestor da filial é um funcionário como os da matriz e que "como eles, deve obediência em todas as circunstâncias".[23]

No mesmo mês, Georges Vuitton abre seus primeiros entrepostos na América. Uma viagem aos Estados Unidos em 1893 para a Exposição Universal de Chicago reforçara suas esperanças comerciais: único expositor francês de artigos de viagem, ele vendeu todos os modelos expostos em seu estande, apesar do preço duas vezes mais alto que o da concorrência, devido aos impostos alfandegários.[24] Georges concede então a um certo John Wanamaker, conhecido em Chicago e proprietário de luxuosas lojas de artigos de viagem, a representação nos Estados Unidos das malas Vuitton em suas poderosas filiais na Filadélfia e em Nova York. O contrato que os une em abril de 1898 inclui a apresentação da marca francesa na

Trans-Mississippi & International Exposition de Omaha. John Wanamaker retorna com uma medalha de ouro.

O sucesso no Novo Mundo rapidamente se confirma e Georges se felicita: "As malas, apesar de um regime alfandegário proibitivo que obriga a vendê-las pelo dobro do preço de Paris, encontram compradores. A casa Louis Vuitton deve servir de exemplo a nossos compatriotas que hesitam em buscar mercados no exterior. E se nos permitimos insistir nesse ponto é porque ele é muito particular, pois na exportação de artigos de viagem de luxo a Casa Louis Vuitton ainda é única".[25] Georges será ouvido: no ano seguinte, Wanamaker se torna o representante exclusivo de outra casa francesa, a do *malletier* Goyard.[26] Georges quase tem uma síncope: as malas de seu principal concorrente ao lado das suas e, além disso, em seu próprio representante! Ele fica furioso: a conquista do mercado americano já é suficientemente difícil! E permanece frágil: Vuitton é sufocado pelos impostos alfandegários e pelos custos de transporte, exorbitantes, pois somente o volume das malas é levado em conta. Georges encontra mais um problema: "Na América, os fabricantes de artigos de viagem exigem impostos especiais, não sobre as malas francesas, mas somente sobre as malas Vuitton!".[27]

Por outro lado, a globalização iniciada por volta de 1840 é interrompida depois de uma grande crise financeira. Outras dificuldades se somam: no Reino Unido, as vendas não progridem. A casa de Londres é deficitária há treze anos. Georges solicita que os custos de transporte e os impostos de exportação sejam reduzidos, mas o ministro do Comércio responde que "o governo não pode modificar uma taxa de exportação por uma única casa".[28] Mas Georges se recusa a cruzar os braços. Ele quer vencer em Londres: no final do século XIX, "a Inglaterra é para a organização moral e política da Europa o que o coração é para o organismo humano".[29] E como o jornalista inglês Jeremy Paxman diz hoje em dia: "A riqueza desse país é proverbial, suas reservas monetárias inesgotáveis, seu capital imobiliário, investido ou navegando sobre os oceanos, tão gigantesco que supera a compreensão. Tudo isso contribuía para convencer a metrópole do Império de que os outros povos simplesmente sonhavam em se transformar em bons ingleses".[30]

Em 1899, Georges decide deixar o bairro da estação e instalar sua loja num luxuoso bairro da New Bond Street, onde muitos lojistas têm o selo "Fornecedor oficial de Sua Majestade a Rainha Vitória". Ele espera obter a mesma distinção: no número 149 da rua, a loja Louis Vuitton ocupa todo o prédio. O sucesso demora, a filial continua deficitária. No entanto, Georges escreve um enésimo histórico, que se encerra da seguinte forma: "O coroamento da obra desta casa é a filial de Londres, sobre a qual não poderíamos insistir demais, pois Georges Vuitton é o primeiro a tentar uma iniciativa tão cheia de riscos. Os industriais franceses que abrem filiais no exterior para vender produtos fabricados na França são pouco numerosos para que não aplaudamos sua corajosa iniciativa".[31]

Em matéria de elogios, Georges entende que não há ninguém melhor para nos elogiar do que nós mesmos.

A pantera de Brazza

Em Paris e outros lugares, os compradores de malas Louis Vuitton são cada vez mais numerosos. Georges Vuitton continua fornecendo produtos para os grandes exploradores da época. As expedições coloniais se sucedem. Tananarive é tomada em 30 de dezembro de 1895, com o acordo da rainha Ranavalona III: a lei de 6 de agosto de 1896 declara

Madagascar uma colônia francesa. Savorgnan de Brazza é, desde 1885, no Congo, comissário geral do governo para a África Equatorial. Muito ocupado por suas funções, ele envia seus companheiros em missão: de um lado para o Nilo, do outro para o Chade. Ele tem uma única ambição: continuar seu projeto colonial... Até a manhã em que seu amigo Antoine d'Abbadie, de férias em sua propriedade de Hendaye, recebe um misterioso telegrama: "Será que dois olhos azuis continuam celibatários? Que assim seja". Assinado: Brazza. Sim, Thérèse, a jovem que o seduziu dez anos antes e que prometera se casar com ele, continua solteira. Ela espera "seu Pierre". O noivado é celebrado em fevereiro de 1895 e o casamento alguns meses depois, em Paris, no calor de um 12 de agosto.[32] Brazza aproveita a estada na França para encomendar à casa Vuitton todo um acampamento: malas-leitos, malas para guardar a lona das barracas, malas para roupa de cama. Ele encomendou até uma mala para transportar a pantera de estimação[33] da qual ele nunca se separa. Depois, deixando a esposa na França, ele continua suas explorações na direção de Camarões, com métodos menos brutais que os empregados no Congo belga por Stanley, que não hesita em reduzir os nativos à escravidão para a Coroa. Brazza instaura programas de integração social e constrói escolas, clínicas[34]... Ele se torna então o inimigo número um do todo-poderoso rei dos belgas, Leopoldo II, que se dedica a destruir sua imagem. Estamos em pleno caso Dreyfus, o oficial judeu condenado à prisão perpétua na Guiana por espionagem para a Alemanha. Georges Vuitton, como quase toda a burguesia francesa, está convencido de sua culpabilidade.[35] Brazza, o imigrado italiano naturalizado que construíra um império para os franceses, é tratado de "negrófilo".[36] E as despesas da Mission Marchand (1895-1899) no Congo belga – missão que será um fracasso para a França – são atribuídas a ele.³⁷ Em 1898, é lendo o jornal que ele descobre que foi dispensado de suas funções.³⁸ Ele se muda para Paris, em família, na Avenue Matignon; mas ele ainda é jovem e se recusa a desistir completamente de seus sonhos. Embora suporte heroicamente a ingratidão de seu país de adoção, ele não deixa de organizar uma nova viagem e tentar obter reforços humanos e materiais. Um relatório é redigido em seu favor pelo Senado.

Em 1900, enquanto Georges Vuitton enche seus veículos de entrega com suas melhores malas com destino ao Palácio das Indústrias, onde ocorre a Exposição Universal, Brazza embarca todo seu acampamento "Louis Vuitton" a bordo de um navio para a bacia do rio Sangha.³⁹

Primeiros sucessos de Georges

À sua maneira, Georges Vuitton também trava seus combates. Ele gosta de participar da vida pública. Como seu filho contará mais tarde, a política o fascina: "Por toda sua vida, com ardor, Georges Vuitton fez política, sempre política de oposição, sempre do lado fraco contra o poderoso da vez – quem quer que ele seja – e do lado econômico também". Georges adora tomar parte das batalhas na Bolsa. E quando ele não fica satisfeito com uma empresa, ele ataca seus acionistas: "Ele luta, forma coligações: contra o Chemin de Fer de l'Ouest, contra a Compagnie des Eaux de Banlieue"⁴⁰, continua Gaston. Essa atitude lhe vale sérias inimizades na classe política. Em 1900, quando a cidade de Paris se lança numa iniciativa desmesurada – receber ao mesmo tempo os primeiros Jogos Olímpicos e a primeira Exposição Universal do novo século –, Georges Vuitton é nomeado membro do júri da categoria 99, de "Objetos de viagem e acampamento". Um papel que ele cumpre há anos. Dessa vez, porém, por razões políticas, sua nomeação não é ratificada pelo ministério do Comércio, dirigido então por Georges Millerand, detestado pelos Vuitton[41] por suas posições a favor de Dreyfus. Os colegas de Georges o filiam à categoria como perito do júri, uma função que não depende do ministério. Durante a visita oficial de Millerand ao Palácio das Indústrias, Georges e Gaston deixam seu estande para não precisar apertar-lhe a mão.[42]

Desde a abertura da Exposição – que será a mais frequentada de todos os tempos, com 40 milhões de visitantes –, em seu grande estande em forma de tenda oriental, Georges prepara sua resposta contra a organização: ele cria a Chambre Syndicale des Fabricants d'Articles de Voyage, Maroquinerie e Campement [Câmara Sindical dos Fabricantes de Artigos de Viagem, Marroquinaria e Acampamento]. No Palácio das Indústrias, suas malas fazem tanto sucesso que, em 1901, ele precisa reconsiderar a implantação dos ateliês de Asnières e aumentar seus efetivos: a fábrica ultrapassa a marca de cem funcionários. O conjunto de seu pessoal – "homens e mulheres", especifica Georges – logo chega a 125 pessoas.[43] Em 1911, a 200. Vinte anos antes, em 1880, quando Georges entrava no negócio comprando o capital empresarial de seu pai, eles tinham 25 funcionários. O faturamento e os lucros da família aumentam nas mesmas proporções.

Georges não é apenas um excelente comerciante. Ele sabe captar no ar as inovações tecnológicas. E o início do século XX abre para ele uma nova era. Enquanto ele pena para impor a estampa LV, surge um novo material, o *pégamoïd* (que tem o nome de seu inventor), uma espécie de oleado que imita o couro; o tecido, de cor sólida e sem estampa, é revestido na hora da fabricação por uma pasta especial que o impermeabiliza e lhe confere um brilho parecido com o do couro.[44] "Georges Vuitton entende imediatamente o interesse desse novo produto e o tecido produzido em tear é – em abril de 1902 – substituído por um *pégamoïd*. A vantagem era considerável, pois simplificava a produção. O revestimento era utilizado tal qual. Não era preciso colar, envernizar, e apesar do preço muito elevado do *pégamoïd*, podíamos utilizá-lo"[45], relata Gaston. A partir de então, o *pégamoïd* – também chamado de "moleskine" em razão de seu aspecto granuloso que lembra uma pele de toupeira – chega a Asnières em rolos, sendo diretamente colado sobre o baú de cada mala. Depois, o padrão é serigrafado sobre ele. Embora persistam algumas dificuldades (o oleado de *pégamoïd* é muito quebradiço), esse novo procedimento, que reduz os custos e simplifica a produção, lança o monograma. Alguns clientes seguem pedindo a estampa quadriculada, para dar unidade a sua panóplia de bagagens. Mas as encomendas de *pégamoïd* com o monograma decolam. Não é mais a estampa de revestimento que a concorrência tentará imitar, mas a forma dos acabamentos Vuitton, de qualidade excepcional: "A maioria dos fabricantes coloca todos os seus esforços na criação de modelos que se aproximem o máximo possível do tipo Vuitton. A própria Inglaterra, apesar das ideias conservadoras de seus habitantes, sentiu a necessidade de modificar sua produção, e as principais casas de Londres oferecem à sua clientela artigos nos quais a busca pelo modelo Vuitton sempre é visível"[46], escreve Gaston mais tarde. O jovem começa a trabalhar sob as ordens de seu pai, que não lhe permite mais iniciativas do que as que Louis lhe permitira.

O planeta Vuitton

Como no resto do mundo ocidental, 1900-1914 é para a casa Louis Vuitton um extraordinário período de expansão, "resultado dos vinte anos anteriores de trabalho encarniçado", escrevem Georges e Gaston num histórico a quatro mãos: "A prosperidade da Casa Louis Vuitton aumenta a passos de gigante, e cada ano é marcado seja por uma invenção, seja pela abertura de uma nova patente". A crise dos anos 1880 é esquecida. Os Estados Unidos se tornaram a maior potência do mundo e atraem todo o crescimento para eles.

Sua elite começa a viajar, a se mostrar exigente. Agora, os americanos pedem por "Vuitton": nenhuma criação dos Estados Unidos iguala as da fábrica de Asnières. As patentes se multiplicam. Depois da abertura de um setor específico na loja de John Wanamaker, em Nova York e na Filadélfia (1898), outros distribuidores solicitam Georges Vuitton. Departamentos são sucessivamente inaugurados nas lojas Jordan Marsh Co., em Boston (fevereiro de 1904), Marshal Field & Co., em Chicago (junho de 1905), Roos Brothers, em São Francisco (dezembro de 1905), Becker's Leather Goods CO., em Washington (1912) e Becker & Wickser Co., em Buffalo (1912). A aposta de Georges frutifica: ele impõe sua marca do outro lado do Atlântico e atrai para si uma clientela rica de americanos *globe-trotters*, vindos do Texas, da Califórnia ou ainda das profundezas do Meio-Oeste.[47] Seus clientes viajam para a Europa, mas também para suas casas de campo ou para as novas estâncias turísticas para bilionários, como Atlantic City, onde os Rockefeller, os Seligman, os Morgan, os Lehman, os Warburg, os Dupont de Nemours se encontram, grandes famílias que tinham chegado miseráveis da Europa menos de cinquenta anos antes.

Georges também consegue distribuidores em outros países: James Smart, em Buenos Aires, na Argentina (1906), quarta potência econômica mundial à época; Armand Dachsbeck, em Bruxelas (abril de 1907), que garante a representação na

Holanda; P.M. Lortet, em Bangkok, no Sião (agosto de 1909); Henry Morgan & Co. Ltd, em Montreal (fevereiro de 1910); os Grands Magasins Châlons, em Alexandria (setembro de 1911); e C.A. Benoist, em Bombaim (1912).

Ele também abre novas lojas em cidades das províncias francesas com a marca Louis Vuitton: Nice, em 1908, Lille, em 1909, e Trouville, em 1911. Em 1913, Georges também encontra mais dois representantes: a casa Bourtayre, em Biarritz, e a casa Negrevergne, em Bordeaux. Vuitton está presente em todos os lugares onde a burguesia é forte. Menos, curiosamente, em Lyon. A fábrica de Asnières fornece prioritariamente a suas filiais, depois a seus representantes: o lucro é maior para a família quando um item é vendido por uma filial do que quando ele é distribuído por um representante independente, que fica com o grosso do lucro...

Em Paris, a loja da Rue Scribe se tornou pequena demais. Em 1912, Georges compra de um certo sr. Lehman, concessionário dos automóveis Mercedes em Paris, um terreno de quinhentos metros quadrados situado no número 70 da Avenue des Champs-Élysées. Na época, a avenida está cheia de palacetes particulares e de grandes hotéis de luxo, como Astoria (hoje edifício Publicis), Carlton (hoje Air France), Claridge e Élysées Palace. Alguns raros comerciantes cogitam se instalar ali. Georges desmancha a construção existente e começa a construir um prédio de seis andares destinado a receber a nova loja Louis Vuitton. No número 68, Jacques Guerlain, que acaba de criar seu famoso perfume L'Heure bleue, também manda construir um prédio. Ele pressente, como Georges Vuitton, que a avenida logo se tornará a mais bonita de Paris, a mais prestigiosa do mundo. Cinquenta anos antes, na época de Haussmann, a Champs-Élysées não passava de uma larga avenida onde só havia teatros ao ar livre, um pau de sebo onde os meninos brincavam, orquestras de saltimbancos e extratores de dentes![48]

"No ano de 1912, 58 anos depois de sua fundação, a casa Vuitton irradia por toda parte a partir de suas quatro casas e suas dez agências, seu nome é universalmente conhecido em toda a superfície terrestre"[49], escreve Georges. Em tudo o que faz, o ambicioso empreendedor deixa sua marca singular. Ele mantém a tradição da velha casa, apesar do crescimento, e continua, como seu pai, a fazer os clientes visitarem os ateliês: "A fábrica de Asnières, amplamente aberta a todos os visitantes, mostra o cuidado com que tudo é estudado, e depois de alguns instantes passados no ateliê, o visitante entende e aprova o renome conquistado pela mala Vuitton", ele se gaba em 1912, como um pioneiro da comunicação empresarial.

Por outro lado, ele mantém seu poder sobre a profissão e consegue reprimir as greves operárias: a Câmara Sindical da qual ele é presidente desde 1901 se funde, em 1909, com a da Maroquinerie, Ganterie et Articles de Voyage [Marroquinaria, Luvaria e Artigos de Viagem]: "Ela tem a vantagem de reunir os principais fabricantes e solucionar equitativamente várias greves nefastas para seus confrades", ele explica em 1912. Dentro dessa nova Câmara, da qual é nomeado presidente honorário, seu controle se dá sobre o principal: ele é presidente operacional da seção de artigos de viagem, perito em alfândega e perito junto ao Tribunal de Comércio. Ele faz parte das Câmaras Sindicais dos fabricantes de carrocerias, das indústrias aeronáuticas, dos fabricantes de acessórios automotivos. Ele é membro das Câmaras de Comércio francesas de Londres e Montreal. Assim que pode, ele propõe a criação de novos produtos. Na Exposição de Higiene Social, em Roma, por exemplo, ele colabora com a Cruz Vermelha francesa e com a farmácia Leclerc para criar uma farmácia de guerra. Ele sente a chegada da guerra e antevê a enorme marcha do exército à sua frente.

O último suspiro de Brazza

Em 1905, um escândalo eclode a respeito do trabalho forçado dos indígenas do Congo. O processo de dois administradores, Gaud e Toqué, acusados de abuso, desperta a indignação da Câmara dos Deputados.[50] A administração colonial decide nomear Savorgnan de Brazza responsável por uma comissão de investigação. Em 10 de março, este último encomenda a Asnières duas malas-leitos tamanho grande, bem como dois colchões articulados.[51] Depois, ele marca um encontro com Georges para um pedido especial: é possível criar uma mala para guardar em segredo todos os documentos e relatórios de sua comissão? Georges Vuitton se ocupa dela pessoalmente. Em poucas semanas, os ateliês Vuitton produzem uma mala--escrivaninha inviolável.

A engenhosidade dessa mala é tão notável que os jornalistas do *L'Illustration*, semanário do qual a casa é um fiel anunciante, lhe dedicam um artigo admirável: "Exteriormente, esse móvel parecia uma mala comum, solidamente construído, de madeira seca coberta de cobre pintado de verde-escuro e reforçada por sólidas cintas no mesmo metal, com indestrutíveis alças de corda que permitem suspendê-la a algumas varas, a um bambu, para ser carregada nos ombros. Mas essa mala, construída sobre uma mesa suportada por quatro pés de ferro dobráveis, se tornava, depois de instalada, uma verdadeira escrivaninha, com prateleiras, gavetas, um compartimento para papéis, enquanto a parte da frente, puxada, formava uma plataforma para escrever. Por fim, um mecanismo complicado, dissimulado na parte inferior da caixa, só permitia a abertura por pessoas que conheciam o segredo: o sr. de Brazza e um de seus secretários".[52]

Brazza embarca para o Congo, com a mala-escrivaninha entre as outras. Lá, ele trabalha dia e noite em sua nova mesa. A investigação progride, apesar da acolhida bastante fria das autoridades locais: a corrupção tomou o controle da cidade e, ao que tudo indica, Brazza é um estorvo. Pressentindo o perigo, Thérèse, sua esposa, insistira em acompanhá-lo.[53] A saúde do aventureiro, já fragilizada por todas as suas viagens, piora. Na manhã de 14 de setembro de 1905, enquanto o casal está em Dacar, no caminho de volta, Savorgnan é derrubado por uma dor misteriosa. Ele morre aos 53 anos, em pleno trabalho na terra que fez sua: a África. É enterrado com grande pompa em Paris. Georges foi convocado pelo secretariado de Estado no Além-Mar para abrir, na presença do ministro, as gavetas secretas da mala-escrivaninha, que foi repatriada. Georges entrega os papéis de Brazza ao Estado. Pouco tempo depois, a Assembleia Francesa recusa o relatório do explorador. A opinião pública nunca conhecerá os resultados de sua investigação. Thérèse de Brazza afirmará até o fim que seu marido foi envenenado.[54]

Monsieur Gaston

Entre 1900 e 1914, uma terceira geração de Vuitton entra nos negócios. O filho mais velho de Georges, Gaston-Louis, depois de passar dois anos nos ateliês de Asnières e mais oito anos na loja da Rue Scribe, se casa em 1906, no 15º *arrondissement* de Paris, com Renée Versillé, a filha de um empreiteiro de obras públicas. Georges calcula, então, que chegara a hora de oficialmente associar seu filho à direção da empresa, como seu pai fizera com ele, nas mesmas circunstâncias, quando de seu casamento. Ele cria com Gaston, em 1º de março de 1907, uma sociedade da qual se mantém o acionário principal, "para continuar a exploração da casa de comércio (fabricante e vendedor de artigos de viagem)", ele diz num histórico.[55] Ele escolhe habilmente a razão social: "Vuitton et Fils", Vuitton e Filhos. Seu círculo de amigos vê nisso uma escolha simbólica: Vuitton, é ele. Os filhos são Gaston, Pierre e Jean. No entanto, os filhos vêm muito depois. Essa decisão é mais eloquente do que parece: com um golpe jurídico, a sociedade Louis Vuitton deixa de existir. Passa a haver uma única sociedade, Vuitton et Fils, que explora a marca Louis Vuitton. Georges finalmente faz seu pai desaparecer, sem ninguém perceber, e de acordo com a lei.

Gaston assume a direção da casa de Paris. A empresa é dirigida por uma nova dupla: monsieur Georges e monsieur Gaston. Em 1907, este último tem 24 anos. Ele é fisicamente mais parecido com o avô do que com o pai: muito alto, magro, cuidadoso com a aparência. Como seu avô e como seu pai, ele tem fascínio por viajar. Ele vai para a Argélia em 1898 para estudar as diferentes espécies de árvores, para a Inglaterra em 1901 para se debruçar sobre o comércio a varejo, para a Savoia e para a Suíça em 1905 e 1906 para examinar as possibilidades de acampamento no inverno... Em 1908, ele vai para o Jura e, em 1910, para o Dauphiné, para estudar o acampamento de verão.[56] Ele também fica fascinado com a exportação. Em 1908, aos 25 anos, depois do nascimento de sua primeira filha Andrée, em janeiro, ele percorre o Egito para tentar um acordo com um distribuidor em Alexandria, viagem que, quatro anos depois, levará à criação de um entreposto.[57] Paralelamente, ele se torna diretor da loja de Nice[58], onde se abastece toda a elite europeia, que descobre os encantos das férias no Mediterrâneo. Em especial, ele conhece a família imperial da Rússia e a corte czarista, que todos os anos se instala ali para o inverno. Ele auxilia seu pai nas exposições. Em 1911, quando nasce seu primeiro filho, Henry-Louis, ele vai a Roubaix para a Exposição Internacional do Norte, a maior manifestação industrial da época em torno da primeira riqueza do momento: a indústria têxtil. Georges é presidente da categoria Marroquinaria, Gaston ocupa o cargo de tesoureiro do grupo das Indústrias Diversas.[59] Sob o impulso de seu pai, Gaston confere um lugar muito importante ao setor de marroquinaria na casa: "Ele se dedica a utilizar apenas produtos franceses, madeira, tecido e, sobretudo, couro francês. Ele convida os curtidores de couro franceses a fazerem couros especiais que ele antes comprava na Inglaterra e na Alemanha", ele explicará mais tarde, falando de si na terceira pessoa, como seu pai fazia.[60]

Se seu avô fora um técnico e seu pai um comerciante, Gaston é um financista. Ele se interessa pelas contas da empresa, na gestão das margens financeiras, nos acordos com os distribuidores e, acima de tudo, nos investimentos dos lucros da empresa e da família nos melhores bancos. Ele é o primeiro a fazer o dinheiro se multiplicar, e a entender que a riqueza dos Vuitton não necessariamente se resume à da empresa: os rendimentos podem circular por mil e um atalhos.

Erudito, correspondente da revista *L'Intermédiaire des chercheurs et curieux* sob o pseudônimo Gaston Hellevé, entusiasta de fotografia, arqueologia e literatura, ele é um grande bibliófilo e preside a Société des Exemplaires, que edita obras com tiragem limitada. Desde muito jovem, ele dedica uma atenção especial ao desenho e à escrita. Seu caderno de zoologia, do sexto ano, cheio de magníficos desenhos, revela noção do traçado e o amor pela beleza.⁶¹ Ele é membro do Comitê Nacional do Livro Ilustrado Francês e da Sociedade Iconográfica do "velho papel". Ele conserva dezenas de etiquetas de malas e, no fim da vida, terá provavelmente a mais bela coleção de malas antigas do mundo.

O GÊNIO DOS GÊMEOS

Pouco tempo depois, Georges decide fazer seus filhos mais novos, os gêmeos Jean e Pierre, participarem do desenvolvimento da casa. Como todos os filhos Vuitton, eles começam como aprendizes na fábrica, aos dezessete anos.⁶² Seis anos mais novos que Gaston, eles são geniais à sua maneira: apaixonados pela aventura automotiva e aérea, eles colam em seu quarto o imenso mapa do rali Paris–Pequim. No final de 1907, eles montam um ateliê nos fundos do jardim de Asnières, uma verdadeira caverna de Ali Babá, onde se fecham o dia todo para construir, no maior segredo, protótipos mecânicos de todo tipo. A sociedade Vuitton et Fils faz encomendas de automóveis a eles, o que permite que seus trabalhos sejam financiados pela empresa, não pela família. Um desses carros, montado como um *roadster*, é equipado com os últimos acessórios patenteados pela casa: um lavabo de viagem, uma bolsa de motorista, um cofre de ferramentas, uma mala para almoço, uma barraca de acampamento. Eles também constroem um modelo de "carro ligeiro", como se dizia então, chamado de *voiturette JPV*. Eles próprios redigem um catálogo de vendas⁶³: "Nós nos encarregamos de fazer para os senhores clientes qualquer tipo de carro; recomendamos aos amantes de velocidade especialmente um tipo de carro que sempre nos deu satisfação, motor: 60HP 6 cil. FIAT, chassis: mesmo princípio que nosso carro ligeiro".

Eles acrescentam: "Condições gerais de venda: nossos carros são pagáveis em depósitos na encomenda, o resto na entrega, que é feita na fábrica. Nossos carros têm garantia de três meses contra qualquer problema de construção; essa garantia se limita à substituição das peças reconhecidas como defeituosas"! Os carros funcionam tão bem que eles apresentam alguns modelos no Salão do Automóvel de 1908, onde, havia dois anos, Georges expunha suas guarnições de luxo e adaptações internas para automóveis[64]: Georges criara para o construtor Kellner um dos primeiros veículos recreativos da história do lazer. Ele equipara, com a ajuda de seus gêmeos, um modelo de carro, um 20 HP Hoptchkiss, com leitos, mesa, cozinha de viagem, mala para almoço, barraca etc. Na época, a casa Vuitton equipara um *racing-car* adaptando uma gigantesca bolsa de motorista na traseira de um 120 HP Panhard. Os gêmeos decidem continuar essa aventura. Em 1908, eles constroem com as próprias mãos e sob os olhares embasbacados dos funcionários da fábrica de Asnières um verdadeiro helicóptero, um dos primeiros da história aeronáutica: "Diante da corrida que levava todos os pesquisadores para aeroplanos, monoplanos, biplanos e até multiplanos, messieurs Vuitton, desejosos como sempre de sair dos caminhos percorridos por todos, decidiram retomar os estudos caros a Leonardo da Vinci, a Pancton, a Ponton d'Amécourt, a Landelle, a Nadar etc."[65], contará o irmão Gaston. Embora o termo "helicóptero" tenha surgido em 1861 numa patente registrada na Inglaterra por Ponton d'Amécourt, a primeira decolagem de um aparelho digno desse nome só foi realizada por Paul Cornu em 1906, em Lisieux; depois, os srs. Breguet e Richet construíram um aparelho realmente utilizável em 1907. Sua precária estabilidade ainda tornava as asas indispensáveis...

Em 1909, ao festejar seu vigésimo aniversário, os gêmeos apresentam no Salão da Aeronáutica, no estande Louis Vuitton, um modelo de helicóptero chamado de *Vuitton-Huber*. Eles o testaram, mas tudo leva a crer que ele não decolou: "Era um modelo grosseiro, cujos resultados, embora tenham sido quase nulos do ponto de vista prático, ao menos permitiram o estudo de um novo modelo, o *Vuitton II*, que apresenta um real progresso em relação a seu predecessor", relata Gaston.

Dois meses depois do Salão, em 22 de setembro de 1909, enquanto Louis Blériot cruza a Mancha a bordo de seu monoplano, Jean Vuitton morre de uma doença fulminante. Seu gêmeo Pierre, inconsolável, mergulha no trabalho e constrói o *Vuitton II* e o *Vuitton III*, que apresenta no Salão da Aeronáutica de 1910, ao lado de um aeroplano.

A partir de 15 de maio de 1914, a loja Louis Vuitton tem um novo endereço: 70, Avenue des Champs-Élysées. Com seus 1,2 mil metros quadrados, é a maior loja de artigos de viagem do mundo. Ela ocupa o térreo, os dois subsolos e a sobreloja de um prédio batizado de Vuitton Building: o novo império de Georges e Gaston. Os andares são alugados a Jenny, uma costureira "de renome", segundo os Vuitton. Na época, as grandes casas de costura deixam a Rue de la Paix e migram para a Avenue Montaigne ou para a Avenue Matignon. Uma certa Gabrielle Chanel logo se tornará cliente da loja da Champs--Élysées: ela diz ser uma simples "costureirinha", instalada no número 21 da Rue Cambon.

Enquanto isso, os rumores de conflito causam furor através da Europa. Três meses depois da inauguração do Vuitton Building, em 3 de agosto, logo depois do assassinato de Jean Jaurès, a Alemanha declara guerra à França. Pierre é chamado a se unir ao 101º regimento de infantaria. Equipado com uma mala Louis Vuitton[66], ele vai "fazer a guerra". E não volta. Em setembro de 1917, seis meses depois do terrível ataque do Chemin des Dames, que fez mais de 100 mil mortos em poucos dias, ele luta no Marne.[67] As insurreições são numerosas e os soldados são fuzilados quando se recusam a ir para a linha de frente. Em 28 de setembro de 1917, em Billy-le-Grand, o subtenente[68] Pierre Vuitton é atingido por balas inimigas e sucumbe a seus ferimentos[69], como um herói, num dos regimentos mais expostos, o 101 de linha.

Gaston, reformado por razões de saúde, é destinado desde 1915 ao serviço de fotografia aérea da Aeronáutica, onde ele conserta aparelhos fotográficos embarcados nos aviões. Sozinho na fábrica, Georges, sem dúvida auxiliado por Joséphine, como nos primeiros tempos, dirige tanto Asnières quanto a loja da Champs-Élysées e Londres, as filiais no exterior e as lojas de província. No início da guerra, as mulheres elegantes trocam Paris por Deauville, "e este é para a casa Louis Vuitton um período de preocupações de todo tipo"[70], conta Gaston. Mas Georges se mantém ativo. Em 1915, em plena guerra, ele cria uma associação: Les Amis des Champs-Élysées. A necessidade de se aproximar do poder, através de responsabilidades sindicais e sociais, se tornará uma verdadeira obsessão para os Vuitton. Um método, um estado de espírito que os levará a nebulosas direções.

O contexto da guerra obviamente se revela desastroso para a economia do país, em especial para as indústrias de luxo. Mas Georges continua a viajar, participando de exposições e salões no exterior, como em São Francisco e Casablanca. Ele se queixa de que "os modelos Vuitton ditam a moda, são copiados, imitados e falsificados no mundo todo".[71] Os tempos são duros, mas ele continua criando nos ateliês modelos adaptados aos novos usos e anuncia no catálogo da época: "Para fechar o capítulo 'Malas', queremos lembrar que podemos estudar e realizar malas para todos os usos possíveis. Entre as criadas anteriormente, citaremos as malas desmontáveis para carros, aparelhos e placas fotográficas, películas e aparelhos cinematográficos, roletas de jogos, perfumes, animais vivos como cães, gatos, macacos, papagaios etc. Para os países tropicais, fabricamos malas cobertas de couro que protegem dos insetos, sobretudo da famosa formiga branca".[72]

Georges também se lança na produção em série de sólidas malas militares, idênticas às utilizadas por seu filho Pierre no front. Sob a direção do sr. Schmidt, o chefe de ateliê que se manterá fiel aos Vuitton por toda a vida, a casa também produz macas dobráveis.

Em 21 de março de 1915, quatro zepelins sobrevoam Paris. Uma bomba visando o fabricante de caminhões Chausson[73], instalado na Rue de la Comète, em Asnières, erra o alvo. O projétil cai no número 18 da Rue du Congrès, bem ao lado da casa dos Vuitton. O impacto da explosão destrói todos os vidros e uma parte do mobiliário.[74] Felizmente, não há nenhum ferido. Por ironia do destino, desde 1886 o conde Zeppelin e sua família são clientes da casa.[75]

Os anos loucos: de Asnières a Vichy

A assinatura do armistício faz do marechal Pétain o herói de todos os franceses, em especial de Gaston. Georges guarda apenas que a guerra lhe tirou um segundo filho. Seu herói não é Pétain, mas Pierre, condecorado postumamente com a Legião de Honra e a Cruz de Guerra.[76] Na casa familiar, ecoam os risos da pequena Denyse, terceira filha de Gaston, nascida em meio à dor do luto em 28 de outubro de 1917, exatamente um mês depois da morte de seu tio.

Embora os Vuitton não tenham ânimo para celebrar, todos querem esquecer o pesado fardo da vitória, 9 milhões de mortos, um dos mais tristes recordes da história militar da Europa. O fim da guerra e da epidemia de gripe espanhola, que em 1918 e 1919 fez mais vítimas que a própria guerra, desencadeia uma tomada geral de consciência: é preciso aproveitar o momento presente, é preciso se divertir. A França se lança então num turbilhão de prazeres. Em Paris, a sombra da guerra dá lugar à alegria dos anos loucos. As mulheres se libertam e, a exemplo dos dândis, não se impedem de nada: elas fumam, bebem, dançam, dirigem, cortam os cabelos, usam chapéus *cloche*, roupas masculinas; maiôs de banho desnudam suas coxas e ombros. Elas se bronzeiam, telefonam e vivem plenamente seus amores. Elas se tornam advogadas, médicas, professoras, arquitetas e, em 1924, são finalmente autorizadas a participar das eleições municipais e cantonais. Depois de uma retomada hesitante[77], a casa Louis Vuitton revive dias melhores: "O pós-guerra é um período de grande atividade e desenvolvimento. A concepção moderna da loja da Champs-Élysées permite a criação e a apresentação de vários bibelôs novos e luxuosos".[78] Os Vuitton reconquistam sua clientela, que vai dos astros dos palcos parisienses, como Sacha Guitry, à realeza mundial, como o príncipe herdeiro do Japão, S.A.I. Hirohito. Em visita oficial a Paris em 1921, o príncipe vai pessoalmente à butique da Champs-Élysées, a fim de cumprimentar os Vuitton por sua vitrine, então decorada com um suntuoso *torii* japonês[79] em sua homenagem.

Em Asnières, "madame Gaston", que cuida de seus primeiros filhos, Andrée e Henry-Louis, dá à luz quatro outros bebês: Odile, em 1921, os gêmeos Claude-Louis e Jacques-Louis, em 1923, e Thérèse-Noël, em 25 de dezembro de 1925. Em Paris, seu marido acompanha com fascínio o movimento

Art Déco. Ele tece laços estreitos com os maiores artistas da época, Lalique, Rulance, Puiforcat, Christofle, que assinam as nécessaires das malas da casa. Frascos de cristal com tampas de prata, acessórios de barba em vermeil, escovas de marfim e casco de tartaruga, jogos de tabuleiro em madeira preciosa; o refinamento nunca esteve ligado de maneira mais íntima ao mundo da viagem. Os ateliês de Asnières se distinguem pelo trabalho com couros raros: pele de foca violeta, crocodilo marrom, galuchat, serpente verde, marroquim vermelho. Para o Salão das Artes Decorativas, cuja vocação é "estabelecer, sobre novas bases, a colaboração entre artistas e industriais"[80], Gaston, nomeado vice-presidente da categoria, surpreende seus pares, como conta seu filho Henry: "Em julho de 1924, no pavilhão de Marsar, ele expõe uma coleção de objetos muito diferentes das habituais criações de Vuitton, pois não se trata mais de bagagens, mas de móveis e guarnições com vocação totalmente sedentária"[81]. Naquele ano, Gaston cria um estojo de manicure em madeira de pereira, bem como uma penteadeira de ébano incrustada com pau-rosa e tartaruga. Cada vez mais interessado pelas realizações dos artistas decoradores, ele se lança na criação de objetos antigos e acessórios como as "minúsculas tesouras criadas por Vuitton segundo os modelos do sr. Ballet".[82] Ele também cria um perfume chamado Heure d'absence, com assinatura Louis Vuitton, apresentado numa caixa que evoca a viagem: um antigo marco quilométrico dourado.

    Georges, por sua vez, prefere a aventura automotiva. Ele se ocupa das encomendas especiais feitas por André Citroën para Georges Marie Haardt e Louis Audouin-Dubreuil, membros dos primeiros ralis automotivos financiados por ele. Depois de atravessar o Saara (1922-1923), os dois homens e suas equipes se lançam no Cruzeiro Negro (1924-1925), da África negra à África ocidental, depois no Cruzeiro Amarelo

(1931-1932), de Beirute a Pequim, passando pelos Himalaias. Eles viajam a bordo de veículos especiais equipados com malas de viagem, farmácias individuais, malas-toaletes e nécessaires com a marca Louis Vuitton!

Gaston decide que a presença da casa se impõe numa estação termal que se tornou incontornável: Vichy. As pessoas viajam do fim do mundo até essa pequena cidade do centro da França para aproveitar os benefícios de suas águas, famosas desde a Antiguidade por curar certas doenças do fígado, especialmente as contraídas nas colônias. Em 1926, ele aluga uma loja no térreo do palacete mais bonito da cidade: o Hôtel du Parc. Enquanto o Ritz de Paris, o Négresco de Nice e o grande Hôtel du Palais de Biarritz oferecem noites a 285 francos, no Hôtel du Parc elas custam 300 francos.[83] Gaston convence seu pai da rentabilidade de um investimento na decoração da loja: as grandes famílias da burguesia colonial passarão por ela. Georges cede. As obras são confiadas a um dos melhores arquitetos dos anos 1930, Charles Abella, que desenha uma fachada limpa com um frontão art déco e prevê um bebedouro para cães do lado de fora.[84]

Em 1928, sem dúvida por motivos fiscais, Georges associa à empresa seu neto Henry-Louis, de dezesseis anos, que acaba de entrar como aprendiz em Asnières. Assim, no dia 8 de março, ele cria uma nova sociedade, que chama "Vuitton et Vuitton". Ela reúne Georges, Gaston, o jovem Henry e explora a marca Louis Vuitton.[85] Tudo é perfeitamente orquestrado: Gaston dirige com habilidade a loja de Paris, enquanto Georges viaja e continua a gerenciar os representantes no exterior: Los Angeles, Toronto, Cairo, Detroit, Rochester, Pittsburg, Baltimore. Ocasionalmente, Henry o acompanha.

Gaston, por sua vez, faz várias idas e vindas entre Paris e Vichy, bem como entre Paris e Londres, onde a loja na New

Bond Street acumula problemas: verificando as contas, Gaston percebe as malversações financeiras de seu diretor.[86] Ele leva consigo duas pessoas, o sr. Schmidt, fiel braço direito de seu pai, que ele encarrega dos inventários, e a sra. Schmidt, que o acompanha enquanto cozinheira: nem pensar em gastar uma libra num restaurante.[87] Às vezes, Gaston também tira o filho do ateliê e o faz atravessar a Mancha ou o Atlântico, para que ele se familiarize com as engrenagens do comércio. Enquanto Gaston sempre se interessou pela fabricação, como seu avô Louis, Henry se interessa pelo comércio, como seu avô Georges. Ele logo se tornará responsável pelas lojas da província. Como a de Vichy, onde logo se instalará, no mesmo hotel, o governo da Colaboração.

A CRISE DO LUXO

Em 1929, o crash da bolsa do outro lado do Atlântico repercute no Velho Continente mal recuperado da grande guerra e da gripe espanhola. A crise econômica, que se torna mundial, atinge em cheio as empresas francesas, especialmente as do luxo. A casa Vuitton, porém, não deixa transparecer nenhuma dificuldade: nada é demais para sua loja da Champs-Élysées. As suntuosas vitrines rivalizam em engenhosidade, como, por exemplo, um gigantesco aquário com duas tartarugas gigantes ou a instalação de um tanque de pedras úmidas sobre as quais passeiam crocodilos vivos. O aviador Charles Lindbergh, o compositor Ignacy Jan Paderewski, a costureira Jeanne Lanvin, Sacha Guitry e Yvonne Printemps, aumentam a lista de clientes famosos da casa. E Gaston quer encantá-los "custe o que custar". Antecipando a Exposição Colonial de 1931, ele pede a amigos que comprem para ele obras representativas da arte indígena, apresentadas durante uma exposição privada nos fundos de sua loja, preparada para a ocasião como um "salão negro".

No entanto, como o resto da economia mundial, o império Vuitton é prejudicado pela diminuição de seus negócios com a América.[88] As famílias afortunadas, cujas carteiras de ações ruíram, não compram mais nada. E menos ainda objetos de luxo.

Na Inglaterra, onde a libra sofre uma queda brutal, a loja da New Bond Street sente diretamente as consequências da crise; a sucursal inglesa, apesar das esperanças de Georges, nunca conseguiu ganhar dinheiro. Em Paris, o ambiente tampouco é muito eufórico. Em toda parte, as vendas declinam, os estoques se acumulam, os salários diminuem e o desemprego aumenta. As falências se multiplicam entre comerciantes e industriais. Gaston sente que sua casa corre o risco de desaparecer.

Ele tem outra preocupação, mais pessoal: sua mulher, Renée, segue tomada pela dor desde a morte da filha mais nova, Thérèse-Noël, aos quatro anos.[89] Depois de um enésimo verão sem alegria em Cabourg, onde a família tem há alguns anos uma propriedade, Gaston decide, em setembro de 1935, abrir um departamento de brinquedos na sobreloja e confiá-lo à sua esposa. "Ela não se recuperava da perda dessa filha. Meu pai pensou que aquilo ocuparia sua mente...", lembra-se Andrée Vuitton, que diz, desembalando uma magnífica pantera articulada, da qual o Musée des Arts et Métiers, em Paris, conserva um exemplar: "Eram sobretudo brinquedos mecânicos".[90] Gaston pensa que talvez essa também seja uma maneira de ganhar dinheiro e, como ele diz, "tapar o furo do faturamento".[91] Realmente, o setor de brinquedos da Louis Vuitton logo faz concorrência às lojas Au Nain Bleu e La Main Jaune: "De manhã, meus avós gerenciavam a parte administrativa em Asnières; eles almoçavam e, às treze horas, o motorista os levava à loja da Champs-Élysées.

Por nada no mundo minha avó deixaria outra pessoa cuidar da loja"[92], lembra-se Patrick-Louis Vuitton.

Georges, por sua vez, se distancia um pouco. "O luto que a guerra infligiu a Georges, os métodos extremamente arrivistas do pós-guerra, sem diminuir sua atividade, o fizeram ver as coisas sob outra perspectiva, e embora ele pareça não tomar uma parte tão ativa na vida cotidiana da casa, ele ao menos vigia todas as suas engrenagens, e nada lhe escapa. Aos 77 anos, ele é mais ativo que um jovem"[93], escreve Gaston em 1934.

"Os trágicos acontecimentos de 1936"

Em 1936, os Vuitton não esperavam o resultado das eleições que levam Léon Blum ao palácio Matignon. Pela primeira vez em sua história, a França tem um governo socialista, apoiado pelos comunistas. A vitória desperta uma grande esperança de mudanças sociais nos operários, mas aumenta as angústias e a raiva do patronato. Muitos, entre as ricas famílias industriais, olham com inveja para o que acontece na Alemanha, onde Hitler acaba de tomar o poder e colocar a classe operária na linha.

A chegada ao poder do Front Populaire não alegra os Vuitton: os trabalhadores custarão mais caro, e os poderosos terão prioridades que não comprar malas de luxo. Léon Blum, embora vindo de um meio burguês, não é cliente da casa.

Uma parte do patronato francês, como os Vuitton, encontra no marechal Pétain uma figura paterna tranquilizante. Ela espera que ele seja – segundo seus próprios termos – o homem que "expia os pecados do Front Populaire".[94]

Nas fábricas, com frequência ocupadas, os operários, mesmo os das empresas paternalistas como Vuitton, experimentam a liberdade. Eles descobrem a fraternidade, na fábrica mas também na rua, onde a simpatia pelo movimento é geral. Em Asnières, não se pensa assim. Embora a fábrica sempre tenha sido, segundo seus dirigentes, "uma grande família", Monsieur Georges, Monsieur Gaston e Monsieur Henry – recém-casado – fazem seus trabalhadores entenderem que o poder continua em suas mãos, ainda que eles estejam abertos à construção de uma obra social.

Consequência inesperada da lei sobre a semana de 40 horas, imediatamente votada pelo novo Parlamento: as lojas de departamentos do Boulevard Haussmann fecham às segundas-feiras! Os franceses, graças às férias remuneradas, viajam, tiram férias; a maioria finalmente conhece o mar. Para Gaston, que se entrega "às alegrias da pesca ao camarão e ao *croquet*"[95] desde a mais tenra infância, na Bretanha ou na Costa Florida, as coisas são diferentes: "A crise que toma conta da indústria e do comércio francês tem, como ponto final, os trágicos acontecimentos de 1936".[96] Note-se que apenas os fatos ocorridos entre 1936 e 1945 Gaston Vuitton chamará de "trágicos".

Georges está, à época, cansado demais para reagir. Além disso, como escreve seu filho em 24 de novembro de 1934: "Ele está sempre na oposição, mas permanece, acima de tudo, *França em primeiro lugar*".[97] Na época, isso quer dizer, no mínimo, de direita. Aos 79 anos, Georges perdeu a vontade de lutar: ele observa Gaston, que, alguns meses antes, em fevereiro de 1936, se apresentou nas eleições municipais do bairro de Champs-Élysées como "candidato nacional e independente", decretando-se o representante "dos comerciantes, dos contribuintes e da burguesia do bairro" numa lista dita apolítica, apoiado, no entanto, pelos partidos de extrema direita que fomentaram as dramáticas manifestações de 6 de fevereiro de 1934.[98]

Em 25 de outubro de 1936, como todos os fins de tarde, Georges Vuitton dá uma passada pelos ateliês; ele gosta de verificar as encomendas especiais que serão entregues na manhã seguinte na loja da Champs-Élysées. Ele examina os acabamentos, as embalagens, os números de série. Nada lhe escapa. Até aquele dia, seu filho Gaston, de 53 anos, nunca tomou qualquer decisão importante. A história familiar se repete. Depois de saudar com um gesto seus fiéis artesãos embaladores, o velho fecha seu gabinete e, num passo lento, volta para sua casa. Pela última vez, a sombra de sua imponente estatura se desenha no pátio. Entrando em sua casa, cansado, Georges anuncia à mulher que vai descansar antes do jantar. Ele tem dificuldade para subir a escada e precisa se agarrar a ela para subir os degraus. Às oito e meia da noite, sob o olhar de Joséphine, tomada de dor, ele morre aos oitenta anos.

Em 18 de dezembro de 1936, para prestar homenagem ao pai, Gaston escreve as seguintes palavras: "Sua vida foi inteiramente dedicada ao culto da Família, do Trabalho e do amor à Pátria".[99]

ALGUNS QUILOS DE OURO

Sem esperar, Gaston assume os negócios, gerencia a produção da fábrica de Asnières e acompanha os clientes na Champs-Élysées. Seu filho mais velho, Henry, se dedica ao desenvolvimento comercial da casa. Aos 25 anos, ele já acumula responsabilidades, supervisionando as lojas de Londres, Nice, Cannes e Vichy. A situação é difícil. O período que se segue à chegada ao poder do Front Populaire prejudica todos os comércios de luxo. Apesar do sucesso da Exposição Internacional de Artes e Técnicas, em 1937, que cria a ilusão de uma certa competição, o patronato francês como um todo está aflito, revoltado e em guerra aberta contra o poder, cuja queda ele organiza, em 1938, com os partidos de direita.

A situação econômica não melhora. Gaston registra uma queda sensível das encomendas especiais, que contribuem muito para a rentabilidade da casa.[100] Por outro lado, ele está sobrecarregado de trabalho; seu escritório de desenho e sua agência de publicidade, A.S. de P.I.C., fundada em 1926 para controlar a gestão de seu orçamento publicitário e de sua relação com as mídias, como *L'Illustration*, estão quase falidos.

Em 1º de setembro de 1939, a invasão da Polônia pela Alemanha desencadeia a Segunda Guerra Mundial. A França e a Inglaterra se aliam contra o Eixo, enquanto em Berlim Adolf Hitler, exaltado, adverte seus partidários: "Há uma palavra que não quero ouvir: essa palavra é capitulação. Nunca mais haverá um 9 de novembro de 1918 na história alemã".

Na França, um quarto da população masculina, mobilizada, faz as malas e começa a *drôle de guerre*. O comércio é quase reduzido a nada; a casa Vuitton, há muito tempo em desequilíbrio, está à beira do declínio.

É nesse momento que Joséphine, única sobrevivente a ter conhecido Louis, figura dominante do clã Vuitton, que se tornara, à morte de Georges, diretora das sociedades Vuitton et Fils e Vuitton & Vuitton, solicita o apoio de sua própria família, que fizera fortuna no início do século vendendo o famoso Aroma Patrelle. A herança, ao que parece, é considerável. Trata-se de evitar o pior: sem a ajuda deles, o império Vuitton naufragará e, com ele, seus filhos, que, ela ressalta, também são netos de Patrelle. Em Lilas, onde vive o clã, todos se lembram que Louis Patrelle e Louis Vuitton começaram juntos, oitenta anos antes. Em 1939, os Patrelle repassam, então, uma quantia considerável aos Vuitton: segundo uma fonte familiar, "algumas dezenas de quilos de ouro". Ou seja, vários milhões de francos da época, que, incontestavelmente, teriam sido suficientes para garantir uma certa perenidade à casa Louis Vuitton, se a História não tivesse apresentado uma outra saída: os Vuitton saem da guerra mais ricos do que entraram.

RESISTIR À PASSAGEM DO TEMPO

Depois da declaração de guerra do governo de Paul Reynaud, apoiado pela câmara dos deputados do Front Populaire, Gaston coloca a família em lugar seguro. Ele a estabelece em Nice, no prédio do qual é proprietário há mais de trinta anos, e em cujo térreo ele abre uma loja que dá para o Jardin Albert I. Somente sua filha mais velha, Andrée, casada desde 1928, permanece em Paris. Segundo Andrée – desmentida por outros membros da família –, ela "toca a fábrica na ausência dos homens".[101]

A fábrica Louis Vuitton não fecha nenhum dia durante a guerra. Nesse período de conflito, mais do que nunca a aposta continua sendo: desafiar o tempo. A casa atravessa as crises e desordens com uma feroz vontade de permanecer, de se inscrever na História, a longuíssimo prazo.

A guerra não arruína a indústria do luxo imediatamente: na Rue Royale, na Place Vendôme, na Rue de la Paix, na Rue du Faubourg Saint-Honoré e na Champs-Élysées, quase todas as grandes lojas permanecem abertas: Boucheron, Cartier, Guerlain, Chaumet, Baccarat, Mauboussin, Lancin, bem como os *malletiers* Goyard e Moynat. No âmbito da alta-costura, todos trabalham sem descanso, como na casa Lucien Lelong, cujo jovem modelista Pierre Balmain foi, no entanto, convocado. O luxo se torna o antídoto para a austeridade, os medos e as angústias dos franceses. E as decisões de Paul Reynaud não visam atrapalhar seu desenvolvimento: é essencial, diz o presidente do Conselho, que o artesanato de luxo e a alta-costura continuem a vender na França e, sobretudo, no exterior, a fim de encher os cofres do Estado.[102] Em linhas gerais, os empresários franceses honram as encomendas alemãs quando elas servem aos interesses de suas empresas.[103]

Alguns meses depois, em maio de 1940, quanto Pétain aceita o contestadíssimo armistício, Gaston Vuitton faz suas malas para ir ao encontro de sua família. Como 10 milhões de franceses, moradores dos departamentos de Nord, Ardennes e Île-de-France, ele foge do avanço das tropas hitleristas e se exila no sul. O governo, pretextando uma visita ao exército, também deixa Paris para se refugiar em Tours, depois em Bordeaux. Paul Reynaud deixa o poder: o marechal Philippe Pétain, aureolado pelo imenso prestígio obtido durante a Primeira Guerra, é nomeado presidente do Conselho. E a Wehrmacht entra em Paris, que se torna a capital alemã da França.

Os novos veranistas de Vichy

Em 18 de junho de 1940, um dia depois do discurso do marechal Pétain que sugere uma possível colaboração com os nazistas, um jovem subsecretário de Estado da Defesa, que na véspera viajara para Londres, lança na BBC um apelo à resistência francesa. Em Paris, um jovem de 25 anos, reformado por razões de saúde, é um dos raros a ouvi-lo: Jean Ogliastro, o futuro genro de Gaston Vuitton. Pouco antes da guerra, nos corredores da Sciences-Po, Jean se apaixona por uma estudante, Denyse Vuitton, irmã de Henry. Embora ainda pense em se casar com ela, naquela noite, ao ouvir De Gaulle, ele se sente no dever de entrar para a Resistência. Enquanto os primeiros partidários do general embarcam para Londres,

Jean Ogliastro entra em contato com os membros da rede de informações militares Cohors, que acaba de ser criada pelo filósofo Jean Cavaillés.[104]

Enquanto isso, Gaston se preocupa em salvar a empresa familiar. Ele multiplica as idas e vindas entre Nice e Paris, enquanto envia seu filho Henry a Vichy, onde, apesar da guerra e do armistício, a temporada termal tem início. O Hôtel du Parc, onde fica a loja Louis Vuitton, está aberto; o estabelecimento recebe uma clientela dourada de banhistas (a palavra "curistas" será adotada mais tarde) e sobretudo de diplomatas, com o sr. de Guaragli, embaixador da Itália, o sr. Alexandri, ministro da Grécia, e a sra. de Souza-Dantas, esposa do embaixador do Brasil.[105]

Em 25 de junho de 1940, o marechal Pétain, recusando-se a ouvir os que propõem continuar a guerra a partir das colônias, assina o armistício com a Alemanha. O texto prevê a divisão da França em duas zonas: no Norte, a "zona ocupada", sob controle alemão, no Sul, a "zona livre", sob controle do novo governo francês. Este último precisava de uma capital... Pensa-se a princípio em Versalhes, Saint-Germain-en-Laye ou Fontainebleau. Depois em Blois ou Bourges. No dia 30 de junho, Pierre Laval, futuro presidente do Conselho, diz a Pétain: "Vamos para Vichy, senhor marechal. A cidade tem mais hotéis do que precisa!". O pretenso sucessor de Pétain conhece bem a região, é proprietário de um castelo em Châteldon. Vichy é a zona livre, uma central telefônica, um luxuoso parque hoteleiro, um entroncamento ferroviário, vizinha à linha de demarcação e uma zona não operária sem qualquer tipo de manifestação. Em 2 de julho, o governo e o Parlamento se instalam no Hôtel du Parc. Henri du Moulin de Labarthète, chefe do gabinete civil do marechal, o descreve então como "o hotel mais luxuoso, mais confortável, com suas *toiles de Jouy* rosas e azuis, e suas mesas de madeira clara laqueada".[106] Henry Vuitton, em sua loja do térreo, assiste à chegada dos homens do poder. Ele é o primeiro Vuitton que não precisará se deslocar para encontrar os poderosos: eles vão até ele.

O Hôtel du Parc é geminado com o Majestic, palacete onde se instala a esposa do marechal, num apartamento separado do marido. Os dois hotéis, juntos, têm cerca de quatrocentos quartos, imediatamente transformados em apartamentos e gabinetes ministeriais. No primeiro andar, os Assuntos Estrangeiros, no segundo, a direção do governo, no terceiro andar, o chefe de Estado.[107] O marechal Pétain, por sua vez, estabelece seu quartel-general na suíte 125, onde dá suas audiências num magnífico salão-biblioteca em rotunda, de mogno. No quarto vizinho, que se torna o famoso gabinete 126, se instala seu fiel secretário particular, o dr. Bernard Ménétrel, cuja jovem esposa, Aline, desembarca em Vichy com um verdadeiro enxoval Vuitton, de *porte-habits* a malas para chapéus, que ela ganhou de presente de casamento, quatro anos antes.[108]

Em poucos dias, 30 mil pessoas, ministros, diplomatas, políticos e militares, duplicam a população da pequena estação termal. Apesar dos 230 estabelecimentos hoteleiros da cidade, logo faltam alojamentos. Os funcionários acompanhados de mulheres e filhos são solicitados a se instalar a poucos quilômetros dali, na comuna de Cusset, onde há um colégio. Jacques Aletti, diretor-geral da Société des Grands Hôtels, que gerencia o Hôtel du Parc e o Majestic, bem como seus administradores, Maurice Germot e Jacques Frémont, logo tomam a logística dos dois estabelecimentos em mãos.[109]

Rapidamente, o dr. Ménétrel se informa sobre a identidade dos comerciantes que ocupam as lojas de luxo do térreo. Ele descobre que as duas lojas de tapetes de lã pertencem a Raoul Saada, Henri Saada e Isidore Lévy, domiciliados em Túnis. A loja de novidades Barclay é mantida por um negociante, o sr. Sigmond, que se faz chamar de "Sr. Georges".[110] A butique Van Cleef & Arpels está aberta, mas ninguém sabe o que se trama lá dentro: os famosos joalheiros estariam tentando vender sua sociedade a um conhecido, e a sra. Arpels teria sido vista em Vichy. Por fim, a loja Louis Vuitton é mantida por um dos descendentes do *malletier* francês, que abriu seu negócio há três gerações. Monsieur Vuitton, dizem a Ménétrel, é um "bom francês", defensor do marechal, à frente de uma família de sete filhos, dos quais seis estão vivos. Seu filho mais velho, Henry, dirige a butique. Ménétrel pede a Aletti que dê um jeito de dispensar o mais rápido possível todos aqueles comerciantes[111] e requisitar suas lojas, com exceção da butique Louis Vuitton, única butique do Hôtel du Parc que permanece aberta durante toda a Ocupação: Gaston e Henry conhecem os novos senhores do local e entram para seu círculo.

Palavras já ouvidas

Em 10 de julho de 1940, a Assembleia Nacional reunida no grande cassino de Vichy confere plenos poderes ao marechal Philippe Pétain para promulgar a nova constituição do Estado francês, respeitando os três valores fundamentais do "regime de Vichy": Trabalho, Família, Pátria. Palavras que o marechal de 84 anos admira e com as quais ele seduziu grande parte do patronato francês, como a família Vuitton na época do Front Populaire. Em 11 de julho, ele coloca um fim à Terceira República, substituída por um governo de colaboração com a Alemanha nazista. Ele desencadeia a Revolução Nacional. São suprimidos os partidos políticos, a liberdade de imprensa, o sufrágio universal, os sindicatos e o direito de greve. A colaboração é instaurada de diversas formas: econômica, com o STO (Serviço de Trabalho Obrigatório); política, com a formação da Milícia; militar, com a LVF (legião de voluntário franceses contra o bolchevismo). Pétain prega "A França para os franceses" e a discriminação racial. Ele encoraja o retorno à terra, o artesanato, a família tradicional e a natalidade. Ele cria o Dia das Mães e torna o divórcio difícil.

Surgem cartazes de propaganda mostrando duas casas. A primeira está deteriorada, tem as janelas fechadas, acima dela tremula uma bandeira vermelha com três grandes blocos rachados chamados "preguiça, demagogia, internacionalismo"; a casa está cercada por nuvens escuras que carregam uma estrela de Davi com três pontos em seu centro.

Uma segunda casa representa a solidez, a vida. Uma fumaça tranquila escapa de sua chaminé, uma presença humana aparece à janela aberta; colunas firmes e sólidas fundações a sustentam, lê-se: "disciplina, trabalho, família, pátria". Ela é encimada por uma bandeira tricolor e se destaca sobre um céu azul onde brilham sete estrelas.

O dr. Ménétrel, eminência parda do marechal, toma em mãos a organização da Propaganda. Em setembro de 1940, nas lojas dos comerciantes expulsos do Hôtel du Parc, ele instala um "gabinete de Documentação e Propaganda". Ele o entrega a Louis Croutzet, um de seus antigos pacientes, auxiliado por Jacques Blech, um alsaciano. Esse gabinete é encarregado de reunir toda a documentação que possa ajudar o já existente serviço de inteligência a respeito de editores, escritores, fotógrafos, cineastas ou jornalistas, franceses ou estrangeiros, que se proponham a publicar documentos sobre a personalidade ou sobre as ações do chefe de Estado. Esse gabinete cria os livros, os cartazes e organiza a censura "sobre tudo o que diz respeito ao marechal"[112], como medalhas ou bustos.

Em 3 de outubro de 1940, sem sequer esperar ser pressionado pelos alemães, o regime de Vichy adota um "estatuto dos judeus", primeira lei francesa abertamente antissemita, aplicável a todo o território francês e que não deixa nada a desejar à Alemanha nazista.

Gaston se queixa das perturbações que sua casa vive durante as primeiras horas da Ocupação: "No mês de agosto de 1940, paguei impostos atrasados a Vichy e recebi uma multa por isso. Em Nice, isso também aconteceu, recebi uma multa de dez francos por ter subido um preço [...]".[113] Perturbações um tanto anedóticas quando comparadas às do grupo André, uma das mais importantes firmas francesas especializadas em calçados, cujos proprietários Roger e Georges Levy são vítimas da "arianização", com outras 50 mil empresas judias[114].

"É PRECISO AGUENTAR FIRME"

Gaston Vuitton compreende rapidamente a incrível oportunidade que se oferece a ele: uma loja Vuitton no centro do poder! Saída espantosa, depois dos difíceis anos que a casa acaba de atravessar... Ele decide que Henry, então com trinta anos, se instalará definitivamente em Vichy. Ele, Gaston, gerenciará as atividades de Nice. Seus dois últimos filhos, os gêmeos Claude e Jacques, ainda não completaram dezessete anos. Jovens demais para se alistar, eles seguem na Côte d'Azur, onde começam seu aprendizado ao lado do pai. Os Vuitton têm um diretor por loja, mas naquele momento delicado Gaston quer todo o controle para si, sobretudo porque a lei de 16 de agosto reestrutura totalmente a produção francesa e coloca cada setor da indústria sob a autoridade de um comitê que representa a profissão em suas relações com organizações francesas e estrangeiras, tomando todas as medidas econômicas, sociais e técnicas que julgar útil: um poder considerável, especialmente junto ao ocupante. Em outubro de 1940 é criada, sob a direção de Régis Ribes, o Comitê de Organização do Couro, que se divide em cinco categorias, duas delas afetando diretamente a casa Vuitton: "Couros verdes e Peles", "Luvaria, Marroquinaria, Artigos diversos em couro".[115] Gaston Vuitton, grande apreciador de presidências mundanas, não aparece em nenhum organograma. Nem de comitês de couro, nem de tecido. No entanto, ele é presidente-fundador da Chambre Syndicale de l'Article de Voyage et de la Maroquineria des Alpes-Maritimes, enquanto seu pai Georges fora, por toda a vida, presidente da de Paris.[116] A história não diz qual dos dois, os comitês ou os Vuitton, não quer o outro.

Gaston logo entende que não pode se ausentar de Paris, onde o comércio continua, ainda que de outra forma. Novos "turistas" de botas, uniformes e braçadeiras com a suástica invadem a Champs-Élysées. O câmbio do marco passa de doze para vinte francos, e os oficiais alemães, entre duas visitas ao Louvre e à Torre Eiffel, correm às lojas para acabar com os produtos de luxo. Eles precisam de tudo, querem tudo. As vendedoras parisienses os apelidam de "mariposas"! Para retomar as palavras de Jacques Henri Lartigue: "Os alemães falam de Paris como de um brinquedo que eles acabam de ganhar de presente".[117] Por suas mulheres, eles gastam muito, compram vestidos de alta-costura, meias, bolsas, perfumes, joias[118]... Em poucos dias, eles acabam com os estoques da Hermès.[119] Depois, eles vão à Champs-Élysées, onde Louis Vuitton ainda oferece nécessaires de toalete muito femininas, estojos refinados com escovas de marfim ou tartaruga, bem como suntuosos porta-joias, alguns contendo verdadeiros cofres. A maioria dos comerciantes se alegra: "Eles pagam em dinheiro vivo!".[120]

Em 24 de outubro de 1940, Pierre Laval, convencido da vitória final do Eixo, incentiva o encontro Pétain-Hitler em Montoire, que consagra a política de Colaboração. Um mês depois, no jornal *L'Illustration*, as casas francesas se reúnem para fazer publicidade e promover seus produtos. Encontramos os joalheiros Chaumet, Mauboussin, Cartier, Boucheron, o relojoeiro Breguet, os perfumistas Lanvin, Guerlain, Lubin, Millot, a companhia de cristais Baccarat, alguns ourives e as marroquinarias Goyard, Duvelleroy e Louis Vuitton.[121] Fiel anunciante do grande semanário de atualidades desde o início do século, a casa Vuitton, ao contrário das outras, não comprará mais nenhuma propaganda até a Libertação, data em que a revista deixa de ser publicada, como o restante da imprensa colaboracionista. Entre 1940 e 1944, porém, seus leitores continuarão vendo na primeira página as lojas do famoso *malletier*. Por outro motivo.

Uma agenda cheia

Os três polos de atração da França se tornam Paris, Nice e Vichy. Gaston e Henry se alegram de ter suas melhores lojas nessas cidades. Eles já podem vislumbrar um futuro mais sereno. Em Nice se reúne a maioria dos artistas parisienses, ao lado de ricas famílias francesas e de bilionários estrangeiros, apreciadores do luxo ostentatório. Nice também conta com vários refugiados, desesperados, que, sem recursos, se suicidam todas as noites em miseráveis quartos de hotel.

Em Vichy, onde Henry Vuitton se estabelece, todos se sentem muito distantes dessas preocupações. Alguns tendem a descrever as faustosas noites mundanas com champanhe e mulheres elegantes, mas a vida que se desenrola no Hôtel du Parc é bastante austera, rigorosa, oficial. Embora as mundanidades e mesas de pôquer não estejam ausentes, elas aparecem no âmbito dos negócios tanto quanto das intrigas. Henry Vuitton sabe disso muito bem e tenta por todos os meios se infiltrar no círculo bastante restrito dos próximos do marechal. Como dirá mais tarde o chefe do gabinete civil, Henri du Moulin de Labarthète, o Hôtel du Parc se transformou numa fortaleza: "A guarda enluvada faz uma filtragem severa nas portas de entrada. As escadarias, corredores, elevadores, habitados por uma horda de funcionários e aproveitadores, são constantemente vigiados. E nossa vida ali se desenrola, apressada mas imóvel, a portas fechadas".[122] Um dos últimos testemunhos dessa época, a irmã de Jacques Frémont, então administrador da Société des Grands Hôtels, confessa que "era como se estivéssemos dentro de uma opereta".[123] Os protagonistas seriam o marechal e seus mais fiéis colaboradores. Um círculo muito restrito, regido por duas pessoas: Ménétrel e Bonhomme.

O dr. Ménétrel desempenha há dez anos os papéis de médico, secretário, amigo e confidente do marechal. Um homem jovem, animado, elegante e antissemita assumido.[124] Ele nunca se afasta do marechal, acompanha-o em sua caminhada diária, almoça e janta com ele, trabalha e dorme no quarto vizinho. Ele será inclusive seu executor testamentário. Sua mulher e suas duas filhas, com quem Pétain costuma brincar, se instalam numa propriedade do Boulevard du Sichon, comprada por seu sogro, Célestin Montcocol, um rico empreendedor que se destacara na construção do metrô parisiense.[125] Todas as noites, enquanto sua irmã cuida de suas filhas, Aline Ménétrel vai jantar no Hôtel du Parc, à mesa do marechal, ou participa das soirées organizadas pelos colaboradores mais próximos de seu marido: "Depois, eu subia para o gabinete-escritório de meu Bernard para dormir e ia embora ao amanhecer, para reencontrar minhas filhas"[126], ela diz hoje, apertando os olhos.

O outro homem de confiança do marechal é o coronel Bonhomme, seu ajudante de ordens; vigoroso, careca, conhecido por seu temperamento cordial, fiel desde 20 de julho de 1926, data em que foi nomeado para o estado-maior do vencedor de Verdun, sob a patente de capitão, comandante, tenente-coronel e, em 1942, coronel. Seu papel consiste essencialmente em gerenciar o cotidiano do marechal, seja organizando suas viagens, acompanhando-o ou, quando necessário, representando-o em diversas cerimônias. Bonhomme é requisitado por toda uma corte de solicitadores que tentam comprar a benevolência do marechal com presentes, convites, recomendações.[127] Ele representa a porta entreaberta para o universo do chefe de Estado, principalmente para aqueles, numerosos, mandados embora pelo dr. Ménétrel, que ergue um muro intransponível entre o mundo e seu superior. O coronel Bonhomme é ao mesmo tempo o homem de confiança e o embaixador do marechal. Paul Racine, encarregado de missão no secretariado particular, braço direito do dr. Ménétrel, lembra ainda hoje: "Ele era corajoso, devotado, seguro, era o homem de confiança absoluta do marechal"[128]. Bonhomme é, acima de tudo, membro do Conselho da Ordem da Francisque Gallique, condecoração criada em 1941 e entregue a cerca de 3 mil pessoas por fidelidade ao marechal. O ajudante de ordens submete, discute e aprova as candidaturas, por isso todos enxameiam a seu redor para estar nas pequenas recepções que ele organiza na intimidade de seu gabinete, no quarto 131.

O coronel registra toda a vida do marechal: seus pagamentos, seus impostos, suas faturas, seus inventários, suas obras de arte, suas malas, seus fornecedores, suas ações do Bon

Marché e todas as associações das quais ele é membro ou para as quais faz doações.¹²⁹

Acima de tudo, todas as noites, ao longo de dezoito anos, de 1926 a 1944, o coronel Bonhomme abre sua agenda e anota zelosamente todos os encontros que teve durante o dia, todos os compromissos do marechal Pétain e o tempo que fez naquele dia.¹³⁰

A mais bela vitrine da França

Enquanto o governo desfaz suas malas, Henry Vuitton coloca as suas no melhor ponto que um comerciante patriota poderia sonhar: seis metros de vitrine em *bow window* entre as portas do Hôtel du Parc e a rôtisserie do Chanteclerc, o finíssimo restaurante do hotel, onde acontecem os cafés da manhã de trabalho do governo e os jantares mundanos dos dignitários do regime. Na fachada da loja, bem como em seu frontão, lê-se duas vezes, em letras pretas: LOUIS VUITTON. Uma vitrine excepcional que nem os oficiais nem o estado-maior deixam de ver quando seus Renault Vivaquatre, passando as barreiras de segurança na entrada da rua, param em fila na frente do hotel. Uma vitrine que também não passa despercebida para a multidão, amontoada no parque a cada aparição do marechal, a cada desfile da Guarda ou dos Chantiers de la Jeunesse Française, a cada hasteamento da bandeira aos domingos, a cada visita de uma autoridade alemã. Um frontão do qual tampouco os fotógrafos escapam: assim que algo acontece à frente do hotel, a casa Louis Vuitton aparece nos jornais.¹³¹

Por mais inacreditável que possa parecer, a casa serve de cenário para todas as manifestações da glória da ordem marechalista. E quando o coronel Barré, chefe da guarda do marechal e da polícia, cerca o setor para operações especiais, ele coloca seus homens de alto a baixo na rua, deixando passar apenas os visitantes oficiais do governo e os clientes da butique Louis Vuitton. Que são os mesmos.

Henry Vuitton goza de outros privilégios. No próprio hall do hotel, entre os doze pilares de "cor *foie gras*"[132], onde se agitam secretários, oficiais, políticos, homens de negócios, embaixadores e os funcionários dos ministérios, ele dispõe de vitrines magníficas: aquelas colocadas, antes da chegada do governo, à disposição dos proprietários das butiques do hotel.[133] Com exceção de Vuitton, todos foram embora. Até a Van Cleef & Arpels precisou fechar as portas: "O dr. Ménétrel me pediu para receber a sra. Arpels. Lembro-me muito bem, era uma jovem mulher de cabelos loiros encaracolados... Ela não pôde fazer nada, coitada, eles foram expulsos como os outros"[134], conta Paul Racine. Em algumas dessas vitrines, o coronel Bonhomme mandou colocar cortinados bordados com pequenas *francisques* [machados de duas lâminas], emblemas da Revolução Nacional, e dispôs os presentes oferecidos ao marechal. Henry apresenta nas vitrines à sua disposição pastas de couro, pequenos artigos de marroquinaria, acessórios. E também no hall do Grand Casino de Vichy, do outro lado da rua: "Antes da guerra, os comerciantes de luxo como Vuitton ali expunham seus artigos", conta Josette Alviset, responsável pelos Archives de l'Opéra de Vichy, "e certamente continuaram, pois já não havia muita gente além deles e da casa Lancel".[135] O fim do ano está chegando, Henry antecipa os presentes que os oficiais darão a suas esposas. Gaston já repetira dezenas de vezes ao filho: pense nos presentes de fim de ano do governo. E, a longo prazo, nos presentes oficiais.

Para os Vuitton, as vitrines do Hôtel du Parc valem mais que qualquer página de publicidade: dezenas de visitantes esperam todos os dias no hall para serem recebidos em audiência pelo marechal, pelo coronel Bonhomme, pelo dr. Ménétrel e pelos diferentes chefes de gabinetes civis e militares. Todos matam o tempo sentados em bancos adjacentes às paredes, lendo os anúncios legais e os relatórios dos tribunais no *La Semaine de Vichy-Cusset et du Centre*, depois passando entre as vitrines do hall. Henry não perde as esperanças de demonstrar os recursos da casa ao círculo do marechal.

Naquele fim de 1940, no dia 27 de dezembro, no Théâtre du Châtelet, Sacha Guitry, membro do Comitê d'Organisation des Entreprises du Spectacle, participa do Natal do marechal Pétain diante de uma assembleia de parisienses. Fiel cliente de Gaston Vuitton, Guitry gosta de lhe dizer brincando: "Ele é o homem que mais me fez malas* na vida".[136]

"Outras cartas na manga"

Trinta anos depois da guerra, Gaston Vuitton confessaria a alguns interlocutores, que dificilmente imaginavam o que suas palavras sugeriam: "Passei por anos muito difíceis e, se não tivesse outras cartas na manga, teria fechado as portas".[137] A partir de janeiro de 1941, de fato, as restrições se fazem sentir. Um decreto proíbe a fabricação de bolsas de couro, que desaparecem do comércio, para grande desespero das coquetes. Multiplicam-se os anúncios do tipo: "Troco casaco de pele por bolsa de couro".[138] Para contornar a proibição, os fabricantes começam a usar peles aparentemente mais raras, mas mais fáceis de conseguir: cobra, lagarto, crocodilo. A casa Vuitton, sob o impulso de Gaston, já utiliza esses couros de luxo, im-

---

* Trocadilho com as palavras "mal" e "malas", que têm a mesma pronúncia em francês. (N.T.)

portados em grandes quantidades durante os loucos anos 1920 para satisfazer as encomendas dos clientes mais prestigiosos ou mais extravagantes. Em 1941, os ateliês de Asnières ainda têm meios para produzir bagagens e acessórios com essas peles, graças aos estoques do pré-guerra. Outras casas de costura, como as de Lucien Lelong e Worth, precisam se contentar com materiais mais modestos. Assim, o moleskine se torna um dos materiais mais cobiçados, em virtude de sua solidez e de sua fácil manutenção.[139] Mais uma vez, Gaston Vuitton, que o utiliza há muitos anos para revestir suas malas, não precisa se preocupar: ele dispõe à vontade dessa preciosa matéria-prima.

É sem dúvida esse estoque tão cobiçado que desperta o interesse dos alemães pelos negócios dos Vuitton: na fábrica de Asnières, de reputação exemplar, eles admiram as ferramentas e as máquinas utilizadas para trabalhar o couro e a madeira, a reserva de peles, os carros de entrega e as casas residenciais no jardim. Eles decidem não ir embora. A filha mais velha de Gaston, sra. Andrée Vuitton, fala de suas relações com a *kommandantur*: "Eles vieram, um dia, buscar todos os fuzis de meu pai. Alguns dias depois, a *kommandantur* me ligou para dizer 'Senhora, ainda resta uma arma em sua casa. Eu disse que não, que estava dizendo a verdade! Porque eles tinham requisitado a fábrica e ocupavam a casa de minha avó... Mas eles me convocaram. À noite, vasculhei tudo e, na gaveta da cômoda de minha mãe, encontrei um pequeno revólver dobrável num pequeno estojo, que não era Vuitton, aliás. Quando o oficial veio me buscar no dia seguinte para me acompanhar até a *kommandantur*, mantive o revólver numa dobra de minha saia e pensei comigo mesma que 'minha filha, você está perdida se eles pegarem você!'. Ao sair da *kommandantur*, caminhei em linha reta por um longo, longo tempo e, tremendo, atirei o revólver numa lata de lixo".[140]

Um membro do exército alemão, provavelmente um oficial superior, se instala na casa de Joséphine, a antiga casa de Louis, hoje Museu Louis Vuitton, em Asnières... Na Rue de la Comète, a poucos metros dali, a fábrica Chausson, cujos dirigentes "são amigos dos Vuitton"[141], colocou-se voluntariamente a serviço da Wehrmacht, "aproveitando a Ocupação para adquirir o monopólio sobre a fabricação de radiadores", explicará Paul Berliet, filho do "rei dos caminhões", durante seu processo, após a Libertação.[142]

A fábrica dos Vuitton também serve à Alemanha? Ela produz sob controle alemão para os clientes abastados do mercado negro e de Vichy? De maneira voluntária ou sob coação? Em que momento ela é requisitada? Sabemos apenas "que ela produz para o ocupante", segundo uma fonte familiar extremamente próxima, a única a aceitar falar sobre os fatos, anonimamente. Também é certo que a fábrica de Asnières é capaz de produzir coisas muitos diversas: cintos de couro para oficiais ou civis, baús militares e macas, como durante a guerra de 1914-1918. Dos ateliês também saem caixas para embalar quadros, objetos, arquivos e similares, pois Gaston manteve sua atividade de *emballeur* no subsolo da loja da Champs-Élysées.[143] Mas não restou nenhuma prova de negócios com os ocupantes, apenas uma frase de Gaston, que evoca seu papel de *emballeur* no passado: "Para quadros, fiz muitas embalagens, para traficantes também – sem saber".[144]

Sabemos, por outro lado, que grandes casas, como Pusey, Beaumont, Crassier, que embalaram todos os bens do Jeu de Paume e da embaixada da Alemanha[145], trabalhavam diretamente para o inimigo. E que casas menos importantes, como Tailleur Fils et Cie, produziam, por sua vez, para a Revolução Nacional.[146] Nem todas aceitaram colaborar. A empresa familiar de André Chenue, *layetier-emballeur* há sete gerações, fornecedores das Manufactures Nationales e da Presidência da República, requisitada em 1939 para colocar todas as obras dos museus nacionais, entre os quais o Louvre, ao abrigo das exportações para a Alemanha, a seguir foi encarregada de embalar os bens de várias famílias judias, como os Rothschild. Hoje, Pierre Chenue, descendente do fundador, conta: "Sob a Ocupação, nossos operários-*emballeurs* eram encarregados pelos alemães de colocar tudo em guarda-móveis. À noite, meus pais repassavam todos os inventários à mão para modificar os nomes de consonância judaica. Eles os protegiam como podiam das pilhagens. No entanto, éramos vigiados bem de perto pela Gestapo".[147]

Segundo vários profissionais da área, a casa Louis Vuitton dispunha de todos os materiais necessários para a fabricação de caixas. Gaston e Henry escrevem, depois da guerra, num histórico redigido a quatro mãos: "1940: Invasão – Armistício. As fábricas de Asnières e Paris são separadas de Nice e Vichy pela linha de demarcação. É preciso aguentar firme".[148] Esse "é preciso aguentar firme" ainda soa como uma tentativa de justificativa por tudo o que se seguirá. Porque eles aguentam firme.

Londres é requisitada

Em Nice, onde Joséphine e os seus se refugiaram, o regime de Vichy foi bem acolhido. As redes de extrema direita são inclusive tão ativas que valem à cidade o apelido de "filha mais velha da Revolução Nacional". A butique do Jardin Albert I é mantida pela família Vuitton. Ali estão Joséphine, chefe do clã, e Renée, a mulher de Gaston, com seus filhos: Denyse, 23 anos, Odile, 19 anos, e os gêmeos Claude e Jacques, 17 anos. Gaston, que voltou para Paris[149], segue as ordens dos ocupantes da fábrica de Asnières e dirige as atividades de Vichy. Andrée, sua filha mais velha, de 34 anos, dirige a fábrica. "Durante a guerra, de 1939 a 1943, é graças a mim que a casa Vuitton continua. Eu a salvei..."[150], hoje clama essa centenária num tom determinado.

A loja da Champs-Élysées, onde se amontoam traficantes e ocupantes, é aberta quase vazia, com exceção de alguns objetos extremamente luxuosos que não tinham encontrado comprador antes da guerra. Por telefone, Gaston mais do que nunca recomenda ao filho Henry que cuide de suas relações com o círculo mais íntimo do marechal, em especial com o homem de confiança do chefe de Estado, o coronel Bonhomme. É preciso, ele diz, manter relações com ele. Pois os negócios tampouco vão bem em Vichy. O almirante Darlan, que assume a frente do governo em fevereiro de 1941, tinha comprado uma mala, mas, como hoje diz a sra. Ménétrel: "Louis Vuitton não vendia nada porque nada se vendia em Vichy!".

Gaston insiste que seu filho saia da reserva e demonstre com mais força, com mais clareza, como os Vuitton compartilham das concepções do chefe de Estado, em especial sobre o artesanato e o trabalho manual, a respeito dos quais ele declara que não é "menos nobre nem menos proveitoso, mesmo para o espírito, manejar tanto a ferramenta quanto segurar a pluma, e conhecer a fundo um ofício". Segundo Paul Racine, braço direito do dr. Ménétrel: "Isso é Vuitton, isso é o que ele gostava no marechal, entre outras coisas".[151]

Gaston sem dúvida lembra ao filho a eloquente mensagem de Pétain para o dia 1º de maio de 1941, em Saint-Étienne: na empresa, operários, técnicos e patrões compartilham os valores do trabalho para se entender e garantir o bem comum. Uma fala que coincide com o estado de espírito da família. Quinze anos antes, em 1926, Gaston Vuitton recebera a Legião de Honra e dirigira a seus operários o seguinte discurso, claramente parecido: "Junto conosco, vocês fazem o esforço cotidiano, esforço obscuro ou brilhante, esforço da mão de obra ou do diretor, esforço do operário ou do vendedor, todos concorrem para o sincronismo de nossa organização, para o resultado final, para o sucesso".[152]

Gaston sabe que nesse período sombrio a sobrevivência da empresa Vuitton & Vuitton depende de sua participação na Revolução Nacional. Antes dele, seu avô Louis e seu pai Georges tinham sido fornecedores de presidentes, reis, príncipes, marajás, paxás... Mas ele pressente que, da noite para o dia, um passo em falso poderia acabar com tudo. Ao contrário de Georges, ele quer ganhar dinheiro. Além disso, a loja de Londres é requisitada: a corte da Inglaterra sem dúvida não gostou que eles preferissem a do marechal. Em 1941, portanto, tudo leva a crer que Gaston incita o filho a agir, a se infiltrar, a rentabilizar seu tempo, suas relações e sua produção, a imaginar novos mercados, a se tornar um fornecedor oficial do regime.

Mas como Henry Vuitton poderia encontrar alguma afinidade com o ajudante de ordens do chefe de Estado francês? A resposta não se faz esperar. Em Vichy, naquele ano de 1941, todos os homens têm ao menos um interesse em comum: o pôquer de dados. E há um lugar onde ele é jogado: no Cintra.

Espirais de fumaça

O Cintra é um bar de Vichy muito badalado no meio da imprensa e da propaganda, "um antro de colaboracionistas e gestapistas", dirá Pol Pilven ao jornalista Pierre Péan durante sua investigação sobre a juventude de François Mitterrand.[153]

Informação confirmada até hoje pela antiga proprietária, Anne-Marie Fourniol: "Era um bar muito em voga! Infelizmente, durante a Ocupação, a Gestapo, que se instalara numa cidade ao lado, também o frequentou bastante".[154] Localizado num dos famosos "chalés do Imperador", o Cintra tinha como gerente o sr. Fougny, que trabalhara no Fouquet's, falava fluentemente alemão e gostava de repetir à sua clientela que ela estava numa das casas construídas por Napoleão III para suas temporadas em Vichy com a imperatriz Eugénie.[155] Em 1941, a única coisa que o bar conserva do Segundo Império é a fachada e o jardim ao abrigo da agitação da rua. É nesse cenário rústico que se reúnem todas as noites os jogadores de cartas, apostadores de corridas hípicas e apreciadores de mulheres. Não há outras distrações em Vichy: as mundanidades da Colaboração parisiense estão longe. A saída é jogar. Alguns gostam do ambiente semimundano do Hôtel du Parc, para conversar em torno do bilhar, com uma taça de champanhe na mão; outros preferem a atmosfera do Cintra, onde o pôquer de dados e o conhaque dão um fim às conversas políticas. Henry Vuitton "um jovem alto de trajes muito britânicos, muito elegantes, mas muito apertados!"[156], como o descreve Paul Racine, frequenta assiduamente o Cintra, na esperança de tecer novas relações.

Ele provavelmente está ocupado demais tentando ser aceito pelo círculo do marechal para se enternecer com a história do local e pensar que ali vivera a mais prestigiosa cliente de seu bisavô. Mas como seu ancestral, Henry tenta se aproximar dos poderosos e persegue um único objetivo: conseguir um encontro com o coronel Bonhomme.

Os bustos do marechal

É provavelmente no Cintra, ao longo do ano de 1941, que Henry Vuitton tem um encontro determinante com Jacques Blech. Esse alsaciano, que mais tarde dirão ter relação com o general Dungler, líder de uma rede de resistência alsaciana e presidente de uma importante seção do movimento extremista Action Française, é funcionário do gabinete de Documentação e Propaganda. Vichy é então um negócio de família: Blech, cujo irmão é adido no departamento de Prisioneiros, trabalha ao lado de Robert Lallemant, cunhado da sra. Ménétrel. Esse homem, que Paul Racine descreve como "sério, muito reservado, sem dúvida devido a suas atividades clandestinas"[157], ao que tudo indica gosta de Henry Vuitton, cujo caráter pouco expansivo se assemelha ao dele. Henry, por sua vez, sabe por que gosta de Blech: o gabinete de Propaganda cuida de todos os presentes oferecidos pelo marechal; e Blech, que gerencia as questões financeiras[158], também controla a escolha dos presentes artísticos.[159]

Henry Vuitton sabe que Robert Lallemant acaba de criar para o gabinete um Serviço Artístico do Marechal, cujo objetivo é criar belos objetos: "Sobre os antigos temas da Pátria, da Família e do Trabalho, ele nos pede para tecer novas rimas, fundir novas obras-primas", conta uma nota anônima de sua equipe, "timidamente, a princípio, com meios modestos, o Serviço Artístico solicitou, ajudou, sugeriu pintores, artesãos, desenhistas, gravadores, escultores, que responderam à proposta; pouco a pouco, uma arte tomou forma".[160] O desejo de Lallemant é menos disseminar objetos em profusão do que estabelecer uma seleção. Ele tem um olho perspicaz: antes da guerra, ele era ceramista da prestigiosa Manufacture de Sèvres, que desde a Ocupação tem sua gestão confiada a um administrador, quase interrompendo sua produção de porcelanas.[161] Em Vichy, Lallemant tem como colaborador o capitão Ehret, antigo joalheiro da casa Van Cleef e grande amigo do coronel Bonhomme, chegado há poucos meses com mulher e filhos. A filha de Robert Ehret, adolescente na época, hoje conta: "Um monte de gente vinha apresentar, no gabinete de Documentação e Propaganda, objetos que eles queriam difundir. Víamos de tudo! Jarras, canetas, medalhas, pequenas estátuas, pequenos bustos, todo tipo de objetos com a efígie do marechal. Na maioria das vezes, eram muito ruins e, acima de tudo, de péssima qualidade. Foi preciso filtrar tudo aquilo...".[162] Lallemant e Ehret escolhem os artistas oficiais que vão produzir os presentes para o gabinete do marechal. As peças mais importantes serão as jarras e os bustos do marechal. Em Nancy, a Cristallerie Baccarat é incumbida da fabricação de suntuosas jarras esculpidas, dadas de presente até 1944. Em março de 1941, Lallemant pede a François Cogné[163] – escultor que participa de várias exposições internacionais desde o início do século e faz a escultura de Pétain depois da batalha de Verdun – que realize o busto do chefe de Estado francês. Ele quer apresentar uma peça no Salon de l'Imagerie que ocorrerá no Pavilhão de Marsan, em Paris, no início de maio.[164] Ele também confia a Cogné a produção de importantes medalhas com a efígie do marechal, moldadas pela Manufacture de Sèvres, à qual Robert Lallemant cogita pedir, num primeiro momento, a produção do busto de Pétain. Ele escreve na lista de objetos a apresentar no Salon de l'Imagerie: "Pequeno busto em *biscuit* por François Cogné – Manufacture de Sèvres".[165] Depois, ele muda de ideia. E o retira da lista.

A produção do busto do marechal em *biscuit* é julgada cara demais, sobretudo em grande formato? Sèvres tem poucos funcionários para garantir todas as produções solicitadas por

Vichy? É mais provável que o gabinete de Documentação e Propaganda tenha subitamente percebido que a produção de bustos pela Manufacture de Sèvres, mergulhada em gastos de gestão desde o início da guerra, paralisada pela falta de matérias-primas[166] e colocada sob o controle de um administrador, seria uma tarefa complicada. Além disso, produzir na Zona Ocupada não facilita nem o acompanhamento dos produtos, nem o trabalho da censura, nem os envios. Lallemant e Ehret pensam em outra solução: é preciso pensar numa produção em série e, para isso, eles precisam de um industrial.

É nesse ponto que os Vuitton conseguem colocar seu projeto em ação: eles se tornam fornecedores do regime. Gaston e Henry instauram em Genat, na comuna de Cusset, uma fábrica especialmente dedicada à produção de objetos para a glória do marechal Pétain. Eles criam, em especial, ateliês de moldagem, retoque e embalagem para os bustos do chefe de Estado francês por François Cogné. A história não nos diz com que material são feitos os bustos. As primeiras correspondências encontradas nos arquivos datam de dezembro de 1941, mas subentendem que nesse período a fábrica está pronta e ativa há algum tempo.[167] Outras fontes permitem afirmar que sua atividade é confirmada em 1942 e 1943. Tudo leva a crer que ela atravessará a guerra.

A fábrica Vuitton & Vuitton de Cusset nunca foi registrada junto ao tribunal de comércio da comuna, embora seus dirigentes tenham passado essa impressão. O número de registro que figura no cabeçalho "Vuitton & Vuitton – Serviço de reprodução – Bustos do marechal Pétain – Por François Cogné" corresponde àquele atribuído à loja do Hôtel du Parc em Vichy, quando de sua criação em 1926[168]... Manobra jurídica ou de dissimulação? No departamento de Allier, os arquivos em todo caso não conservam nenhum vestígio do estabelecimento.

Surge a questão de saber se a fábrica foi declarada. O escrivão do Tribunal de Comércio de Cusset afirma: "Uma única data aparece em nossos registros: 1926. A usina não foi declarada, o que podia acontecer à época".[169]

Somente a junta de comércio de Paris apresenta um registro de atividade em 3 de novembro de 1941, com estatutos registrados um mês depois, especificando "Modif. Aff. Paris em 20, 21, 22 dezembro de 1941" (de modificação de negócios Paris[170]). Essa menção poderia corresponder à mudança de atividade da empresa e à abertura de sua segunda fábrica, ainda que "à época, tudo costumasse ser feito desordenadamente", diz um funcionário dos Arquivos de Paris. É importante observar que, durante os registros feitos pela família Vuitton entre 1920 e 1935, entre outros para a criação de suas sucursais, a descrição da sociedade Vuitton & Vuitton é então "Fábrica de artigos de viagem".[171] Depois surgem as datas de mudança de atividade entre 1941 e 1943, e vemos aparecer num relatório de registros (inscrições efetuadas depois da guerra) uma nova descrição de sociedade. A antiga foi riscada e substituída por outra, mais significativa: "Estudo, criação, aquisição, fabricação, exploração, venda, importação e exportação de todos os tipos de artigos de viagem, [...] fotografia, peles, perfumaria, escritório, fumo, ourivesaria, cutelaria, cristais, jogos e brinquedos [...] bem como a venda de obras originais *e a reprodução em todos os suportes de obras de arte* [...]".[172] Tudo é feito legalmente em Paris para tornar possível, depois de 1941, a produção de objetos Vuitton em Cusset.

Nenhum arquivo especifica como foram definidos os termos de um contrato de reprodução dos bustos do chefe de Estado francês. Henry Vuitton parece ter, em meados de 1941, entrada suficiente junto a membros do gabinete de Documentação e Propaganda para conseguir esse negócio. A ponto de correr o risco de montar uma fábrica inteiramente dedicada a essa atividade! Uma fábrica-modelo, que provavelmente contrata alguns trabalhadores de Asnières refugiados em zona livre.

O gabinete de Documentação, onde Blech trabalha, reproduz esses bustos e decide que funcionários ou dignitários do regime os receberão. Blech controla o orçamento do gabinete; é ele, provavelmente, quem faz as encomendas à sociedade Vuitton & Vuitton. Ele a seguir será substituído por Robert Ehret. Devido a suas funções, Blech frequenta regularmente o Cintra, onde os jornalistas se encontram. Ele cruza com Simon Arbellot, da assessoria de imprensa, que às vezes aparece na companhia do amigo François Mitterrand.[173]

Uma noite, depois de alguns uísques, o jovem Vuitton explica a Blech que é o descendente de uma grande família de artesãos franceses. Em meio às espirais de fumaça, ele conta por que participa da Revolução Nacional, fala com orgulho de sua fábrica em Cusset, dos bustos do marechal, que Blech conhece bem, e de seus problemas de organização.

Desde o fim de 1941 Henry tem um problema: os gabinetes do Trabalho lhe proíbem de trazer de Paris operários "retocadores", que ele precisa para sua fábrica de Cusset.[174] Blech se propõe a apresentar-lhe Bonhomme. O coronel, ele diz, é o homem que pode ajudá-lo. Ele tem todas as respostas. Vuitton precisa falar com ele. Blech pedirá a Ehret que marque um horário. Ehret é seu amigo e ele, Blech, logo deve deixar Vichy.

"10H – Vuitton"

Na manhã de 31 de janeiro de 1942, o coronel Bonhomme lê em sua agenda o primeiro compromisso do dia: "10h – Ehret – sr. Thomas, ex-pres. antigos combat. Moselle – Vuitton".

Desde que entrou para o serviço do marechal Pétain, em 1926, Bonhomme segue em contato estreito com todas as associações de antigos combatentes. Há dezenas delas, que apoiam com fervor o vencedor de Verdun, e este último não deixa de lhes fazer doações ou condecorá-las a título comemorativo, o máximo que o calendário permite. Os membros dessas associações também são grandes compradores de medalhas. A prioridade do momento não é a compra de tais objetos, com certeza, mas os antigos combatentes demonstram uma fidelidade inabalável ao marechal. Eles não se esquecem das medidas tomadas durante a crise de 1917 e as atenções que ele conferiu às tropas.

Naquela manhã, em Vichy, Robert Ehret apresenta Henry Vuitton, reprodutor dos bustos de Pétain, ao homem de confiança do marechal. Henry Vuitton também reproduz as medalhas de François Cogné em terracota, gesso ou bronze, que serão distribuídas aos milhares pelo gabinete do marechal entre 1941 e 1944?[175] Tudo leva a crer que sim, a começar por seus encontros com os mais importantes dirigentes de antigos combatentes ou legionários como o sr. Jourdain dos "Gueules Cassées" ou o sr. Appy da Légion des Combattants de Vichy.[176]

Em 3 de fevereiro de 1942, o coronel Bonhomme dá uma olhada em sua agenda: "12h – Reunião Majestic – Germot – Aletti – Barré – Gorost. – ocas. francisque dr. Frémont". Ele tem um encontro com os donos do Hôtel du Parc, Germot e Aletti, na presença do coronel Barré, chefe da segurança do marechal, para entregar a Jacques Frémont, o terceiro administrador do hotel, sua insígnia da Ordem da Francisque: sendo Barré e Bonhomme seus padrinhos[177], a condecoração é celebrada no Majestic. Eles estão entre "amigos": um mês antes, em 3 de janeiro de 1942, Bonhomme entregara, na presença de Aletti, a Ordem da Francisque a Maurice Germot.[178] Dessa vez, Bonhomme convidou um de seus amigos íntimos, o coronel de

Gorostarzu, chamado "Gorost", próximo do chefe de Estado. Todos combinaram de se encontrar ao meio-dia.

O coronel observa então que, antes dessa reunião, ele tem outro compromisso: "11h – Vuitton".

Trata-se do primeiro encontro oficial a sós, num gabinete do Hôtel du Parc, entre Henry Vuitton e o coronel Bonhomme. Outros encontros provavelmente ocorreram antes, no Cintra: "Ehret, Vuitton e Bonhomme se conheciam bem. É normal que tenham se encontrado, estavam no hotel! E era um vilarejo", repetem Paul Racine, Aline Ménétrel e a filha de Robert Ehret.[179]

A Francisque

Não há nenhum detalhe na agenda de Bonhomme sobre o assunto da reunião com Henry Vuitton, no dia 3 de fevereiro de 1942. Encontramos nos papéis do coronel Bonhomme apenas os estatutos do Fundo de Previdência instaurada em Asnières pelos Vuitton. Em contrapartida, para a reunião seguinte, que acontece três semanas depois, em 22 de fevereiro, sabemos tudo: "11h30. Majestic. Vuitton – Appy – Wurslin por ocasião da Francisque".

A Francisque é a insígnia de fidelidade ao marechal. Uma condecoração idealizada pelo dr. Ménétrel para distinguir "os fiéis do chefe de Estado". Em setembro de 1940, o próprio médico desenha um esboço, baseado no seguinte comentário: "É o símbolo do sacrifício, o símbolo da coragem".[180] Ele escolhe o nome do machado de guerra dos germânicos e dos francos, e pede a Robert Ehret, enquanto antigo joalheiro da casa Van Cleef & Arpels, que a mande fazer por Augis em Lyon. Essa condecoração sem fita (um machado de dois gumes, com as duas lâminas esmaltadas com as cores da bandeira tricolor, presas a

um bastão de marechal azul ornado com dez estrelas douradas) se torna o emblema do governo de Vichy. A lei de 16 de outubro de 1941 a declara oficialmente "insígnia do marechal da França, chefe de Estado francês" e determina as condições para sua atribuição: seja pelo próprio Pétain, seja pelo Conselho da Ordem da Francisque, composto por doze membros nomeados pelo marechal. Para recebê-la, o candidato deve ser apadrinhado por dois titulares, apresentar garantias morais incontestáveis e satisfazer no mínimo a duas das seguintes condições[181]:
– ter tido, antes da guerra, uma ação política e social a favor das ideias da Revolução Nacional;
– manifestar desde o início da guerra um envolvimento ativo com a obra e a pessoa do marechal;
– ter excelentes referências de serviços militares ou cívicos.

Uma mensagem, aliás, é entregue a todos os membros da Ordem: "Esta insígnia é a recompensa por sinais excepcionais de devotamento ao marechal e ao Regime Novo, os padrinhos não devem, portanto, apresentar candidatos apenas por simpatia ou em virtude de relações pessoais de amizade".[182] Uma outra mensagem adverte que "o simples fato de ser um homem de valor não basta para colocar o candidato entre os que podem se associar à obra do marechal e têm o ardente desejo de propagar sua doutrina no presente e no futuro".[183] Paul Racine, então no secretariado particular do marechal, insiste: "Era um gesto significativo receber a Francisque. Poderia haver relações de amizade para a abertura de uma candidatura, talvez, mas camaradagem para obtê-la, com certeza não! O Conselho da Ordem era intransigente. E, ao contrário do que muitas vezes se disse, ninguém a recebia pelo correio. Para obtê-la, era preciso fazer o pedido pessoalmente".[184]

Henry Vuitton é candidato. Talvez pense nisso há muito tempo. Ele preenche o formulário de "pedido de atribuição da Francisque".

"Eu, abaixo-assinado Henry-Louis Vuitton, declaro ser francês de pai e mãe, não ser judeu nos termos da lei de 2 de junho de 1941 e nunca ter pertencido a uma sociedade secreta."

Depois, ele especifica sua "profissão atual" e sua "profissão antes de 1939". Nada espantoso nisso: os titulares costumam ser membros do governo que abandonaram seu ofício. Depois, ele lê com atenção o artigo 2: "a Francisque é uma marca distinta destinada a franceses cujo civismo e patriotismo estão a serviço da pessoa do marechal, que só a concede após um exame dos títulos do candidato"[185] e confirma seu pedido com uma assinatura. Logo acima, há o juramento a ser pronunciado caso seu pedido seja aceito: "Faço dom de minha pessoa ao marechal PÉTAIN, como ele faz dom da sua à França. Comprometo-me a servir seus discípulos e a permanecer fiel a sua pessoa e sua obra".

Em 22 de fevereiro de 1942, vinte dias depois de sua primeira reunião com Bonhomme, e sem dúvida por insistência de Blech, Henry Vuitton recebe a Francisque no hotel Majestic. Em troca de sua insígnia, ele jura fidelidade ao marechal, na presença do sr. Appy[186], presidente da Légion des Combattants em Vichy, e do comissário Wurslin, chefe da polícia do marechal, homem cuja assinatura, estranhamente, encontramos nas cartas que fazem encomendas de presentes, como tesouras e canivetes[187]...

O pedido de Henry Vuitton foi provavelmente classificado pelo Conselho da Ordem na categoria 1: "que parecem dever ser aceitos sem discussão".[188] Seu número de pedido, "1.104"[189], atesta que ele está entre os primeiros a ser condecorado. Uma lista estabelecida pelo Conselho da Francisque em 10 de abril de 1942, encontrada na correspondência do coronel

Bonhomme, apresenta o nome de todos os membros condecorados de junho de 1941 a março de 1942: ela tem apenas 57 nomes, entre os quais o de Henry Vuitton.[190] Ele a recebe antes mesmo que alguns homens de confiança, como o diretor da Compagnie des Wagons-lits, Pierre Mareschal (n. 1536), ou o diretor-geral da SNCF, Robert Le Besnerais (n. 1973), cuja ação é claramente engajada no gabinete civil ao qual esses senhores "prestam inúmeros serviços na atribuição de lugares para os membros do gabinete".[191] "É evidente", confidencia Paul Racine, "que ser condecorado com a Francisque em 1942 revelava um verdadeiro devotamento ao marechal. Depois, a partir de 1943, a Francisque perdeu um pouco seu sentido, ela queria dizer sobretudo que se era antigaullista; era então difícil que o marechal recusasse os pedidos de candidaturas feitas por Laval...".[192]

Hoje restam apenas algumas listas parciais dos titulares da Francisque. A maior parte desses documentos foi destruída junto com os arquivos do Conselho da Ordem, em 1944. Documentos quase classificados como secretos, dos quais se falam com meias-palavras, que são consultados com autorização em arquivos inacessíveis ou repassados por conhecidos, essas listas são todas diferentes, todas incompletas. As duas onde o nome de Henry Vuitton aparece estão nos Arquivos Nacionais: uma, datilografada em tinta roxa, é composta por cinquenta folhas soltas em papel-cigarro que revela a penúria da Ocupação. Essa lista indica que Henry é industrial, residente ao número 70 da Avenue des Champs-Élysées, e diz o nome de seus padrinhos: Blech e Bonhomme.[193]

Não há dúvida do que a Francisque representa, no início de 1942, para Henry Vuitton. O que ele produz e embala em sua fábrica em Cusset revela a sua devoção ao serviço e à obra do marechal da França, seu civismo e seu patriotismo, o coroamento de um pensamento de acordo com os valores do ofício, do patronato e do artesanato, no sentido em que o Regime Novo os entende. Depois da guerra, Henry raramente mencionará essa condecoração, cujo uso foi proibido a partir de 1944 pelo Comitê Francês de Libertação Nacional. Em contrapartida, ele mencionará no *Who's who* uma medalha comemorativa da guerra 1939-1945... Henry teria "totalmente vergonha do que havia feito", como diz hoje um de seus antigos colaboradores? Observamos apenas que, até 1944, se um titular se sentisse em oposição com os valores defendidos pela insígnia, era possível ser retirado da Ordem. Para isso, bastava-lhe devolver a Francisque, como um engenheiro parisiense correu o risco de fazer em dezembro de 1942.[194]

O ENTENDIMENTO CORDIAL

Em Vichy, em 1942, assim que sua Francisque é fixada na lapela de seu elegante paletó, Henry Vuitton se torna um íntimo do coronel Bonhomme, com quem os encontros se multiplicam. Para negócios ou pôquer. Em seu gabinete ou diante de um copo. Bonhomme lhe apresenta seu círculo. Todo seu círculo. E resolve, como previra Gaston, todos os problemas de Henry.

Uma carta com cabeçalho da fábrica de Cusset[195], datada de 18 de março de 1942 (três semanas depois do episódio da Francisque) e assinada por Henry, dá o tom a relação entre eles. Os dois homens se viram pela manhã para falar de uma caneta que Bonhomme gostaria de produzir em série para servir de presente protocolar.

Henry aproveita para lhe pedir para resolver um problema de salvo-conduto[196]:

Cusset, 18 de março de 1942
COMANDANTE BONHOMME
HOTEL DU PARC (Vichy)

Meu comandante (nota: Bonhomme ainda não foi promovido à patente de coronel),
Dando continuidade à conversa da manhã, temos o privilégio de lhe indicar abaixo as informações que o Comissariado para Luta contra o Desemprego de Vichy nos transmitiu em 16 de março corrente.

Seguem-se as explicações de Henry: desde o mês de dezembro de 1941, esse organismo lhes propôs a candidatura de quatro retocadores, para os quais redigiram imediatamente cartas de contratação. Mas eles não conseguem obter seus salvo-condutos.

Ele acrescenta:

Desde essa data os retocadores esperam os papéis que lhes permitam vir trabalhar em nossa fábrica de Cusset, mas infelizmente não receberam nada. Segundo as informações que os serviços de Vichy fizeram o favor de nos dar em 16 de março, seria preciso uma pressão junto ao sr. Bussot para saber se ainda devemos esperar a vinda desses retocadores, ou se devemos considerar que eles nunca poderão vir para Cusset.
À espera de uma convocação de sua parte, que nos informe com exatidão sobre a vinda dessas pessoas, receba, meu comandante, a certeza de nosso profundo respeito.
Henry-Louis Vuitton

Em 48 horas, o problema é resolvido. O coronel Bonhomme escreve na carta "Feito em 20/3/43"[197], guarda a carta e os retocadores chegam à fábrica de Cusset.

A partir desse momento, Henry Vuitton e Bonhomme decidem trabalhar juntos. A frequência de seus encontros se intensifica. Embora alguém, no gabinete do marechal, tenha definido oficialmente, alguns meses antes, com a sociedade Vuitton & Vuitton, os termos de um ou vários contratos de reprodução, Henry, guiado por seu tino comercial e pelas pressões de seu pai, não deixa de continuar explicando ao confidente mais próximo de Pétain os potenciais da empresa familiar em matéria de reprodução. Ele sem dúvida mostra a Bonhomme os catálogos da casa: "Presentes Louis Vuitton: saber escolher para saber dar, arte difícil", ou ainda "Do presente ou das boas maneiras"; neles se encontram todos os acessórios que Gaston reproduz há alguns anos sob licença, objetos de artistas renomados ou modelos nos quais ele se inspira e assina; todos esses pequenos acessórios, objetos preciosos ou bibelôs, servem para encher as magníficas nécessaires Louis Vuitton... A maioria é vendida separadamente, como bugigangas ou presentes: tesouras, estojos de manicure, pentes, bomboneiras, porta-retratos, piteiras, bicos de pena, canetas, carteiras etc.

Henry sugere guiar o gabinete de Propaganda na escolha de seus presentes? Ele se torna fornecedor dos bicos de pena[198], das canetas[199], das tesouras[200] ou das famosas bomboneiras oferecidas pelo gabinete do marechal, entre 1942 e 1944, em especial a Yvonne Printemps[201], cliente da casa Vuitton? Embora as bomboneiras e caixas para pastilhas sejam feitas em Sèvres, as jarras de cristal sejam feitas por Baccarat e os talheres por Puiforcat[202], Gaston Vuitton tem todos os contatos para garantir a produção em série de outros objetos, como o busto do marechal. Por exemplo, desde os anos 1930 ele "reproduz e coloca em estojos encantadoras tesouras de prata, inspiradas nos desenhos de Ballet".[203] Idem para as canetas, acessórios para fumantes etc. Sabemos, além disso, que esses presentes não foram produzidos pelas grandes manufaturas nacionais. E tampouco os medalhões e broches de François Cogné. Gaston Vuitton terá supervisionado a produção dessas insígnias? Essa hipótese é reforçada pelo cabeçalho do papel de carta de Vuitton & Vuitton, que especifica em sua redação um "Serviço de reprodução – Bustos do marechal Pétain – Por François Cogné".[204] Quais seriam os outros "serviços"? É difícil, nesse contexto, não pensar na possibilidade de um "Serviço de reprodução – *Medalhões do marechal Pétain* – Por François Cogné"...

Mas essas hipóteses nunca foram provadas. Apenas a intimidade de Henry Vuitton com os dirigentes do regime. Mas como acreditar que essa intimidade se restringe à reprodução de um único busto? Como acreditar que Gaston tenha erigido uma fábrica inteira para uma única série? Há encontros demais entre eles, reuniões demais com importantes dirigentes – nas salas do gabinete do marechal – para que o sistema instaurado não seja mais relevante.

A pasta Hermès

Henry Vuitton sabe que, em 1941, o marechal deu aos membros de seu gabinete e do governo, como presentes de fim de ano, belos canivetes gravados com uma Francisque e estrelas.[205] Os mais privilegiados, como o dr. Ménétrel, ganharam uma pasta de couro "da casa Hermès"[206] segundo a sra. Ménétrel, que hoje não se "lembra desse Henry Vuitton" com quem, segundo as agendas do coronel Bonhomme, ela participou de diferentes recepções particulares. Mulher mundana, elegante, que em outros tempos teve uma coleção Vuitton, ao longo de nossas entrevistas ela se entusiasma com a elegância natural das famosas malas. No entanto, da luxuosa loja Louis Vuitton situada à entrada do hotel, e na frente da qual ela passa todos os dias por quatro anos, a sra. Ménétrel afirma docemente "nunca a ter notado".[207] Assim como ela não se lembra da vitrine condenada da butique Van Cleef & Arpels, ao lado da butique Vuitton. No entanto, dentro dela está instalada uma parte do gabinete de Documentação, onde trabalha seu cunhado Robert Lallemant. As fotografias da época levam inclusive a pensar que se trata do depósito dos presentes. Adivinham-se várias caixas de madeira...

Se a pasta masculina oferecida pelo marechal de fato for da marca Hermès, como afirma a sra. Ménétrel, podemos imaginar a raiva de Henry Vuitton, especialista em couro tanto quanto o seleiro. Henry provavelmente acharia que seu novo ofício de reprodutor de bustos fazia sombra ao de fabricante de artigos de marroquinaria... A casa Hermès, é preciso reconhecer, compra muitos espaços publicitários; ela chega inclusive a publicar no *Je suis partout*, semanário ultracolaboracionista, violentamente antissemita, anúncios como "Hermès se mantém à sua disposição para sugerir presentes úteis e agradáveis que encantarão seus amigos"[208], ou avisa aos leitores: "A agenda 1942 foi lançada".[209] Também encontramos nesse semanário todas as casas de alta-costura: Patou, Nina Ricci, Balenciaga, Worth, Molyneux e Lucien Lelong. Hermès também é onipresente em outro jornal, controlado pelo gabinete de Propaganda: *L'Illustration*. O seleiro aparece ao lado de grandes casas como Boucheron, Puiforcat, Chaumet e Goyard, reunidas numa mesma página publicitária intitulada "O imutável Prestígio Francês". Um texto introduzido por uma citação do marechal Pétain, no qual, à primeira vista, nos espantamos com a ausência da casa Louis Vuitton. Até descobrirmos que a propaganda diz: "As casas abaixo, quase centenárias, não deixaram de se esforçar, a todo momento, em deixar sua clientela totalmente satisfeita. Hoje, devido aos acontecimentos, seu maior desejo nem sempre pode ser realizado. Elas fazem questão de expressar seu lamento a todos aqueles que há tanto tempo confiam nelas e garantir-lhes que seus esforços incessantes visam a manter o nível de suas tradições do belo, do bom gosto e da qualidade".[210] Durante o inverno de 1941-1942, de fato, o comércio de luxo é abalado e a casa Hermès, que não tem mais couro, empresta sua vitrine ao antiquário Jansen. Dentro de sua butique, alguns modelos ainda são apresentados nas prateleiras, com a seguinte tabuleta: "Mais nada está à venda".[211]

A casa Vuitton, que mantém uma produção muito diversificada, não tem lugar nessas propagandas para casas em falência. Assim como ela não tem nenhuma razão para figurar nos comitês de organização do couro, apesar de introduzida no meio sindical da profissão. Íntima do gabinete do marechal Pétain, a casa Vuitton não precisa de apoios externos. Como enfatizado mais tarde, para atravessar a guerra ela dispunha de "outras cartas na manga".

Os "verdadeiros valores" de Henry Vuitton

Em março de 1942, o coronel Bonhomme confirma a Henry Vuitton que ele participará da viagem oficial do marechal Pétain em 1º de maio, em Thiers.[212] O marechal, que escolheu dirigir à França uma mensagem sobre os valores do ofício por ocasião do Dia do Trabalho, considera que o filho Vuitton, fornecedor oficial do regime, deve participar dessa viagem voltada para o artesanato e seus valores. Vuitton faz parte "daqueles que fazem brilhar o nome da França no mundo". Sem dúvida por insistência do ajudante de ordens, e depois de pedir a opinião de Ménétrel, sem o qual não se decide nada, o gabinete civil do marechal deu seu acordo para que Henry se junte à delegação informal. Vuitton é produtor de cutelaria e ourivesaria há trinta anos e o programa prevê a visita a três ateliês naquela cidade, capital mundial da cutelaria.

Em 1º de maio de 1942, às 15h45, o coronel Bonhomme escreve em sua agenda: "Partida para Thiers por ocasião do Dia do Trabalho (marechal, almirante Platon, sr. Lagardelle, ministro do Trabalho, Bousquet, secret. ger. Polícia, Vuitton, Baud – Prisioneiros de guerra).[213] O almirante Platon, um homem de sentimentos violentamente antigaullistas e anti-ingleses[214], é secretário de Estado junto a Laval e responsável pela polícia antimaçônica. Hubert Lagardelle é um dos teóricos da Revolução Nacional. Ele foi embaixador informal de Laval junto a Mussolini, um de seus amigos próximos[215], e acaba de ser promovido a ministro do Trabalho. Sob esse título, ele é responsável pelo STO (Serviço de Trabalho Obrigatório), que organiza o envio forçado à Alemanha de trabalhadores franceses. Georges Baud é diretor do Comissariado de Reclassificação de Prisioneiros da região sul – onde, aliás, acaba de chegar François Mitterand.[216] René Bousquet é secretário-geral da polícia. Um ator-chave da Colaboração: dois meses depois da viagem à Thiers, em 2 de julho de 1942, ele negocia, em nome do governo de Laval, com as mais altas autoridades alemãs, a entrega de milhares de judeus pela polícia francesa; ele organiza para isso prisões em massa, como a do Velódromo de Inverno de Paris: 12.884 judeus presos (dos quais 4.051 crianças)[217], enviados a Drancy e depois para os campos de extermínio nazistas, dos quais nenhum voltará.

Em Thiers, naquele 1º de maio de 1942, às 16h30, Vuitton ouve o marechal Pétain fazer o elogio do artesanato em termos muito próximos aos utilizados por seu pai e seu avô: "É particularmente a vocês, artesãos, que me dirijo hoje, nessa cidade de Thiers, que obteve sua fama dos produtos de qualidade forjados por vossas mãos. O artesanato é uma das forças vivas da França e confiro a sua conservação, a seu desenvolvimento, a seu aperfeiçoamento, uma importância muito especial. [...] A França há muito tempo é o país das produções de qualidade. Os artesãos de nossos ofícios de arte e tradição são os depositários das habilidades que eles aprenderam com os antigos e que ensinam às gerações vindouras. O artesanato é um viveiro de bons trabalhadores, que mantêm nos ofícios modernos as virtudes profissionais que moldaram, por séculos, o renome do trabalho francês".[218] O marechal encoraja os artesãos a participar das novas organizações profissionais como os "comitês sociais" e condena a luta de classes. Muito aplaudido por milhares de habitantes de Thiers, o chefe de Estado francês visita a seguir uma das mais importantes fábricas da cidade, a Société Générale de Coutellerie et d'Orfèvrerie, à qual seu gabinete encomenda todos os anos pequenas facas gravadas com uma Francisque para dar de presente.[219] Sob o olhar atento de Henry Vuitton, fornecedor do regime como ele, o sr. Daguet, presidente do Comitê Social da Cutelaria, guia a visita.[220] Depois de uma entrega de condecorações, a delegação volta para Vichy. São 18h30.

O braço direito do dr. Ménétrel, Paul Racine[221], que se lembra de Henry Vuitton, explica: "O que tocou fortemente o sr. Vuitton nas palavras do marechal foi que ele expressava a mesma visão de homem e de trabalho que o fundador do ateliê Vuitton vivera, não ele mesmo. Aos olhos deles, como aos do marechal, o trabalho que se expressava pelo ofício era não apenas uma obrigação constante para viver, mas acima de tudo a causa necessária para a realização do homem consigo mesmo, pois permitia que suas capacidades fossem exercidas e desabrochassem simultaneamente: inteligência, sensibilidade e ação. E ação difícil, pois lidar com a matéria-prima (madeira, couro etc.) é algo exigente e o erro não perdoa! Portanto, foi o encontro com uma mesma concepção da vida que comoveu o sr. Vuitton em Thiers".[222] Ele acrescenta: "A noção de trabalho que o marechal expunha e desenvolvia era a mesma que Vuitton tinha, a mesma que seu pai (e seu avô?) tivera. Ele sabia que não apenas o trabalho é necessário para ganhar a vida – desnecessário dizer –, mas que ele é 'uma condição para a boa saúde moral e física, para o equilíbrio e para o desenvolvimento das faculdades humanas'. Era uma mesma visão dos valores do trabalho, compartilhada com o marechal".[223]

Encontramos de fato essa mesma "visão dos valores do trabalho" num texto escrito em 1934 por Gaston Vuitton, que faz um retrato de seu pai Georges: "Em sua indústria e em seu comércio, ele viu não apenas uma profissão e um ofício, mas ele quis que esse ofício se tornasse uma propaganda francesa".[224]

Um certo Henry Coston

Naquele ano, a propaganda antissemita endurece. Em 6 de maio de 1942, Pierre Laval, levado ao topo do governo três semanas antes para colocar o governo francês e o país a serviço do ocupante, retira Xavier Vallat do Comissariado-Geral para Questões Judaicas. Ele nomeia, a pedido dos alemães, Louis Darquier de Pellepoix, fundador do Rassemblement Antijuif de France, primeira organização exclusivamente antissemita desde o caso Dreyfus, presidente da associação dos Feridos de 6 de Fevereiro de 1934, de extrema direita. Entre suas companhias, Darquier conta com um certo Henry Coston, um jornalista extremista, ultravirulento, que, em 1973, dirá sobre ele: "Darquier de Pellepoix! Ensinei-lhe tudo o que ele sabe. Quando ele veio nos ver depois dos motins de 1934, ele não sabia nada de antissemitismo. Eu que lhe forneci os livros e os panfletos necessários".[225] Henry Coston, que mais tarde veremos frequentar Gaston Vuitton, é um antissemita obcecado há muito tempo: aos dezesseis anos, ele é secretário de uma seção da Action Française e, em 1930, cria as Juventudes Antijudias, cujo programa prevê a exclusão dos judeus da comunidade francesa e a espoliação de seus bens. Em 1934, ele mantém relações com a famosa Weltdienst, organização nazista de propaganda antissemita de alcance internacional, dirigida pelo coronel Fleischhauer, que dirá: "Somente os homens de Coston [...] poderiam se tornar aliados preciosos para realizar o que o Führer propõe como objetivo".[226] Darquier está nesta linhagem: uma vez empossado em Vichy, ele proíbe a seus funcionários dizer "senhor" a um judeu e denuncia aos alemães as hesitações de Vichy.[227] Seu amigo Henry Coston colabora como dirigente do Centro de Ação e Documentação encarregado de classificar os dossiês confiscados aos maçons. Paralelamente, ele publica tantas obras quanto consegue escrever para difamar judeus e maçons, e multiplica os artigos cheios de ódio no jornal *Au pilori*, semanário no qual lemos, em julho de 1941, a seguinte nota: "A proprietária da loja Moynat, na Place du Théâtre-Français, gostava de declarar em todas as ocasiões a sua clientela: 'Uma boa depuração aqui dentro e tudo melhoraria!' Esperamos que esta senhora esteja satisfeita".[228] Depois da guerra, Gaston Vuitton manterá laços estreitos com a casa Moynat, célebre fabricante de malas parisiense, como ele, estabelecida na Avenue de l'Opéra, número 1.

A eficácia segundo Gaston

Quinze dias depois da viagem a Thiers, o coronel Bonhomme recebe novamente Henry Vuitton em seu gabinete. Os dois homens preparam o próximo encontro, que deve ocorrer na presença de Gaston Vuitton. Henry provavelmente foi avisar o ajudante de ordens que seu pai, que continua sendo o proprietário de Vuitton & Vuitton, terá exigências. Conhecendo-o, ele sabe que Gaston irá direto ao ponto: ele quer saber as condições para continuar sendo fornecedor do Estado francês. Bonhomme prometeu que organizaria uma reunião com as "pessoas certas". E anotou em sua agenda, em 18 de maio: "10h – Vuitton Pai e Filho, Aletti, Thomas, antigo pres. AC Moselle".

No dia 18 de maio de 1942, a imponente estatura de Gaston entra no hall fervilhante do Hôtel du Parc, sobe no elevador, aperta o botão do segundo andar e cumprimenta o ascensorista, que abre a grade ao chegar. À esquerda fica o gabinete do marechal. À direita, no fundo do corredor, o do coronel Bonhomme, o gabinete 131. Gaston conhece naquele dia os novos "amigos" de seu filho. O pai Vuitton, que não dá mais autonomia a Henry do que Georges lhe dava, pretende supervisionar as relações com os colaboradores de Pétain. Aos 59 anos, depois de dez anos de crise e dificuldades econômicas, dono de uma das 30 mil empresas francesas que o marechal da França se felicita de terem "mantido intactas as velhas tradições corporativas", pretende obter o máximo dos favores do chefe de Estado francês. Durante essa reunião, na presença do dono do Hôtel du Parc, Jacques Aletti, Gaston Vuitton e seu filho, e os membros do gabinete do marechal, decidem o "futuro". Henry Vuitton passa a ter encontros quase que semanais com o coronel Bonhomme e seus comparsas mais fiéis, principais dignitários do regime e homens de confiança do primeiro círculo. Encontros em que se fala de negócios. Além dos 2,5 mil bustos colocados nas prefeituras, as associações os encomendam para com eles premiar competições esportivas, concursos etc. Os bustos são reproduzidos em diferentes formatos: pequenos, médios ou grandes, com preços que variam de 250 a 500 francos.[229] Às vezes, alguns são produzidos em tamanho natural.

Em 18 de junho de 1942, um mês depois da vinda de Gaston para Vichy, a casa Louis Vuitton é homenageada. Nesse dia, lemos na agenda do coronel Bonhomme: "11h. Cusset, visita aos ateliês Vuitton". Henry, ao que parece, organizou um dia em sua fábrica-modelo, que trabalha para a Revolução Nacional. Quem participa da visita? Que acontecimento é celebrado? Mistério. No entanto, lemos na agenda do coronel o lugar onde será oferecida, à tarde, uma recepção destinada a jornalistas estrangeiros. Terão eles visitado os ateliês de moldagem, retoque e embalagem dos bustos de François Cogné? Nada o prova. Constatamos apenas que Henry e o coronel não se separam o dia todo: às 19 horas, eles têm uma reunião e se encontram novamente à noite, para jantar fora do Hôtel du Parc, numa recepção um tanto singular, a única do tipo na agenda do ajudante de ordens do marechal: "Jantar: Cusset, Pessoal Vuitton".

Quatro dias depois, Pierre Laval atrai para si o ódio da opinião francesa, declarando, para justificar a instauração do STO, o Serviço de Trabalho Obrigatório: "[...] A Alemanha está travando combates gigantescos [...] *Desejo a vitória alemã*". Jovens operários franceses, menos felizardos que os da fábrica Vuitton & Vuitton, que em parte vieram de Asnières, provavelmente, são colocados a serviço dos ocupantes como moeda de troca e enviados para trabalhar nas fábricas alemãs.

No círculo mais íntimo

Poderíamos enumerar, um depois do outro, os cerca de trinta encontros oficiais com Henry Vuitton anotados em 1942 na agenda do coronel Bonhomme... O exercício não é necessário para compreender a relação que se estabelece entre os dois homens e para julgar o grau de envolvimento dos Vuitton no sistema instaurado pelo regime de Vichy. Algumas indicações, no entanto, merecem ser mencionadas. Elas valem mais que hipóteses: os encontros ocorrem no gabinete do coronel, o 131, "na Vuitton", ou, à noite depois das 22 horas, no bar do Hôtel du Parc ou no Cintra. Gaston Vuitton visitará o coronel. O "casal Vuitton", bem como uma das irmãs de Henry, "srta. Vuitton", frequentam o "casal Ménétrel", e também "sra. Ménétrel Mãe". Bonhomme anota todas as viagens de Henry Vuitton para Nice e escreve "ver Vuitton" assim que uma de suas relações (como Paul Charrin, um membro do secretariado-geral de polícia, dirigido por René Bousquet) decide ir para o Sul. Várias correspondências do gabinete de Documentação revelam, aliás, que a família Vuitton recomendava associações, de Toulon a Nice, para receber um busto do marechal de presente. O envio das peças era garantido pela casa, às vezes inclusive encaminhadas pelo próprio Henry Vuitton.[230]

Por fim, em 31 de dezembro de 1942, o coronel Bonhomme organiza no Hôtel du Parc um almoço de véspera de ano-novo, reunindo seu círculo mais íntimo, com a presença do sr. e da sra. Henry Vuitton, Jacques Aletti, Maurice Germot e o coronel Barré (chefe da guarda pessoal do marechal). Os Ménétrel, por sua vez, estão em família em sua casa do Boulevard du Sichon. Todos tentam, naquele dia, esquecer que no mês de novembro de 1942 as tropas alemãs, por ordem de Hitler, cruzam a linha de demarcação e ocupam todo o território francês. Laval se encontra com Hitler em 19 de dezembro, para tentar combinar as condições do armistício, mas o desembarque dos americanos na África do Norte privou seu governo de todos os trunfos.

O coronel Bonhomme, sempre inclinado a reaquecer os corações e a reconfortar as mentes, abre excelentes garrafas. Ele arranjara com o prefeito do Marne o envio de champanhe ao gabinete do marechal[231]: 25 garrafas de Bellanger para o dr. Ménétrel, 25 garrafas de Heidsieck para Du Moulin de Labarthète, 25 garrafas de Mumm Cordon Rouge para ele e 100 garrafas de Moët & Chandon, Pommery, Lanson e Ruinart (*cuvée* "La Maréchale") para seu chefe, o marechal Pétain.

A VALSA DOS OBJETOS

Em 16 de janeiro de 1943, no Hôtel du Parc, especialmente bem protegido (o almirante Darlan fora assassinado por um gaullista em 24 de dezembro em Argel), os admiradores do marechal se reúnem para vê-lo, como todos os dias, enquanto empresários, artistas, escritores e jornalistas, sentados nos bancos do hall, tentam obter encontros com secretários de políticos influentes. Algumas semanas antes, Sacha Guitry viera dar seu livro ao marechal, publicado em proveito do Secours National: *De Jeanne d'Arc à Philippe Pétain*.

Num clima de impaciência, todos folheiam o semanário local, *La Semaine de Vichy-Cusset et du Centre*. As notícias giram, naquele dia, em torno das refeições gratuitas para filhos de prisioneiros, do auxílio a vítimas e das regulamentações de cupons para compra de têxteis. Na primeira página, também encontramos um longo texto intitulado "Sociedade Vuitton e Filhos", seguido de um segundo com o título "Sociedade Vuitton & Vuitton". Bastante distante dos problemas cotidianos dos franceses, ele anuncia uma partilha de bens entre a sra. Patrelle e Gaston-Louis Vuitton. Também somos informados de que Joséphine cede todas as suas partes ao filho, com toda a propriedade e as duas sociedades.[232] O estabelecimento da sede da fábrica em Cusset é provavelmente o motivo da publicação desse anúncio legal num jornal de Vichy pelo tabelião parisiense da família.

No Palácio do Eliseu, passando por Asnières

A capitulação do exército alemão em Stalingrado, no início do ano de 1943, coloca todos na defensiva em Vichy. Os meios informados não preveem o desembarque americano antes da primavera. A partir de então, cada um tenta garantir seu próprio futuro. Henry Vuitton em primeiro lugar. Os bustos começam a vender menos. As jarras Baccarat não são mais presenteadas com facilidade.[233] Cogné faz então o busto da pequena Sophie Ménétrel, filha do doutor: "Cogné estava em Vichy, era um homenzinho pequeno. Ele fez um busto de gesso, deslumbrante, de Sophie, mas não faço ideia de onde mandou fundir o molde..."[234], lamenta hoje em dia a sra. Ménétrel. Na agenda do coronel Bonhomme, entre anotações sobre os bombardeios, podemos ler que Henry Vuitton janta com toda a família Ménétrel[235], passa noites com Bonhomme, que ele convida ao Cintra, e se encontra com o tenente-coronel René de Fériet. Este último é um contato-chave para Henry Vuitton. Próximo de Bernard Ménétrel, ele assume no início do ano de 1943 a direção da sede parisiense do gabinete do marechal, instalado, ao que parece, no Palácio do Eliseu. Bonhomme decide recomendar seu protegido aos membros do gabinete de Paris, a fim de que ele tenha um contato confiável. Em 16 de abril de 1943, ele escreve "visita ao coronel de Fériet com Vuitton" e, no dia 23 de abril, a seguinte frase: "Partida Vuitton de Vichy para reinstalação em Paris, 70, Ch. Élysées". Henry deixa o Hôtel du Parc, portanto, e o acontecimento é suficientemente importante aos olhos de Bonhomme para ser registrado em sua agenda. A conjuntura desastrosa para o fabricante de bustos incita Henry a retomar o trabalho ao lado de seu pai? Em Paris, Gaston repatriou os seus: "Toda a família voltou a Paris em 1943, meu pai, Claude me contou à época, fazia o trajeto entre Asnières e a Champs-Élysées de bicicleta"[236], afirma Patrick Vuitton. Claude e Jacques, os gêmeos, que se aproximam do aniversário de vinte anos, entram em conflito ideológico com o pai e o irmão mais velho Henry. Como em inúmeras famílias francesas, eles se dizem a favor da França livre e não escondem sua admiração pelo general De Gaulle. Devem ficar indignados de ver os oficiais alemães vivendo na casa da avó e a fábrica funcionando para o ocupante.

Assim que retorna a Paris, Henry Vuitton recebe na Champs-Élysées, uma semana depois, a visita do... coronel Bonhomme. Este passa oito dias na capital, onde garante os encontros do gabinete do marechal. Em 29 de abril de 1943[237], os dois homens almoçam juntos. Bonhomme conta a Henry que está hospedado no Palácio do Eliseu. O palácio presidencial está oficialmente fechado desde 13 de junho de 1940. Em 1939, o *Mobilier* nacional evacuou uma parte dos móveis, objetos de arte e tapeçarias para Aubusson, mas os alemães curiosamente nunca o ocuparam... O Palácio do Eliseu ficou vazio até maio de 1942, data em que o almirante Darlan, apelidado de "o almirante que nunca viu a mãe"[238], destituído do poder político mas ainda com funções militares, ali se estabelece. Ele inclusive mandou buscar alguns móveis em Aubusson... Depois de seu assassinato em Argel, em dezembro de 1942, ninguém, oficialmente, ocupara o lugar. A agenda do coronel Bonhomme revela, no entanto, que ele ali se hospeda em todas as suas temporadas na capital durante o ano de 1943. Dizem que o dr. Ménétrel ali instalara um posto do secretariado particular do marechal.[239] E o tenente-coronel de Fériet ali dirige o gabinete militar.

Naquele 29 de abril de 1943, depois do almoço, Henry Vuitton e o coronel Bonhomme não se separam. Eles têm um compromisso juntos: "16h: Visita fábrica Asnières".[240] Bonhomme escreve à noite que conheceu os funcionários de Vuitton, aos quais distribuiu cigarros com a marca de uma Francisque. Em abril de 1943, a fábrica de Asnières ainda está sob controle dos alemães, e o comandante Bonhomme é acima de tudo o representante oficial do marechal da França. O industrial não abre seus ateliês para um amigo curioso, portanto; trata-se de uma visita oficial entre pessoas de poder no âmbito da Colaboração. Uma visita para acompanhar uma cadeia de produção ou demonstrar capacidades de produção. O que a fábrica de Asnières produz à época? Algumas fichas de clientes, em nome de Jacques e Andrée Vuitton, irmão e irmã de Henry, revelam alguns objetos encomendados e reproduzidos ou produzidos pela casa Vuitton durante a guerra: isqueiros, baralhos, cachimbos, bolsas para tabaco, tampas para cachimbo, canetas, porta-cartões, apitos, pentes, prendedores de gravata, facas, distintivos, carteiras etc.[241] Mas uma propaganda lançada em 1943, provavelmente na *À la Française*, revista de luxo sobre "a vida elegante, artística, literária e musical"[242], revela que a casa Vuitton ainda fabrica artigos extraordinários. Essa propaganda, um desenho em preto e branco muito bem-feito, apresenta uma escrivaninha de viagem de Louis Vuitton, com os endereços das seguintes lojas: "Paris, 70, Champs-Élysées – Vichy, 23, rue du Maréchal-Pétain – Nice, 2, Jardin-Albert Ier".[243] Embora o setor de patrimônio da Louis Vuitton mantenha a discrição, declarando "ter realizado esse tipo de escrivaninha nos anos 1930"[244], essa propaganda não deixa dúvidas a respeito de sua produção durante a guerra: o endereço da loja em Vichy é a prova. A Rue du Parc, onde fica o hotel do chefe de Estado, só teve o nome "Rue du Maréchal-Pétain" de 15 de janeiro de 1941 a 13 de outubro de 1944.[245] Qual pode ser a clientela de uma escrivaninha de viagem com preço certamente astronômico naqueles tempos de restrição? A França tem carência de tudo... e a França não viaja mais: então quem pode encomendar as elegantes "escrivaninhas de viagem Louis Vuitton"?

Resistência e resistência

Ao longo do ano de 1943, em Paris ou Vichy, Henry Vuitton fica em contato permanente com o homem de confiança do marechal. Este último cada vez mais substitui o enfraquecido chefe de Estado em seus deslocamentos oficiais e vai todos os meses a Paris, onde visita os feridos nos hospitais, participa de cerimônias no Hôtel de Ville e recepções na prefeitura da Seine.[246] Ele distribui medalhas, broches e cigarros...

Em cada uma de suas estadas parisienses, Bonhomme tenta passar ao menos uma noite com Henry Vuitton.[247] Da mesma forma que Henry, sempre que volta a Vichy, tem um encontro com o coronel[248] quase todos os dias. Embora os dois homens claramente tenham se tornado muito próximos, a frequência de seus encontros revela, muito além da amizade, um interesse comum.

Em 1943, outras redes se ativam em Paris: as da Resistência. O jovem Jean Ogliastro, que se apaixonara pela irmã de Henry Vuitton antes da guerra, se torna em 1941 o agente de ligação de uma das figuras da Resistência francesa, Jean Cavaillès. Aos 26 anos, Ogliastro gerencia os documentos falsos e a tesouraria da rede Cohors, fundada pelo filósofo. Eles recebem, notadamente, fundos de Londres.[249] Em 28 de agosto de 1943, Cavaillès, então clandestino, procurado pela polícia e naturalmente destituído por Vichy, muito próximo do general De Gaulle, é preso. Torturado, preso em Fresnes, depois em Compiègne, ele é transferido para a cidadela de Arras e fuzilado em 17 de fevereiro de 1944. Depois de sua prisão, Jean Ogliastro é vivamente aconselhado a viajar para Londres. Ele não o faz, temendo represálias a seu pai, e se dedica ainda mais à Resistência. Seus dois futuros cunhados, Jacques e Claude, também parecem tentados a fazer o mesmo.

Em Vichy, enquanto isso, o marechal Pétain condecora o jornalista Henry Coston com a Francisque, por seus bons e leais serviços. No gabinete do marechal, começam a temer o que aconteceria se os americanos ganhassem a guerra. Advertências chegam até ele, como a missiva classificada como "CONFIDENCIAL", que avisa Vichy que "membros dos grupos de resistência anunciaram que, assim que a República for reinstaurada, o mesmo tratamento infligido aos maçons será reservado a todos os membros da Ordem da Francisque". A lista dessas pessoas, afirma a carta, "seria publicada no *Diário oficial* e os funcionários cujo nome ali constassem seriam demitidos do governo". Rumores correm que alguns inclusive perderiam a nacionalidade francesa e teriam seus bens confiscados. A mesma fonte afirma "que os arquivos da Ordem seriam imediatamente apreendidos em caso de distúrbios em

Vichy ou de mudança de regime".[250] O documento, datado de setembro de 1943, é obviamente anônimo.

Em 16 de setembro de 1943, o jornal *Au pilori* publica em suas colunas, sob o título "Escreveram para nós", outra carta anônima, bastante surpreendente: "Operário *emballeur* num estabelecimento [...], eis a folha de pagamento para a semana de 19 a 25 de agosto [...]. Essa folha remunera trabalhos pesados, pois as caixas têm entre 100 e 170 quilos e a carta 'T', de força, não nos é concedida. [...] É assim que um patrão, amigo do marechal, entende a Revolução Nacional. É por isso que nós nos tornamos comunistas".[251] Segundo Pierre Chenue, especialista na embalagem e transporte de obras de arte: "Uma caixa de 100 quilos corresponde a um quadro ou a uma pequena escultura de bronze ou gesso".[252]

Em dezembro de 1943, depois de dois anos e meio de atividade intensa na Resistência, Jean Ogliastro é detido e encarcerado em Fresnes. Em janeiro de 1944, ele é deportado para Buchenwald, depois transferido para Bergen-Belsen, de onde só será libertado em junho de 1945, logo depois de fazer trinta anos. Hospitalizado na Alemanha, ele encontrará sua família algumas semanas depois, quando seu estado de saúde melhora um pouco.

Arquivos incômodos

O último encontro oficial entre Henry Vuitton e o coronel Bonhomme acontece no dia 25 de novembro de 1943, em Paris. Os dois jantam juntos, depois o coronel volta para o Palácio do Eliseu para passar a noite.[253]

Seis semanas depois, em 10 de janeiro de 1944, o coronel Bonhomme é vítima de um acidente de carro. Um atentado, segundo os próximos do marechal.[254] Exéquias nacionais acontecem na Notre-Dame de Paris, onde ele recebe honras militares. Apesar de dezoito anos de devotamento, o marechal Pétain não assiste ao funeral de seu mais fiel colaborador. Ele não substituirá o ajudante de ordens por ninguém.

Naquele início de ano, Henry Coston, com a Francisque na lapela, redige uma brochura intitulada *Je vous hais* [Odeio vocês], a publicação mais violentamente antissemita do período da Ocupação, na qual ele faz a apologia dos campos de concentração.[255] Paralelamente, ele continua a publicar artigos no jornal *Au pilori*.

O que acontece nessa data? A fábrica de Cusset ainda produz bustos e outros objetos? Para além do que os fatos estabelecidos até agora permitem afirmar, o mistério sobre a atividade de Vuitton & Vuitton durante o período em que Vichy se desagrega permanece intacto. A loja do Hôtel du Parc vende malas ou objetos de propaganda marechalista? Até quando a sociedade Vuitton & Vuitton produz na fábrica de Asnières e o que ela produz? Sabemos apenas que o gabinete de Documentação, e Robert Ehret em particular, encarrega a casa de embalar e enviar bustos às associações, via prefeitos, até meados de 1944.[256]

Nenhum documento de arquivo permite elucidar essas questões. Se é que restam documentos. O setor de Patrimônio da atual casa Louis Vuitton não quis abrir os arquivos da família ainda em seu poder sobre o período da guerra. No entanto, os registros que ela reconhece possuir, mas dos quais "ainda não tirou o pó", teriam muito a informar. E os nomes dos clientes sem dúvida não teriam a mesma consonância de antes da guerra.

A atividade de Gaston Vuitton durante esse período permanece, portanto, muito obscura, enquanto o papel de Henry, graças aos cadernos do coronel Bonhomme, parece o de um filho obediente ao pai.

O caso dos Vuitton e seu papel na colaboração parece bastante semelhante com o de muitos empresários franceses. Renaud de Rochebrune e Jean-Claude Hazera, dois jornalistas que fizeram uma pesquisa de mais de quatro anos para o livro *Les Patrons sous l'Occupation*, lembram como "o pétainismo representa um fenômeno político e ideológico em si".[257] Eles insistem no fato de que "cada empresário tem um caráter, ideais, um certo senso de responsabilidade em relação a seus funcionários ou ao país, uma concepção dos interesses – a começar pelos seus e de seus acionários – que precisa defender, e não podemos interpretar suas decisões sem levar isso em conta".[258] Segundo o grande especialista americano do regime de Vichy, Robert Paxton: "Os franceses mostraram uma ampla apatia, eles se comportaram como colaboradores passivos que preferiram continuar seu trabalho a se expor ao perigo".[259] Palavras que resumem o comportamento da maioria das grandes casas francesas de alta-costura, joalheria, perfumaria, relojoaria, marroquinaria, cristais etc.

Mas a história da casa Vuitton mesmo assim é muito particular. Os Vuitton não são apenas protegidos de uma catástrofe econômica depois de uma debandada militar: eles criaram uma atividade e montaram uma fábrica especificamente para o regime da Colaboração, sem que essa atividade fosse coerente com seu ofício de fabricante de malas ou com as competências de seus funcionários.

A CORAGEM DE CLAUDE

Segundo uma hipótese evocada por uma das raras pessoas do círculo de Henry Vuitton que aceitaram testemunhar, ao longo dos quatro anos de Ocupação, Henry teria mantido contato com pessoas que trabalhavam para redes encarregadas de informar

Vichy sobre as operações americanas, pessoas que se diziam então "profundamente antialemãs" e que chamavam sua ação de informação para o gabinete do marechal de "resistência". Paul Racine, que permanece em Vichy depois da prisão do marechal Pétain, em 20 de agosto de 1944, e da partida de Ménétrel, seu patrão, insiste: "Lembro-me muito bem, em setembro de 1944, Henry Vuitton veio a meu encontro no Hôtel du Parc e me disse: 'Racine, não durma aqui esta noite, senão será preso'. Ele está bem-informado, portanto!". Infelizmente, essa não é uma prova de vínculos com a Resistência: quem, em setembro de 1944, não estava a par dos riscos corridos pelos membros do regime de Vichy? E *a priori*, quem melhor que os próprios membros do gabinete do marechal? Por outro lado, as Forças Francesas do Interior (FFI), criadas em 1º de junho pelo Comitê Francês de Libertação Nacional, estavam presentes em Vichy desde... 26 de agosto. Por fim, Pierre Dalibart, que entrevistou Henry Vuitton durante um ano para ajudá-lo a redigir seu livro *La Malle aux souvenirs* [A mala de recordações], publicado em 1984, afirma com firmeza nunca o ter ouvido falar de resistência: "Se Henry Vuitton tivesse participado de qualquer forma de resistência, em qualquer nível que fosse, se ele tivesse feito um único gesto, uma única vez, posso lhe garantir que ele teria me falado a respeito muito, muito, muito detidamente!".[260]

Como várias outras famílias francesas à época, a guerra divide os Vuitton. Claude e seu irmão Jacques, a exemplo do pai, têm ideias gaullistas que defendem abertamente diante do irmão Henry, quando este volta de Vichy. Suas relações com ele se tornam e para sempre serão insuportáveis. Para evitar o STO, que recruta de preferência em fábricas que trabalham para o ocupante, Jacques se alista na gendarmaria.[261] Em 20 de agosto de 1944, a 2ª divisão blindada liberta Paris. Essa segunda divisão, nascida das colunas Leclerc em agosto de

1943, no Marrocos, volta de um périplo extremamente longo e difícil: depois de ficar na Itália até o fim de 1943, ela voltou a atravessar a África do Norte e subiu de barco até a Inglaterra, a tempo de participar do desembarque de Utah Beach, em junho de 1944. Uma parte desse exército também desembarcou em Saint-Tropez e libertou Marselha, no final de agosto.

Apesar da rendição do general alemão Von Choltitz, governador de Paris, os combates estão longe de ter acabado; as tropas nazistas ainda ocupam a França e se dedicam a atrozes massacres, como o de Oradour-sur-Glane. Ao libertar Paris, a 2ª divisão blindada comunica à população que precisa de voluntários de boa vontade. Mas os parisienses estão vindo de seis anos de guerra. Poucos são aqueles que manifestam a coragem e a vontade de partir para o front, agora que acabam de voltar a experimentar a liberdade. No entanto, Claude Vuitton se alista. Ele tem 21 anos e desde o início da guerra espera poder defender suas ideias: "Os gêmeos sempre foram firmes, eles eram a favor da França livre. E Claude sempre admirou o general De Gaulle...", conta Bernard Ogliastro, primo de Patrick Vuitton e filho do resistente Jean Ogliastro.

Claude parte então com a 2ª divisão blindada, que continua os combates junto aos exércitos aliados da *Poche de Royan*, e chega à frente leste em abril de 1945, para concluir a campanha da Alemanha com a tomada do refúgio de Hitler em Berchtesgaden.

"Esquecer os riscos, as angústias e os perigos"

Enquanto os exércitos aliados, onde está Claude Vuitton[262], sobem para Berlim na primavera de 1945, Gaston Palewski, diretor de gabinete do general De Gaulle, manda reunir e levar ao Palácio do Eliseu o mobiliário enviado a Aubusson, Vichy, Riom e Versalhes. Em 26 de abril, o marechal Pétain, detido em Sigmaringen, se entrega às autoridades francesas. Quatro dias depois, Hitler se suicida no bunker perto do Reichstag. Em 8 de maio de 1945, a Segunda Guerra Mundial chega ao fim oficialmente, um dia depois da capitulação incondicional da Alemanha nazista.

De volta a Asnières, Claude recebe a distinção[263] da medalha de Bravura e Disciplina (1944-1945) e, cumprindo as ordens de seu pai, retorna aos ateliês, onde aperfeiçoa seus conhecimentos técnicos. Apesar das divergências de opinião, a família Vuitton consegue gerir, aparentemente, as querelas internas do pós-guerra: "Meus pais inclusive saíam à noite com meu tio Henry e sua mulher", explica Bernard Ogliastro, "mas é difícil saber o que levou cada um a agir como agiu na época, creio que não podemos julgar", ele afirma, incomodado...[264]

Em seu livro, *La Malle aux souvenirs*, que conta a história da casa Vuitton desde sua criação, Henry Vuitton não menciona as atividades da casa durante a guerra. Ele para de falar sobre a casa quando a guerra é declarada e só retoma o relato depois da Libertação, com as seguintes palavras: "Como milhões de franceses, Gaston Vuitton finalmente pode reunir todos os membros de sua família em sua casa de Asnières. Depois de uma espera tão longa, todos tentam esquecer os riscos, as angústias e os perigos dos últimos anos. O momento é de alegria, ainda que os pratos, os ateliês e as lojas estejam vazios. Visto que ninguém faltou ao chamado, amanhã, talvez, possamos tentar reconstruir tudo!".[265]

Em Vichy, os comerciantes espoliados do Hôtel du Parc tentam justamente se reconstruir. Isidore Lévy e os irmãos Saada recuperam seus direitos e voltam a oferecer tapetes de lã em suas vitrines; a loja de novidades Barclay reintegra o local; Van Cleef & Arpels volta a afixar sua tabuleta. Mas a maioria não refaz fortuna. Vichy nunca recuperará sua alma ou, com a história, seus momentos de glória. À medida que seus hotéis perdem suas estrelas, os hóspedes perdem suas esperanças. Alguns poucos curistas permanecem fiéis a eles, e alguns soldados americanos recém-desmobilizados, e suficientemente filósofos para ver certo encanto na pequena estação termal, vêm encontrar o destino.

Em Paris, tem início a depuração. Medidas legais são tomadas contra os franceses acusados de traição, colaboração, crimes e comportamentos ligados à Ocupação e à colaboração com o inimigo.[266] Condenações à morte, à prisão ou à indignidade nacional: os tribunais franceses são menos severos que os de outros países ocupados. Os chefes de empresas alegam com sucesso que agiram sob coação. Nem os arquivos das Câmaras Cívicas[267] nem os arquivos do Tribunal de Justiça do Sena[268] guardam vestígios de medidas legais contra Gaston ou Henry Vuitton. Estranhamente, eles são poupados pela onda nauseabunda de denúncias que às vezes atingem inocentes.

Se nos meios econômicos e culturais a depuração é comedida, o mesmo não acontece no governo e nos meios políticos. Robert Brasillach, colaborador de *Je suis partout*, é condenado à morte e executado. Outros, como Lucien Rebatet e Henry Coston, se saem melhor.

Coston foge para a Alemanha em agosto de 1944. Preso na Áustria em 1946, ele é julgado e condenado a trabalhos forçados perpétuos. Sua esposa recebe a sentença de indignidade nacional. Libertado em 1951 por razões médicas, ele recebe um indulto em 1952. E abre em Paris a primeira livraria nacionalista do pós-guerra, La Librairie Française: suas convicções antissemitas continuam as mesmas. Depois ele cria, com

Pierre-Antoine Cousteau e Michel de Mauny, a revista mensal *Lectures françaises*, na qual encontramos uma propaganda da *L'Intermédiaire des chercheurs et curieux*[269], revista para a qual colabora Gaston Vuitton sob o pseudônimo Gaston Hellevé. Coston funda por fim uma editora que publica seus maiores sucessos literários: *Les Financiers que mènent le monde* (24 edições!), *Le Retour des 200 familles*, *La Finance anonyme et vagabonde*, *La Haute Banque et les trusts*, bem como alguns *Dictionnaires de la politique française*, cujo quinto volume foi lançado em 2001.

CONTRATOS RESCINDIDOS COM OS ESTADOS UNIDOS

Enquanto a França adota sua nova constituição e celebra o nascimento da IV República, a casa Louis Vuitton tenta se reerguer, como conta Henry Vuitton: "As matérias-primas se tornaram desesperadamente raras. Por isso, a fábrica trabalha em câmera lenta e, para não demitir seus funcionários, Gaston Vuitton precisa aceitar produzir, por subcontratação, peças de marcenaria para quem quiser encomendá-las".[270] Henry não diz de que objetos se trata... Sabemos apenas que Vuitton trabalha sem ser meticuloso demais com sua clientela. Uma fórmula que Henry Vuitton poderia ter retomado para falar da Ocupação... Gaston Vuitton provavelmente teme as denúncias.

Em 1946, os poderes públicos se mostram benevolentes para com as empresas do setor de luxo. Gaston percebe isso e funda, no mês de abril, uma associação chamada Luxe, que lhe permite participar da organização de noites mundanas e voltar a presidir conferências, como a que ele profere em 26 de outubro de 1946 sobre o tema "O luxo tem um futuro?", em que declara: "Entendo como pode ser penoso para uma infeliz mulher em andrajos cruzar com outra mulher confortavelmente aquecida por suas peles, mas podemos afirmar que se os casacos de pele não existissem não haveria mais mulheres em andrajos? Não. E acredito, pelo contrário, que se as peles não existissem, haveria ainda mais miséria, pois sou levado a pensar em todos os que sobrevivem por causa dessas peles, desde o caçador no extremo Norte canadense até o entregador parisiense. Isso é uma certeza absoluta e ninguém pode negar esse fato".[271] E cita Voltaire: "O indigente deve trabalhar para a opulência a fim de um dia se igualar a ela".[272]

Pouco a pouco, a casa volta à vida e recupera seus clientes. A loja de Londres é fechada, mas a de Vichy permanece aberta, com toda a impunidade, reencontrando as elites das artes e das viagens.

Em 14 de maio de 1949, Gaston celebra suas bodas de ouro comerciais e pronuncia um novo discurso, que não deixa de lembrar a propaganda marechalista: "Creio que é através da busca de um único objetivo, a melhora da condição humana, que chegaremos ao renascimento do país". Então, de repente, ele declara com confiança: "Fomos criticados, considerados incapazes porque perdemos a primeira parte da guerra, mas ajudamos a ganhar a última e fizemos isso brilhantemente. [...] Estejamos unidos na casa Louis Vuitton, como na pátria, e, para concluir, peço-lhes que repitam comigo: Viva a Casa VUITTON, Viva a FRANÇA!".[273] Desse discurso, retemos principalmente uma frase, edificante: "Queremos andar rápido, trabalhar menos, ganhar mais, queremos usufruir mais e mais rápido. Estamos certo? Não sei, o futuro dirá, mas o que constato é a transformação mundial de todas as ideias. *Não quero contrariar nenhuma. Aceito todas elas: da extrema direita à extrema esquerda*".[274]

A família Vuitton parece dar a volta por cima somente por volta de 1950, como aliás toda a França. No entanto, diferentemente do país, Vuitton nunca deixou de trabalhar. A fábrica de Asnières e de Cusset nunca pararam. Henry Vuitton escreve, no entanto: "Para Gaston Vuitton, as coisas parecem andar melhor porque ele finalmente volta a abastecer, a partir da fábrica de Asnières, as lojas da Champs-Élysées, de Nice e de Vichy. Na verdade, restam-lhe apenas esses pontos de venda. A loja de Londres foi requisitada no início da guerra e ele nunca pôde reavê-la. Quanto aos contratos que o uniam a seus agentes estrangeiros, todos foram rescindidos devido à impossibilidade de entregar as mercadorias".[275] Reconheçamos ao autor uma elegante maneira de dizer que os americanos, como os ingleses, não gostaram que a clientela do marechal, e mesmo a clientela de além-Reno, fosse preferida à deles. E Henry acrescenta: "Assim que conseguiu as matérias-primas indispensáveis, Gaston retomou algumas produções e reestruturou sua empresa com seus três filhos: Henry na direção comercial, Jacques na direção administrativa e financeira, e Claude na direção da fábrica. Assim, depois de meses de esforços constantes, Vuitton aos poucos retoma as atividades e toda a família pode finalmente comemorar uma primeira encomenda importante: ela vem do Palácio do Eliseu e é para uma série de malas e *porte-habits* para o presidente Auriol, que parte em viagem oficial aos Estados Unidos".[276]

A República não é rancorosa.

O fechamento da Champs-Élysées

Em 1954, Gaston decide deixar a Avenue de Champs-Élysées. Um vendedor de tecidos que queria se instalar no Vuitton Building lhe faz uma proposta muito interessante. Gaston cede a uma necessidade de liquidez, ou realmente deseja migrar para um local mais adaptado a sua clientela, como os outros comércios de luxo já começam a fazer? Ele se muda para um palacete, na Avenue Marceau, 78, a dois passos do Arco do Triunfo. A inauguração, em 22 de maio de 1954, também celebra o centésimo aniversário de casamento de seus avós Louis e Émilie, data utilizada para marcar a criação da casa Louis Vuitton. Três anos depois, em 1957, a loja de Vichy será fechada.

Em 1959, Claude Vuitton, que se tornou diretor da fábrica de Asnières alguns anos antes, descobre um novo material: o PVC. Vindo da petroquímica, esse produto, uma vez aquecido, pode ser aplicado em indução sobre um tecido de linho ou algodão. A *steamerbag*, bolsa em tecido e couro inventada por Georges em 1901, pode, pela primeira vez, ser realizada com o monograma! Nasce a bagagem flexível Louis Vuitton, que se tornará um dos maiores sucessos da casa. Jacques Vuitton, o gêmeo de Claude, não terá tempo de compartilhar esse sucesso com o irmão: doente, ele morre em 1964, aos quarenta anos, poucos meses depois de sua avó Joséphine, a mulher de Georges, que viveu até os 104 anos!

Para grande prejuízo de Claude, Henry Vuitton produz uma série de modelos nos ateliês do bairro de Sentier. Os dois irmãos se odeiam. Tudo os opõe: "A fábrica custava dinheiro e Henry produzia o que dava dinheiro...", deplora Patrick Vuitton[277], que herda de seu pai o gosto pelo belo. Ele acrescenta: "Henry era presidente da Federação de Marroquinaria... Manter inúmeros fornecedores com trabalho lhe permitia ter uma rede muito extensa, que votava nele e o reelegia a cada ano. Era só o que importava!".[278] Gaston apoiava Henry? Em 1967, aos 84 anos, ele escreve uma carta-testamento aos dois filhos: "Se por razões de contabilidade interna formamos quatro seções (Asnières, Paris, Nice, Immeubles), existe um único e mesmo negócio. Prova é que, no passado, nenhuma das partes poderia sobreviver sozinha; *dependendo das épocas, foi uma ou outra que amparou o todo* e meu desejo é torná-las mais solidárias umas com as outras. [...] As três partes ligadas deveriam poder viver, e viver amplamente quando deficitárias. Mandar produzir por outros é uma excelente fórmula, mas é uma fórmula preguiçosa e que – pouco a pouco – pode levar ao fechamento de Asnières, que, no entanto, continua sendo a razão de ser da Louis Vuitton. O fechamento de Asnières seria o fechamento total da Louis Vuitton nos cinco anos seguintes. Basta comparar agora o que sai de Asnières com o que sai de Barreau & Weil (*nota: os fornecedores que trabalham para Henry*): há um *chic*, um toque que falta. Ainda somos três a ter esse gosto L.V. Vocês logo serão apenas dois, precisam MANTER, defender e superar. Sursum Corda".[279]

Leituras muito francesas

Três anos depois, em 17 de março de 1970, Gaston-Louis Vuitton morre. Alguns dias antes, ele guardara em sua biblioteca o último número da revista mensal *Lectures françaises*, publicada sob a direção de Henry Coston e intitulada "Onze ans de malheur" [Onze anos de infortúnio]. Esse balanço do reinado do general De Gaulle (apelidado de Maquiavel II) é dedicado a ele: "Ao sr. Vuitton, uma mui sincera homenagem". Assinado, Coston. Ele a recebeu pelo correio? Henry Coston a entregou pessoalmente? Ele era amigo de um dos piores propagandistas antissemitas da Colaboração? Gaston Vuitton partiu com seus segredos.

Sua biblioteca[280], no entanto, revela seu interesse pela extrema direita: encontramos um livro de Paul Bazan, dedicado à memória de Brasillach, um livro sobre a teosofia de Edmond

Panet, com uma fotografia do autor, dedicado a "Gaston Hellevé de Chercheus et Curieux", cujo prefácio começa da seguinte maneira: "É preciso segui-lo no fio de ouro da formidável miscelânia da teosofia bramânica, que é universal. Essa elevada raça ariana que merece as maiores honrarias"; encontramos um livro com a dedicatória de Stanislas Sicé, *La France requiert*[281], com um prefácio do general Weygand (membro do gabinete militar de Pétain), uma coletânea de poemas impressa em Vichy, em 1942[282], escrita pelo companheiro de uma das melhores clientes de Gaston, bem como um livro de Theodore Roosevelt, *La Vie intense*[283], cujas palavras não deixam de lembrar Vichy: "Eu gostaria não a doutrina do ignóbil conforto, mas a doutrina da vida intensa, da vida de dificuldade e esforço, de labor e luta", frase comentada por Paul Racine: "A doutrina estoica do esforço é também a do sr. Vuitton, a mesma que o levou para o marechal".[284]

Também encontramos uma obra do dr. Toulouse, *Comment former un esprit?*[285], na qual Gaston, depois de sublinhar vários trechos sobre a moral sexual e o vírus transmitido pelo beijo, também destaca a seguinte frase: "Parece-nos impossível sermos todos grandes espíritos, e ocuparmos prestigiosas funções sociais; mas cada um pode, na mais baixa condição social, ser um grande caráter e despertar a admiração de seus mestres".

Por fim, encontramos o terrível relato autobiográfico[286] de um jovem que conta como viveu o porte da estrela amarela e a deportação de sua mãe. Dentro do livro, duas cartas datadas de dezembro de 1948. A primeira diz: "Meu caro Vuitton, envio-lhe como combinado um exemplar de minha pequena obra *La Gueule du loup*. Ficarei muito feliz de conhecer sua impressão sobre esse relato. Desnecessário repetir-lhe com que alegria o conheci".[287] A segunda carta também é do autor: "Meu caro Vuitton, agradeço-lhe pela carta e pelos comentários tão amistosos. Lamento ter sido a causa de uma indiscutível tristeza, mas fico muito feliz que o senhor tenha lido minha pequena obra. Infelizmente, sim, esquecemos demais. No fundo, porém, isso ainda é melhor para certos pontos de vista. Caso contrário, a vida para alguns não seria possível. Em todo caso, não sejamos pessimistas demais quanto ao futuro. Ele é uma maneira de tornar essa vida suportável. Muito afetuosamente, Maurice Joseph".[288] O livro está envolto por uma faixa vermelha: "Esta edição limitada de mil exemplares é vendida fora do comércio para o benefício de órfãos necessitados de pais mortos na deportação". O autor especifica que se dirige "aos que sabem para que eles meditem, aos que ignoram para que eles sejam esclarecidos, aos que duvidam para que eles reflitam".[289]

As recordações de Henry

Enquanto isso, em seu luxuoso apartamento do último andar do Vuitton Building, Henry pensa na maneira de deixar a sua marca. Ele esboça um projeto de livro numa dezena de páginas. Ele logo percebe que a escrita é um dom que ele não tem: assim, entra em contato com um autor, Pierre Dalibart, para ajudá-lo. *La Malle aux souvenirs* é lançado em 1984. Poderíamos ver nele a simples história de uma família de artesãos *malletiers* que atravessaram as épocas com coragem e determinação. Nesse livro, Henry, que coloca em paralelo os acontecimentos da grande História com os de sua família, não se recorda de Vichy. Observa-se que ele silencia o papel da casa Vuitton no serviço ao regime de Vichy, que ele oculta o general De Gaulle, que ele não escreve nenhuma vez a palavra "judeu" ou "resistência", mas não deixa de dizer que o "marechal Pétain recebe a esmagadora responsabilidade de formar um governo". Como não se perguntar, aliás, sobre a escolha das personalidades citadas por Henry Vuitton nesse período? Todas, ou quase, passaram a guerra ao lado dos alemães: Jean Borotra, Louis Renault, Yvonne Printemps, Sacha Guitry, Jeanne Lanvin, Lucien Lelong, Coco Chanel, Worth, Patou, Claude Farrère, Louis Jouvet. Há as outras, é claro, mas elas são pouco numerosas. Quanto às ilustrações, elas são igualmente simbólicas: Henry Vuitton seleciona uma fotografia de Van Dongen, o pintor convidado por Goebbels a participar da famosa viagem de artistas para a Alemanha organizada pelo Reich e que causou escândalo.[290] Nota-se também as imagens de Charles Lindbergh, virulento antissemita; de Jean Borotra, ministro de Pétain; de Louis Renault, acusado de indignidade nacional; de Daladier, acolhido por Ribbentrop. Vemos um cartaz de Gaumont, que difundiu todas as imagens da propaganda e, acima de tudo... a fotografia de um oficial alemão comprando lírio-do-vale no dia 1º de maio. E também o cartaz dos Jogos Olímpicos de Berlim, em 1936, com a seguinte legenda ditada por Henry Vuitton: "O cartaz dos Jogos Olímpicos e seu atleta-modelo: um belo ariano loiro, de olhos claros...". Num canto, abaixo do cartaz, em tamanho pequeno, ele acrescentou Jesse Owens. Se os Vuitton apenas tiraram proveito de seu convívio com o poder, sem no entanto participar ativamente do regime, suas preferências ideológicas à época não deixam dúvida, e são claramente reafirmadas no livro.

    Henry Vuitton quis escrever sua versão da História e produziu uma mala de recordações. A mala tinha uma gaveta secreta. Ele talvez pensasse ser o único detentor da chave.

Uma outra história

Em 1970, à morte de Gaston, a casa Vuitton ainda é relativamente modesta: seu faturamento não ultrapassa os 15 milhões de euros, com apenas duas lojas, em Paris e Nice. Dois homens reivindicam a sucessão: Henry, o único a carregar o nome, e Jean Ogliastro, o genro herói da Resistência. Cada lado da família quer impor seu candidato. Velhas histórias são relembradas: Vichy contra a Resistência... No entanto, é um terceiro homem que toma o poder: Henri Racamier, o marido de Odile, uma das filhas de Gaston.

Henri Racamier é um verdadeiro industrial. Ele é inclusive o primeiro empreendedor de alto nível a entrar na família. Ele também será o primeiro dirigente da casa a pensar que o futuro da marca precisa passar pelo consumo de massa. E graças a essa estratégia ele muda a natureza da empresa. De fábrica de malas para clientes abastados, ele a transforma numa companhia multinacional. Os Vuitton tinham construído uma marca, ele a transformará num império.

Henri Racamier nasce em 1912, no departamento de Doubs, filho de um industrial. Em 1949, ele funda uma pequena companhia de comércio de metais, Sinox, na qual faz fortuna. Antes mesmo da morte de Gaston, ele se interessa pela empresa de sua mulher, com quem casa em 1943. Ele é o primeiro a ter a ideia de fabricar os produtos Vuitton fora de Asnières, e encontra parceiros na Ásia, como a companhia Blue Bell, dirigida por um suíço empreendedor, M. Goemans, que promove a venda dos produtos Vuitton no mercado japonês. Em poucos anos, Racamier se impõe. A partir de 1977, ele é o único mestre a bordo e vende sua firma siderúrgica para se dedicar totalmente à "Louis Vuitton, malletier". O nome agora está firmemente estabelecido.

Tem início o incrível crescimento do grupo. Henri Racamier sente que, se o grupo não ampliar suas atividades, não poderá rentabilizar a rede comercial que está constituindo. Ele decide reunir em torno de Vuitton outras marcas de luxo, no mundo da moda e das bebidas alcoólicas. Ele compra Givenchy, o champanhe Veuve Clicquot e sonha em adquirir o grupo Moët-Hennessy, que tem champanhes, conhaques e perfumes.

O grupo cresce sob o novo nome escolhido por Racamier: Bagages Vuitton. O faturamento aumenta espetacularmente. Apaixonado por vela (ele cria a Louis Vuitton Cup, em 1983) e ópera (ele é o primeiro mecenas da Ópera de Paris), ele não percebe o perigo à espreita. Para crescer e se proteger de ataques externos, em 1987 ele convence Alain Chevalier, diretor-geral da Moët & Chandon desde 1982, que também é proprietário do conhaque Hennessy e dos perfumes Dior, de se fusionar a ele. O grupo se torna um conglomerado, sob o nome LVMH (Louis Vuitton Moët Hennessy), do qual a família Vuitton já não detém a maioria do capital. LVMH representa então mais de 130 lojas no mundo inteiro e um faturamento de 1,2 bilhão de dólares, sendo 40% na Ásia. Mas o conflito com Alain Chevalier é imediato. Para puxar a maioria do capital para o seu lado, Henri Racamier abre o capital a um jovem e brilhante industrial do Norte, que acabava de comprar o grupo Boussac (Dior, Conforama, Le Bon Marché, La Belle Jardinière), então em falência. Um homem que sonha em recuperar os perfumes Dior vendidos para a Moët & Chandon em 1973 por Boussac, e que sonha em ampliar seu império para os vinhos e bebidas alcoólicas: Bernard Arnault. Alain Chevalier entende ter perdido. Henri Racamier, por sua vez, percebe que Bernard Arnault não está ali apenas para socorrê-lo. Racamier tenta tirar a casa Vuitton da armadilha preparada por ele mesmo, tentando retomar o controle do capital. Sentindo-se em perigo por sua vez, e querendo preservar a unidade do grupo em que acaba de entrar, Bernard Arnault, com o auxílio do grupo britânico Guinness, adquire em 13 de janeiro de 1989 a maioria do capital, elimina Racamier e se torna presidente da diretoria da LVMH. A família Vuitton se opõe a ele numa batalha jurídica perdida em abril de 1990.

Consumada a derrota, Racamier utiliza uma holding da família Vuitton, Orcofi, criada no ano anterior, para tentar reconstruir um grupo concorrente: ele adquire participações de Cristalleires Daum, Hédiard, Inès de la Fressange e Lanvin, que ele compra do Midland Bank junto com a L'Oréal, em 1990, tendo a casa Lanvin sido comprada dos últimos descendentes de Jeanne Lanvin, morta em 6 de julho de 1946. Pouco a pouco, o projeto desanda e tudo é revendido.

Hoje, a família Vuitton está totalmente fora do grupo, com exceção de Patrick-Louis Vuitton, filho de Claude, que se tornara aprendiz *malletier* aos 22 anos, em setembro de 1973, e segue garantindo o controle técnico das encomendas especiais da casa, percorrendo o mundo enquanto embaixador itinerante da Louis Vuitton.*

Bernard Arnault, que detém um pouco menos de 20% do capital e controla 40%, continua e acelera a expansão iniciada por Henri Racamier. Depois de ceder Conforama e Roc Dermopharmacie, ele faz o faturamento do grupo passar de 23,82 bilhões de francos, em 1993, para 45,49 bilhões em 1998, e constrói o primeiro grupo mundial de marcas de luxo, com 12 bilhões de euros de faturamento, 56 mil funcionários no mundo todo e 50 marcas, entre as quais Moët & Chandon, Dom Pérignon, Krug, Veuve Clicquot, Ruinart, Mercier, Hennessy, Château d'Yquem,

---

* Patrick-Louis Vuitton faleceu em 2019, quinze anos após a publicação deste livro na França (em 2004). (N.T.)

Lœwe, Berluti, Givenchy, Christian Lacroix, Kenzo, Céline, Fred Joaillier, Christian Dior, Guerlain, Sephora, Le Bon Marché e Donna Karan. A primeira de suas marcas, Louis Vuitton, registra um crescimento de dois dígitos, contando com 13 ateliês de produção, um centro internacional de logística, mais de trezentas lojas exclusivas em cinquenta países e 9,5 mil funcionários mundo afora, sendo 60% fora da França. Segundo o grupo, a "vocação do grupo LVMH é ser o embaixador da arte de viver ocidental no que ela tem de mais refinado".

Assim se formou um dos maiores grupos industriais do mundo. E o único grupo francês a dominar totalmente o mercado em seu campo.

Nascida na época da aventura, evoluindo com a viagem moderna, a casa Louis Vuitton atravessou os séculos, as modas, o espaço, o progresso e as guerras para impor seu universo ao resto do mundo. Universo disseminado pela saga de uma família francesa... Ao contrário da maioria das grandes empresas americanas, cuja história surge e desaparece sem deixar para trás mais que um nome ou um logotipo, a lenda de Louis Vuitton se impõe e permanece. Louis, Georges, Gaston, Henry, Claude; a genialidade dessa família esteve em saber se firmar em cena, geração após geração, proporcionando aos homens e às mulheres que entram em suas lojas aquilo que eles mais anseiam: a sensação de ser únicos, dignos da mesma atenção que os reis e do mesmo encanto que os príncipes. Todos os reis. Todos os príncipes.

Agradecimentos

Quando comecei a escrever esta biografia, não sabia nada sobre os Vuitton. Eu estava curiosa para conhecer essa surpreendente família cujo nome viajava ruidosamente pelo mundo há 150 anos, embora sua história nunca tivesse saído de sua propriedade em Asnières. Eu queria voltar no tempo, balizar meu trajeto com informações e colher recordações no caminho. Mas a história que acabei contando não é exatamente a que imaginei escrever. Ela tornou meu trabalho muito mais interessante, embora nem sempre tenha facilitado as coisas para mim. Ela acima de tudo me permitiu conhecer várias pessoas interessantes, sem as quais este livro nunca teria sido possível. Agora que concluo sua redação, que me seja permitido expressar aqui alguns agradecimentos.

Primeiro a Yves Carcelle, presidente da Louis Vuitton, pela confiança com que me honrou, pela liberdade que me concedeu, aceitando abrir para mim com exclusividade os arquivos da casa. A Patrick-Louis Vuitton, trineto do fundador, pelo tempo que dedicou a mim.

Meu reconhecimento também a todas e todos que facilitaram minhas pesquisas, e eles são numerosos. A Marie-Paule Arnauld, diretora do Centre Historique des Archives Nationales, bem como a Isabelle Neuschwander, curadora-geral, encarregada do setor século XX, e a toda sua equipe, especialmente a Michèle Conchon, curadora-chefe, que respondeu a cada uma de minhas solicitações. A Bernard Ogliastro por seus documentos genealógicos, sua abertura de espírito e seus depoimentos, feitos com a preocupação de dizer para não maldizer. A Denyse Ogliastro, sua mãe, que aceitou me passar informações por intermédio dele. A Andrée Vuitton, a mais velha dos bisnetos de Louis, surpreendente centenária, que me fez confidências na sala de sua casa. A François-Louis Vuitton, por ter tentado me ajudar. A Odile Racamier, por seus incentivos. A Laurent Patrelle, pelo testemunho sobre sua família. A Marie-Sophie Carron de la Carrière, curadora-chefe do museu Louis Vuitton, pelo interesse e pelos e-mails noturnos de apoio. A toda a equipe do setor de Patrimônio e, especialmente, a Marie Wurry, pela disponibilidade e pelo rigor, e também a Marie Ory, pela visita entusiasmada à casa familiar de Asnières.

Obrigada infinitamente a Pierre Péan, pelos conselhos generosos, pela escuta, e também por três nomes preciosos de sua agenda de endereços, sem os quais este livro não existiria... A Renaud de Rochebrune, pelo tempo que lhe roubei. A Jean-Michel Signoles, proprietário apaixonado da casa Goyard, obrigada pelo apoio amigável e pela confiança. A Éric Baschet por abrir para mim sua coleção pessoal do *L'Illustration* entre 1939 e 1945. A Dominique Veillon e Éléonore Testa, do Institut d'Histoire du Temps Présent (IHTP). A Denis Peschanski, que não tive a chance de encontrar, mas que compartilhou comigo seus contatos. A Jean-Louis Panicacci, presidente do Musée de la Résistance Azuréenne e membro do IHTP, pelos diversos esclarecimentos. A Jean-Claude e Alexandre Cealac, formidáveis arquivistas, que souberam desenterrar propagandas e informações de primeira ordem. A toda a equipe do setor de arquivos da Harrods, de Londres, que me permitiu consultar os sublimes catálogos da loja de departamentos da época vitoriana. A Paul Racine, ardoroso defensor da memória do marechal Pétain, que colocou à minha disposição seus mais preciosos contatos, objetos e documentos, e também seu tempo, para que eu "compreenda melhor as coisas". À sra. Bernard Ménétrel, que aceitou me receber diversas vezes. À sra. Perrin-Ehret, sua amiga, que aceitou me falar de seu pai, o capitão Ehret, membro do gabinete do marechal Pétain. A Bénédicte Vergez-Chaignon, biógrafa de Bernard Ménétrel, por me falar sem meias-palavras de sua pesquisa e por me indicar alguns documentos nos Archives Nationales. A Chantal Thomas e Valérie Tanto, que reviraram cem vezes os arquivos da prefeitura de Vichy para me ajudar. A Fabienne Gelin, Isabelle Minard e Martine Chosson, que facilitaram minha pesquisa no fundo État Français da midiateca de Vichy. A Jacques Fredj e toda sua equipe do Centre de Documentation Juive Contemporaine, em Paris, pela acolhida: o trabalho deles é essencial. A Anne-Marie Fourniol, que me fez mergulhar no ambiente do bar do Cintra, em Vichy, e me passou suas fotografias de família. A Jean Débordes e ao dr. Jacques Cousseau, por seus contatos. A Marguerite Frémont e Andrée Rondepierre, que provavelmente são as últimas testemunhas vivas da vida cotidiana em Vichy entre 1939 e 1945. A Robert Reignier e Paul Michel, antigos contadores do hoteleiro Jacques Aletti; que o sr. Michel seja particularmente agradecido por reabrir seus arquivos do Hôtel du Parc. A Josette Alviset, do Musée de l'Opéra de Vichy, pelos conselhos pertinentes. A Véronique Boissadir-Villemaire, por seu conhecimento dos arquivos de Cusset. A Pierre Chenue pelo testemunho comovente e pelas informações sobre o ofício de *emballeur*. A Elisio das Neves, do mercado Serpette, pelo bom humor, pelas confidências e pelo espantoso conhecimento das malas Vuitton e Goyard. A Pierre Dalibart, apreciei sua visão das coisas. A Jacqueline Pascal, por um momento de graça no pequeno cemitério de Saint-Lambert des Bois. A Marc Lambron, uma menção grata pelos conselhos de leitura. A Marc Tuillier, simpático livreiro. A François Le Guen e Alix Lepeytre, que de bom grado me passaram seus trabalhos de conclusão de curso, relacionados a meu tema. A Christine Boyer-Thiollier, por me ajudar nas pesquisas iconográficas. A Noël e Dominique Sénéclauze, que entenderam minha iniciativa e me autorizaram a reproduzir uma fotografia de Félix Thiollier. A Myriam Lachenal. A todos que pediram para não ser citados, o valor de seus testemunhos nem por isso é menor. A Marilyn e Bruno Courteaud, pelo apoio infalível e pela tradução de documentos sem aviso prévio. A meus amigos, que me encorajaram, cada um, cada uma, à sua maneira, sempre de forma tocante. A Catherine Tavernier, para quem se volta toda minha gratidão, ela sabe por quê. A Valentine, a quem devo todo meu tempo livre, portanto minha liberdade de espírito. A minha família, que me aguentou durante os longos meses de gestação deste livro, declaro meu amor por me permitir descobrir... a vida intensa.

Por fim, agradeço muito especialmente a Claude Durand e Élisabeth Samama, por confiarem em mim. E aplaudo o notável trabalho de Camille Decisier.

NOTAS

PRIMEIRA PARTE | Nascimento de um mito

1. Entrevista com Bernard Ogliastro, 5 de junho de 2003.
2. Entrevista com François-Louis Vuitton, 18 de setembro de 2003.
3. Entrevista com Bernard Ogliastro, 5 de junho de 2003.
4. Archives Départamentales du Jura.
5. *Id.*
6. Henry-Louis Vuitton, *La Malle aux souvenirs* (Paris, Mengès, 1984).
7. Histórico Gaston-Louis Vuitton, Archives Louis Vuitton.
8. Entrevista com Bernard Ogliastro, 5 de junho de 2003.
9. Histórico Gaston-Louis Vuitton, Archives Louis Vuitton.
10. *Id.*
11. Archives Communales d'Asnières-sur-Seine.
12. Geneviève Mathis-Pont, *L'Invitation au Voyage. Autour de la Donation Louis Vuitton* (Paris, Musée des Arts Décoratifs, 1987).
13. Histórico Gaston-Louis, Vuitton, Archives Louis Vuitton.
14. *La Vie du Rail*, n. 244, 10 de abril de 1950.
15. Victor Hugo, *Le Rhin* (Paris, Christian Pirot, 1996).
16. M. Chaulanges e J. Page, *La Région de Lyon et de Saint-Étienne, sa géographie, son histoire* (Paris, Charles-Lavauzelle & Cie Éditeurs, 1948).
17. Histórico Gaston-Louis Vuitton, Archives Louis Vuitton.
18. *Id.*
19. Archives Départamentales du Jura.
20. Cidade de Créteil, departamento de Patrimônio.
21. *Id.*
22. Histórico Gaston-Louis Vuitton, Archives Louis Vuitton.
23. *Id.*
24. Dicionário Littré (Paris, Le Livre de Poche, 1990).
25. Nosban, *Manuel du menuisier*, t. 2, 1857.
26. L.B. Francœur e L.S. Lenormand, *Dictionnaire technologique* (Paris, Imprimerie de Huzard-Courcier, CNAM, 1828).
27. Nosban, *Manuel du menuisier*, t. 2, 1857.
28. Geneviève Mathis-Pont, *L'Invitation au Voyage. Autour de la Donation Louis Vuitton* (Paris, Musée des Arts Décoratifs, 1987).
29. Entrevista com o sr. Royer, diretor da André Chenue S.A., 25 de novembro de 2003.
30. *Annuaire général du commerce, de l'industrie, de la magistrature et de l'administration* (Firmin Didot, 1855, Archives de Paris).
31. Fonte de Internet, artigo de Nathalie Harran.
32. Trecho de um histórico redigido por Georges Vuitton, Archives Louis Vuitton.
33. Almanaque Firmin Didot, 1854.
34. Henry-Louis Vuitton, *La Malle aux souvenirs* (Paris, Mengès, 1984).

35. Alain Corbin, *L'Avènement des loisirs, 1850-1960* (Paris, Flammarion, 2001). [Em português: *História dos tempos livres: o advento do lazer*. Tradução de Telma Costa. Lisboa: Teorema, 2001.]
36. Jacques Attali, *L'Homme nomade* (Paris, Fayard, 2003).
37. *Id.*
38. Louis Vuitton Fils, *Le Voyage, depuis les temps les plus reculés jusqu'à nos jours*, manuscrito original, 1894.
39. Henry-Louis Vuitton, *La Malle aux souvenirs* (Paris, Mengès, 1984).
40. Histórico Gaston-Louis Vuitton, Archives Louis Vuitton.
41. "Livret d'ouvrier" emitido pela Préfecture de Police de Paris, em 3 de novembro de 1848, Archives Goyard.
42. Jacques Attali, *L'Homme nomade* (Paris, Fayard, 2003).
43. Archives Goyard.
44. Louis Vuitton Fils, *Le Voyage, depuis les temps les plus reculés jusqu'à nos jours*, manuscrito original, 1894.
45. www.laviedurail.com
46. Trecho do "Diário de Juliette Drouet", em *Victor Hugo: Œuvres complètes. Voyages*, sob a direção de Jacques Seebacher (Paris, Robert Laffont, 1987).
47. Henry-Louis Vuitton, *La Malle aux souvenirs* (Paris, Mengès, 1984).
48. Jacques Attali, *L'Homme nomade* (Paris, Fayard, 2003).
49. *Id.*
50. Henry-Louis Vuitton, *La Malle aux souvenirs* (Paris, Mengès, 1984).
51. Histórico Gaston-Louis Vuitton, Archives Louis Vuitton.
52. A. Le Clerc, *Bulletin des Modes* de 15 de janeiro de 1946, Médiathèque André-Malraux de Lisieux.
53. Certidão de casamento de Louis Vuitton e Clémence-Émilie Parriaux, Registro de Créteil, Archives Départamentales de Val-de-Marne.
54. Entrevista com Bernard Ogliastro, 5 de junho de 2003.
55. Certidão de óbito de Nicolas Feréol Parriaux, Registro de Créteil, Archives Départamentales de Val-de-Marne.
56. *Guide illustré du «Bon Marché» 1900*, edição do Bon Marché, coleção particular.
57. Folheto institucional, Le Bon Marché, 12 de março de 2003.
58. Fonte de Internet, Jacques Marseille.
59. Folheto institucional, Le Bon Marché, 12 de março de 2003.
60. Fonte de Internet, Jacques Marseille.
61. Jean Autin, *L'Impératrice Eugénie ou l'empire d'une femme* (Paris, Fayard, 1990).
62. Jean des Cars, *Eugénie, la dernière impératrice* (Paris, Perrin, 2000).
63. Jean Autin, *L'Impératrice Eugénie ou l'empire d'une femme* (Paris, Fayard, 1990).
64. *Id.*
65. Artigo *Historia*, especial n. 37.

SEGUNDA PARTE | O Império Louis Vuitton

1. Certidão de casamento de Louis Vuitton e Clémence-Émilie Parriaux, Registro de Créteil, Archives Départamentales de Val-de-Marne.
2. *Id.*
3. *Id.*
4. Histórico Gaston-Louis Vuitton, Archives Louis Vuitton.
5. *Annuaire général du commerce* (Firmin Didot, 1854, Archives de Paris).
6. *Id.*
7. *Id.*
8. *Id.*
9. Certidão de casamento, Registro de Créteil, Archives Départamentales de Val-de-Marne.
10. Histórico datado de 7 de junho de 1932, MD/CA, Archives Louis Vuitton.
11. Relatórios do júri internacional, classe 99, Exposição Universal Internacional de Paris, 1900, Archives Louis Vuitton.
12. Exposição de Bruxelas 1910, relatório da classe 99 (Grupe XV), Georges Vuitton Relator, Archives Louis Vuitton.
13. *Id.*
14. Louis Vuitton Fils, *Le Voyage, depuis les temps les plus reculés jusqu'à nos jours*, manuscrito original, 1894.
15. *Id.*
16. "Carta de Gustave Flaubert a Ernest Chevalier", Saint-Malo, 13 de julho de 1847, BNF.
17. Exposição de Bruxelas 1910, relatório da classe 99 (Grupe XV), Georges Vuitton Relator, Archives Louis Vuitton.
18. Maxime du Camp, *Lettres inédites à Gustave Flaubert*, carta de 15 de outubro de 1849 (Messina, Bonnacorso Giovanni, 1978).
19. Gustave Flaubert, *Voyage en Égypte*, edição integral do manuscrito original estabelecido e apresentado por Pierre-Marc de Biasi (Paris, Grasset, 1991).
20. Histórico Gaston-Louis Vuitton, Archives Louis Vuitton.
21. *Id.*
22. Archives départementales des Hauts-de-Seine.
23. Documento Christie's, leilão de 24 de junho de 1872.
24. Jean Autin, *L'Impératrice Eugénie ou l'empire d'une femme* (Paris, Fayard, 1990).
25. *Id.*
26. Ludovic Trihan, *La Compagnie Générale Transatlantique, histoire de la flotte* (Grenoble, Glénat, 1991).
27. Henry-Louis Vuitton, *La Malle aux souvenirs* (Paris, Mengès, 1984).
28. Projeto de histórico, Gaston-Louis Vuitton, 20 de fevereiro de 1968, GL/HE, Archives Louis Vuitton.
29. Histórico datado de 7 de junho de 1932, MD/CA, Archives Louis Vuitton.
30. Histórico Gaston-Louis Vuitton, Archives Louis Vuitton.
31. *Id.*

32. Entrevista com Patrick-Louis Vuitton, setembro de 2003.
33. Ludovic Trihan, *La Compagnie Générale Transatlantique, histoire de la flotte* (Grenoble, Glénat, 1991).
34. Fonte Internet, Pierre Peugeot, fala de 15 de junho de 1994.
35. Histórico Gaston-Louis Vuitton, Archives Louis Vuitton.
36. *Id.*
37. "Voyage à travers le temps", retrospectiva Louis Vuitton, 1993.
38. Histórico Gaston-Louis Vuitton, Archives Louis Vuitton.
39. René Deflandre, *Dictionnaire historique et géographique des voies publiques et privées d'Asnières-sur-Seine* (Association des Amis du château et du vieil Asnières, 1997).
40. Conde d'Hérisson, *Journal d'un officier d'ordonnance, juillet 1870-février 1871* (Paris, Paul Ollendorff Éditeur, 1885).
41. Émile Zola, *Au Bonheur des dames* (Paris, Flammarion, 1999).
42. Alain Corbin, *L'Avènement des loisirs, 1850-1960* (Paris, Flammarion, 2001). [Em português: *História dos tempos livres: o advento do lazer*. Tradução de Telma Costa. Lisboa: Teorema, 2001.]
43. Catálogo comercial Louis Vuitton, 1914, Archives Louis Vuitton.
44. *Id.*
45. *Id.*
46. Jacques Attali, *Blaise Pascal ou le génie français* (Paris, Fayard, 2000).
47. www.cnam.fr
48. *Historia*, especial n. 37.
49. Guide Joanne, *Normandie*, 1872.
50. *L'Univers illustré*, 17 de agosto de 1864, crônica de Gérôme.
51. Entrevista com Anne-Marie Fourniol, ex-proprietária da vila, fevereiro de 2004.
52. Histórico Gaston-Louis Vuitton, Archives Louis Vuitton.
53. Ludovic Trihan, *La Compagnie Générale Transatlantique, histoire de la flotte* (Grenoble, Glénat, 1991).
54. *L'Illustration*, 21 de maio de 1864, "Courrier de Paris", p. 323.
55. *L'Illustration*, 24 de junho de 1865, H. Lavoix, "Les Trains de plaisir".
56. Jacques Attali, *L'Homme nomade* (Paris, Fayard, 2003).
57. Histórico Georges Vuitton, Archives Louis Vuitton.
58. www.histoire-en-ligne.com
59. Archives du Bureau International des Expositions, Paris.
60. *Id.*
61. Jean Autin, *L'Impératrice Eugénie ou l'empire d'une femme* (Paris, Fayard, 1990).
62. Ludovic Trihan, *La Compagnie Générale Transatlantique, histoire de la flotte* (Grenoble, Glénat, 1991).
63. Histórico Gaston-Louis Vuitton, Archives Louis Vuitton.
64. Jean Autin, *L'Impératrice Eugénie ou l'empire d'une femme* (Paris, Fayard, 1990).

65. Archives du Bureau International des Expositions, Paris.
66. "Voyage à travers le temps", Catálogo, 1993, Archives Musée Galliera.
67. Histórico Gaston-Louis Vuitton, Archives Louis Vuitton.
68. *Id.*
69. Exposição BNF, "Zola, Au Bonheur des dames".
70. *Nouvel Observateur*, hors-série n. 37.
71. Archives départementales des Hauts-de-Seine.
72. Archives communales d'Asnières-sur-Seine.
73. *Id.*
74. Henry-Louis Vuitton, *La Malle aux souvenirs* (Paris, Mengès, 1984).
75. Louise Colet, *Les Pays lumineux – voyage en Orient.*
76. Archives Le Bon Marché.
77. Jean Autin, *L'Impératrice Eugénie ou l'empire d'une femme* (Paris, Fayard, 1990).
78. Archives Louis Vuitton.
79. Jacques Attali, *L'Homme nomade* (Paris, Fayard, 2003).
80. www.histoire-en-ligne.com
81. Histórico Gaston-Louis Vuitton, Archives Louis Vuitton.
82. Jean Autin, *L'Impératrice Eugénie ou l'empire d'une femme* (Paris, Fayard, 1990).
83. Conde d'Hérisson, *Journal d'un officier d'ordonnance, juillet 1870-février 1871* (Paris, Paul Ollendorff Éditeur, 1885).
84. *Id.*
85. *Id.*
86. *Id.*
87. *Id.*
88. *Id.*
89. *Id.*
90. *Id.*
91. Histórico Gaston-Louis Vuitton, Archives Louis Vuitton.
92. Conde d'Hérisson, *Journal d'un officier d'ordonnance, juillet 1870-février 1871* (Paris, Paul Ollendorff Éditeur, 1885).
93. *Id.*
94. *Id.*
95. *Id.*
96. Henry-Louis Vuitton, *La Malle aux souvenirs* (Paris, Mengès, 1984).
97. *Id.*
98. Histórico Gaston-Louis Vuitton, Archives Louis Vuitton.

TERCEIRA PARTE | A república de Georges

1. Jacques Attali, *L'Homme nomade* (Paris, Fayard, 2003).
2. Henry-Louis Vuitton, *La Malle aux souvenirs* (Paris, Mengès, 1984).
3. Histórico Gaston-Louis Vuitton, Archives Louis Vuitton.
4. *Id.*

5. Jean-Paul Caracalla, *Le Goût du voyage* (Paris, Compagnie des Wagons-Lits/Flammarion, 2001).
6. Histórico Gaston-Louis Vuitton, Archives Louis Vuitton.
7. *Id.*
8. *Id.*
9. "L'Invitation au voyage, Autour de la donation Gaston L. Vuitton", Florence Muller, Conservateur de l'Union Française des Arts du Costume, pp. 113-115.
10. Alix Lepeytre, *Les notions de recherche et d'innovation technique dans la politique de communication des industries françaises du luxe 1880-1939*, dissertação de mestrado em História Contemporânea, Université Paris IV – La Sorbonne, 2001.
11. Catalogue Louis Vuitton 1914, Archives Louis Vuitton.
12. Exposição de Bruxelas 1910, relatório da classe 99 (Grupo XV), Georges Vuitton Relator, Archives Louis Vuitton.
13. *Id.*
14. *Id.*
15. Catalogue Louis Vuitton 1914, Archives Louis Vuitton.
16. Guide Joanne Paris, 1889 (Hachette et Cie).
17. Histórico Gaston-Louis Vuitton, Archives Louis Vuitton.
18. *Id.*
19. *Id.*
20. *Id.*
21. Registros Louis Vuitton, Archives Louis Vuitton.
22. Catálogo Harrods, 1902, Archives Harrods.
23. Histórico Gaston-Louis Vuitton, Archives Louis Vuitton.
24. Entrevista com Patrick-Louis Vuitton, 20 de novembro de 2003.
25. Musée d'Asnières.
26. Histórico Gaston-Louis Vuitton, Archives Louis Vuitton.
27. *Id.*
28. Jean-Paul Caracalla, *Le Goût du voyage* (Paris, Compagnie des Wagons--Lits/Flammarion, 2001).
29. *Id.*
30. Folheto institucional, Le Bon Marché, 2003.
31. *Reine des deux mondes*, fevereiro de 1980, artigo de René de Chambrun.
32. *Rapport sur les expéditions de Mr Savorgnan de Brazza par H. de Bizemont, lieutenant de Vaisseau*, "L'expédition française de l'Ogôoué", Société de Géographie, abril de 1877.
33. Archives Nationales, service outre-mer Missions, 24.
34. Revista *Le Tour du Monde*, "Voyages dans l'Ouest africain", crônica de Pierre Savorgnan de Brazza.
35. Fotografias de Nadar.
36. Pierre Savorgnan de Brazza, *Journal*, 1875-1887.
37. *Conférences et lettres de P. Savorgnan de Brazza sur ses trois explorations dans l'ouest africain de 1875 à 1886*, "Carta de Lopé, 6 de abril 1876", texto publicado e organizado por Napoléon Ney.

38. Pierre Savorgnan de Brazza, *Journal*, 1875-1887.
39. *Conférences et lettres de P. Savorgnan de Brazza sur ses trois explorations dans l'ouest africain de 1875 à 1886*, "Carta de Lopé, 6 de abril 1876", texto publicado e organizado por Napoléon Ney.
40. *Conférences et lettres de P. Savorgnan de Brazza sur ses trois explorations dans l'ouest africain de 1875 à 1886*, "Carta de Lopé, 6 de abril 1876 e 10 de janeiro 1876", texto publicado e organizado por Napoléon Ney.
41. Archives du Bureau International des Expositions, Paris.
42. *Id.*
43. Guia do visitante, Exposição Universal de Paris, 1878, E. Dentu Libraire, coleção particular.
44. Notas manuscritas, agenda Georges Vuitton, Archives Louis Vuitton.
45. Daniel Roth, 2003
46. *La Nature, Revue des Sciences et de leurs applications aux Arts et à l'Industrie*, crônica de Ch. Boissay, 1878, sexto ano, arquivos CNAM.
47. *Id.*
48. *La Nature, Revue des Sciences et de leurs applications aux Arts et à l'Industrie*, crônica de G. Tisandier, 1878, sexto ano, arquivos CNAM.
49. Jacques Attali, *L'Homme nomade* (Paris, Fayard, 2003).
50. Oscar Lievain, fundador da Clinique International du Parc Monceau.
51. Jacques Attali, *L'Homme nomade* (Paris, Fayard, 2003).
52. Henry-Louis Vuitton, *La Malle aux souvenirs* (Paris, Mengès, 1984).
53. Fonte Maison Patrelle.
54. Folheto institucional, Le Bon Marché, 2003.
55. Henry-Louis Vuitton, *La Malle aux souvenirs* (Paris, Mengès, 1984).
56. Registro dos números internos de bagagens, Archives Louis Vuitton.
57. Archives municipales d'Asnières-sur-Seine.
58. Registro dos números internos de bagagens, Archives Louis Vuitton.
59. *Conférences et lettres de P. Savorgnan de Brazza sur ses trois explorations dans l'ouest africain de 1875 à 1886*, texto publicado e organizado por Napoléon Ney, reprodução de uma publicação das edições M. Dreyfous, 1887, arquivos BNF.
60. *Cœurs Vaillants*, "Brazza, l'explorateur en guenilles", n. 11, 15 março de 1962.
61. *Cols bleus*, artigo de J. Pillet, 11 de abril de 1947.
62. *Le Petit Marseillais*, artigo de Paul Ginistry, 10 de outubro de 1905, Archives Nationales, S.O.M. 16 PA VIII 4.
63. Pierre Savorgnan de Brazza, *Le Tour du Monde – Voyages dans l'Ouest-Africain*, 1875-1887.
64. *Cols bleus*, artigo de J. Pillet, 11 de abril de 1947.
65. *Cols bleus*, artigo de J. Pillet, 1º de março de 1980.
66. *Reine des deux mondes*, artigo de René de Chambrun, fevereiro de 1980.
67. *Id.*
68. Certidão notarial: "Vente de fonds de commerce et transport de bail par M. et Mme Vuitton à M. Vuitton Fils, 3 nov. 1880", Archives Louis Vuitton.

69. *Id.*
70. *Id.*
71. *Id.*
72. *Id.*
73. *Id.*
74. *Id.*
75. *Id.*
76. Archives municipales d'Asnières-sur-Seine.
77. Histórico Gaston-Louis Vuitton, Archives Louis Vuitton.
78. *Id.*
79. *Id.*
80. Discurso de Gaston-Louis Vuitton, Bodas de Ouro Comerciais, Archives Louis Vuitton.
81. Archives Louis Vuitton.
82. Alix Lepeytre, *Les notions de recherche et d'innovation technique dans la politique de communication des industries françaises du luxe 1880-1939*, dissertação de mestrado em História Contemporânea, Université Paris IV – La Sorbonne, 2001.
83. Exposição BNF, "Zola, Au Bonheur des dames".
84. Archives communales d'Asnières-sur-Seine.
85. *Id.*
86. *Id.*
87. *Id.*
88. Histórico Gaston-Louis Vuitton, Archives Louis Vuitton.
89. Registro dos números internos de bagagens, Archives Louis Vuitton.
90. Certidão do registro civil, Archives départementales des Hauts-de-Seine.
91. *Reine des deux mondes*, artigo de René de Chambrun, fevereiro de 1980.
92. Archives du Musée de la Marine.
93. *Le Radical*, março de 1883.
94. Jean-Paul Caracalla, *Le Goût du voyage* (Paris, Compagnie des Wagons-Lits/Flammarion, 2001).
95. *Id.*
96. Notas manuscritas Agenda Georges Vuitton, Archives Louis Vuitton.
97. Jean-Paul Caracalla, *Le Goût du voyage* (Paris, Compagnie des Wagons-Lits/Flammarion, 2001).
98. *Le Figaro*, artigo de Georges Boyer, 20 e outubro de 1883, Archives Compagnie des Wagons-Lits.
99. Jean-Paul Caracalla, *Le Goût du voyage* (Paris, Compagnie des Wagons-Lits/Flammarion, 2001).
100. *Id.*
101. Histórico Gaston-Louis Vuitton, Archives Louis Vuitton.
102. *Id.*
103. *Id.*
104. *Id.*

105. Histórico Georges Vuitton, 21 nov. 1934, GL/CA, Archives Louis Vuitton.
106. Registro dos números internos de bagagens, Archives Louis Vuitton.
107. E. de Amicis, *Souvenirs de Paris et de Londres*, 1874.
108. Constant Améro, *Douze jours à Londres*, 1890.
109. Jules Vallès, *La Rue à Londres* (Paris, Les Éditeurs Français Réunis, 1883).
110. *Id.*
111. Alain Lauzanne, *Jules Vallès à Londres ou les mémoires d'un exilé*, Université de Rouen.
112. Jules Vallès, *La Rue à Londres* (Paris, Les Éditeurs Français Réunis, 1883).
113. Alain Lauzanne, *Jules Vallès à Londres ou les mémoires d'un exilé*, Université de Rouen.
114. Christopher Hibbert, *The English: A Social History, 1066-1945* (Londres, Book Club, 1987).
115. Jacques Attali, *L'Homme nomade* (Paris, Fayard, 2003).
116. Jules Vallès, *La Rue à Londres* (Paris, Les Éditeurs Français Réunis, 1883).
117. Conde Paul Vasili, *La Société de Londres*, 1885.
118. *The Queen's London*, Cassell & Company limited, 1896.
119. Histórico Georges Vuitton, 21 nov. 1934, GL/CA, Archives Louis Vuitton.
120. *Id.*
121. *Id.*
122. *Id.*
123. Henry-Louis Vuitton, *La Malle aux souvenirs* (Paris, Mengès, 1984).
124. Histórico Gaston-Louis Vuitton, Archives Louis Vuitton.
125. *Id.*
126. Entrevista com Bernard Ogliastro, 5 de junho de 2003.
127. Archives Louis Vuitton.
128. Histórico Gaston-Louis Vuitton, Archives Louis Vuitton.
129. *Id.*
130. Harrods, Service des Archives.
131. Histórico Gaston-Louis Vuitton, Archives Louis Vuitton.
132. *Id.*
133. Notas manuscritas Agenda Georges Vuitton, Archives Louis Vuitton.
134. Histórico Gaston-Louis Vuitton, Archives Louis Vuitton.
135. *Id.*
136. *Id.*
137. Relatórios do júri internacional, classe 99, Exposição Universal Internacional de Paris, 1900, Relator M.E. Chapel.
138. *Id.*
139. Jacques Attali, *L'Homme nomade* (Paris, Fayard, 2003).
140. Trecho da ata dos debates do Conseil de Paris, 22 de maio de 1885, Archives de Paris.
141. *Id.*
142. *Id.*
143. *Le Petit Parisien*, número especial, 23 de maio de 1885, Archives Nationales.

144. Alain Decaux, *Victor Hugo* (Paris, Perrin, 2001).
145. *Id.*
146. *Id.*
147. Histórico Gaston-Louis Vuitton, Archives Louis Vuitton.
148. *Id.*
149. Exposição de Bruxelas 1910, relatório da classe 99 (Grupo XV), Georges Vuitton Relator, Archives Louis Vuitton.
150. Trecho do Relatório Geral por M. Alfred PICARD, Archives Bureau International des Expositions, Paris.
151. *Id.*
152. *Id.*
153. *Guide Bleu du Figaro et du Petit Journal*, "Exposition 1889", coleção particular.
154. *Id.*
155. Registro civil, Archives communales d'Asnières-sur-Seine.
156. *Id.*
157. J.A. Dulaure, A. Joanne e E. de Labedollière, *Asnières* (Éditions du Bastion, 1967).
158. *La Nature*, 1892, Archives CNAM.
159. *Id.*
160. *Id.*
161. *Id.*
162. *Id.*
163. *La revue illustrée du Calvados*, 1º de janeiro de 1910, midiateca da cidade de Lisieux.
164. Histórico Gaston-Louis Vuitton, Archives Louis Vuitton.
165. Histórico Gaston-Louis Vuitton, Archives Louis Vuitton.
166. *Havre-Exposition, la Revue Hebdomadaire Illustrée de l'Exposition Maritime Internationale du Havre*, "L'exposition de M. Louis Vuitton", 25 de junho de 1887, Archives Louis Vuitton.
167. Alix Lepeytre, *Les notions de recherche et d'innovation technique dans la politique de communication des industries françaises du luxe 1880-1939*, dissertação de mestrado em História Contemporânea, Université Paris IV – La Sorbonne, 2001.
168. *Havre-Exposition, la Revue Hebdomadaire Illustrée de l'Exposition Maritime Internationale du Havre*, "L'exposition de M. Louis Vuitton", 25 de junho de 1887, Archives Louis Vuitton.
169. *Id.*
170. *Id.*
171. *Id.*
172. *Id.*
173. Archives Louis Vuitton.
174. Catálogo Louis Vuitton de 1897, Archives Louis Vuitton.
175. Histórico Gaston-Louis Vuitton, Archives Louis Vuitton.

176. Archives Goyard.
177. Histórico Gaston-Louis Vuitton, Archives Louis Vuitton.
178. *Id.*
179. *Id.*
180. Conseil de Prud'hommes de Paris, depósito n. 13008 de 21 de agosto de 1888, Archives Louis Vuitton.
181. *Id.*
182. Histórico Gaston-Louis Vuitton, Archives Louis Vuitton.
183. *Id.*
184. Fonte Internet, the shipslist.com
185. J. Thomson e Adolphe Smith, *Street life in London*, 1877.
186. Agenda Georges Vuitton, Archives Louis Vuitton.
187. *Guide Bleu du Figaro et du Petit Journal*, "Exposition 1889", coleção particular.
188. Trecho da conferência "Les Expositions Universelles Internationales, leur passé, leur rôle actuel, leur avenir", de Georges Berger, comissário geral da sociedade central dos arquitetos, 29 de abril de 1886 in *Guide Bleu du Figaro et du Petit Journal*, 1889.
189. *Guide Bleu du Figaro et du Petit Journal*, "Exposition 1889", coleção particular.
190. *Guides Joanne*, Paris 1889, Hachette et Cie, coleção particular.
191. *Id.*
192. *Guide Bleu du Figaro et du Petit Journal*, "Exposition 1889", coleção particular.
193. *Guides Joanne*, Paris 1889, Hachette et Cie, coleção particular.
194. *Id.*
195. *Guide Bleu du Figaro et du Petit Journal*, "Exposition 1889", coleção particular.
196. *Id.*
197. *Guides Joanne*, Paris 1889, Hachette et Cie, coleção particular.
198. *Guide Bleu du Figaro et du Petit Journal*, "Exposition 1889", coleção particular.
199. *Id.*
200. Catherine Join-Diéterle, *Les mots de la mode* (Parias, Paris Musées/Actes Sud, 1999).
201. *Id.*
202. *Le Journal des Demoiselles*, 1885, Archives Musées Galliera.
203. *Guides Joanne*, Paris 1889, Hachette et Cie, coleção particular.
204. *Id.*
205. *Id.*
206. *Id.*
207. *Id.*
208. Exposição de Bruxelas 1910, relatório da classe 99 (Grupo XV), Georges Vuitton Relator, Archives Louis Vuitton.
209. Catálogo "Voyage à travers le temps", Retrospectiva Louis Vuitton, 1993.

210. Catálogo Louis Vuitton, Archives Louis Vuitton.
211. *Id.*
212. Archives Louis Vuitton, catálogo 1914.
213. *Guides Joanne*, Paris 1889, Hachette et Cie, coleção particular.
214. Trecho da conferência "Les Expositions Universelles Internationales, leur passé, leur rôle actuel, leur avenir", de Georges Berger, comissário geral da sociedade central dos arquitetos, 29 de abril de 1886 in *Guide Bleu du Figaro et du Petit Journal*, 1889.
215. Registro civil, Archives communales d'Asnières-sur-Seine.
216. *Guides Joanne*, Paris 1889, Hachette et Cie, coleção particular.
217. *Id.*
218. *Id.*
219. Pauline Raquillet, *Histoire et sociétés de l'Amérique latine*, n. 9 (Paris, ALEPH, 1997).
220. *Guide Bleu du Figaro et du Petit Journal*, "Exposition 1889", coleção particular.
221. *Havre-Exposition, la Revue Hebdomadaire Illustrée de l'Exposition Maritime Internationale du Havre*, "L'exposition de M. Louis Vuitton", 25 de junho de 1887, Archives Louis Vuitton.
222. Histórico Gaston-Louis Vuitton, Archives Louis Vuitton.
223. Théophile Gautier, *Une journée à Londres*, 1842.
224. Histórico Gaston-Louis Vuitton, Archives Louis Vuitton.
225. Nota datilografada "Savorgnan de Brazza 1904-1905", 12 de novembro de 1962, Gaston-Louis Vuitton, Archives Louis Vuitton.
226. Georges Vuitton, notas manuscritas "Le Voyage, depuis les temps les plus reculés jusqu'à nos jours, par Louis Vuitton Fils, Parrault et Cie, éditeurs, Paris", 1894, Archives Louis Vuitton.
227. *Id.*
228. Histórico Gaston-Louis Vuitton, Archives Louis Vuitton.
229. *Id.*
230. *Id.*
231. Entrevista com Patrick-Louis Vuitton, 20 de novembro de 2003.
232. Histórico Gaston-Louis Vuitton, Archives Louis Vuitton.
233. *Id.*
234. *Id.*
235. *Id.*
236. Henry-Louis Vuitton, *La Malle aux souvenirs* (Paris, Mengès, 1984).
237. Catherine Join-Diéterle, *Les mots de la mode* (Parias, Paris musées/Actes Sud, 1999).
238. Nota manuscrita Gaston L. Vuitton, 24 de julho de 1961, preparação programa sobre as malas antigas, Archives Louis Vuitton.
239. Exposição de Bruxelas 1910, relatório da classe 99 (Grupe XV), Georges Vuitton Relator, Archives Louis Vuitton.
240. *Id.*
241. Histórico Gaston-Louis Vuitton, Archives Louis Vuitton.

242. Contrato de casamento entre Louis-Jules Regnault e Louise-Élisabeth Vuitton diante de Maître Henri Roussel, tabelião em Courbevoie, 12 de agosto de 1875, Archives Louis Vuitton.
243. Declaração de sucessão depois da morte de Émilie Constance Parriaux, Courbevoie, 7 de maio de 1883, Archives départementales des Hauts-de-Seine.
244. Divórcio entre Louis-Jules Regnault e Louise-Élisabeth Vuitton, julgamento do Tribunal civil de la Seine, 4 de março de 1850, Archives Louis Vuitton.
245. *Id.*
246. Contrato pelo sr. Louis Vuitton e sra. Regnault a sr. e sra. Feréol Georges Vuitton, Maître Delaunay Notaire, março de 1886, Archives Louis Vuitton.
247. Histórico Gaston-Louis Vuitton, Archives Louis Vuitton.
248. Relatório da Exposição Universal de 1889, Archives BIE, Paris.
249. Histórico Gaston-Louis Vuitton, Archives Louis Vuitton.
250. *Id.*
251. Henry-Louis Vuitton, *La Malle aux souvenirs* (Paris, Mengès, 1984).
252. Histórico Gaston-Louis Vuitton, Archives Louis Vuitton.
253. Documento com data de 1929, Archives Louis Vuitton.
254. Entrevista com Patrick-Louis Vuitton, 20 de novembro de 2003.
255. Journal d'Asnières, 6 de março de 1892, Archives Louis Vuitton.

QUARTA PARTE | Uma bela família francesa

1. Histórico Gaston-Louis Vuitton, Archives Louis Vuitton.
2. Certidão de óbito de Louis Vuitton, 27 de fevereiro de 1892, Archives municipales d'Asnières.
3. Contrato pelo sr. Louis Vuitton e sra. Regnault a sr. e sra. Feréol Georges Vuitton, Maître Delaunay Notaire, 30 de março de 1886, Archives Louis Vuitton.
4. Documento manuscrito, Archives Louis Vuitton.
5. Histórico Gaston-Louis Vuitton, Archives Louis Vuitton.
6. "Histoire d'une toile", documento Gaston-Louis Vuitton, Archives Louis Vuitton.
7. Histórico Gaston-Louis Vuitton, Archives Louis Vuitton.
8. "Histoire d'une toile", documento Gaston-Louis Vuitton, Archives Louis Vuitton.
9. Entrevista com Patrick-Louis Vuitton, 2 de outubro de 2003.
10. "Histoire d'une toile", documento Gaston-Louis Vuitton, Archives Louis Vuitton.
11. Histórico Gaston-Louis Vuitton, Archives Louis Vuitton.
12. Walter Crane, 1897.
13. Fichário Clientes, Archives Louis Vuitton.
14. Entrevista com Patrick-Louis Vuitton, 2 de outubro de 2003.
15. Azulejo de cozinha da casa da família Louis Vuitton, Archives Louis Vuitton.
16. Entrevista com Bernard Ogliastro, 14 de janeiro de 2004.
17. Histórico Gaston-Louis Vuitton, Archives Louis Vuitton.
18. "Histoire d'une toile", Gaston-Louis Vuitton, Archives Louis Vuitton.
19. *Id.*

20. *Id.*
21. *Id.*
22. Catálogo Louis Vuitton, Archives Louis Vuitton.
23. Catherine Guichard, *Geoffroy Guichard, Fondateur de la Société des Magasins du Casino*, dissertação de mestrado em História.
24. "Exposition Internationale de Chicago en 1893 – Rapports", Archives Bureau International des Expositions, Paris.
25. Histórico Gaston-Louis Vuitton, Archives Louis Vuitton.
26. Archives Goyard.
27. Georges Vuitton, 30 de julho de 1911, Archives Louis Vuitton.
28. Histórico Gaston-Louis Vuitton, Archives Louis Vuitton.
29. D.O. Sypniewski.
30. Jeremy Paxman, *The English, A portrait of a people* (Penguin Books, 1998).
31. Histórico Gaston-Louis Vuitton, Archives Louis Vuitton.
32. *Reine des deux mondes*, artigo de René de Chambrun, fevereiro de 1980.
33. Entrevista com Patrick-Louis Vuitton, 12 de janeiro de 2004.
34. Maria Petringa, *Pierre Savorgnan de Brazza, Brief life of a lover of Africa: 1852-1905*.
35. Entrevista de Gaston-Louis Vuitton com os membros do Centre National du Commerce Extérieur, 15 de setembro de 1969, Archives Louis Vuitton.
36. *Id.*
37. Necrológio de Brazza em *À travers le monde, Paris 1895* (Paris, Publication Hachette, 1895-1914, documento BNF).
38. Maria Petringa, *Pierre Savorgnan de Brazza, Brief life of a lover of Africa: 1852-1905*.
39. Necrológio de Brazza em *À travers le monde, Paris 1895* (Paris, Publication Hachette, 1895-1914, documento BNF).
40. Histórico Gaston-Louis Vuitton, Archives Louis Vuitton.
41. Entrevista de Gaston-Louis Vuitton com os membros do Centre National du Commerce Extérieur, 15 de setembro de 1969, Archives Louis Vuitton.
42. *Id.*
43. Histórico Gaston-Louis Vuitton, Archives Louis Vuitton.
44. Louis Rama, *Dictionnaire technique de la maroquinerie*, editado pelo Centre Technique du Cuir, em Lyon.
45. Histórico Gaston-Louis Vuitton, Archives Louis Vuitton.
46. *Id.*
47. Henry-Louis Vuitton, *La Malle aux souvenirs* (Paris, Mengès, 1984).
48. "Petite histoire des Champs-Élysées par Pierre Andrieu", coleção Gaston-Louis Vuitton, Archives Louis Vuitton.
49. Histórico Gaston-Louis Vuitton, Archives Louis Vuitton.
50. Maria Petringa, *Pierre Savorgnan de Brazza, Brief life of a lover of Africa: 1852-1905*.
51. Archives Établissements Vuitton, Livro de Encomendas, referência "67972/73" + "Darrac", 10 de março de 1905.

52. *L'Illustration*, 14 de outubro de 1905.
53. Maria Petringa, *Pierre Savorgnan de Brazza, Brief life of a lover of Africa: 1852-1905*.
54. *Id.*
55. Histórico Gaston-Louis Vuitton, Archives Louis Vuitton.
56. *Id.*
57. *Id.*
58. *Id.*
59. *Id.*
60. *Id.*
61. Arquivo familiares, Bernard Ogliastro. Entrevista de 14 de janeiro de 2004.
62. Histórico Gaston-Louis Vuitton, Archives Louis Vuitton.
63. Documento manuscrito, Archives Louis Vuitton.
64. Catálogo do Salon Officiel de l'Automobile, Archives Louis Vuitton.
65. Histórico Hélicoptère, Archives Louis Vuitton.
66. Fichário de clientes, Archives Louis Vuitton.
67. Archives du Ministère de la Défense.
68. *Id.*
69. *Id.*
70. Histórico datado de 20 de fevereiro de 1968, Archives Louis Vuitton.
71. Histórico Gaston-Louis Vuitton, Archives Louis Vuitton.
72. Catálogo Louis Vuitton, 1914, Archives Louis Vuitton.
73. Entrevista com Patrick-Louis Vuitton, 12 de janeiro de 2004.
74. *Le matin*, 22 de março de 1915, Archives Louis Vuitton.
75. Fichário de clientes, Archives Louis Vuitton.
76. Histórico Gaston-Louis Vuitton, Archives Louis Vuitton.
77. Henry-Louis Vuitton, *La Malle aux souvenirs* (Paris, Mengès, 1984).
78. Projeto de histórico, Gaston-Louis Vuitton, 20 de fevereiro de 1968, Archives Louis Vuitton.
79. Henry-Louis Vuitton, *La Malle aux souvenirs* (Paris, Mengès, 1984).
80. *Id.*
81. *Id.*
82. *Id.*
83. Entrevista com Jacques Cousseau, janeiro de 2004.
84. Plantas arquitetônicas, Fundo 19521/Baury-Moreau, Archives Départementales de l'Allier.
85. Registre analytique du commerce et des sociétés, Archives de Paris.
86. Entrevista com Patrick-Louis Vuitton, 12 de janeiro de 2004.
87. *Id.*
88. Projeto de histórico, Gaston-Louis Vuitton, 20 de fevereiro de 1968, Archives Louis Vuitton.
89. Entrevista com Andrée Vuitton, 18 de setembro de 2003.
90. Entrevista de Gaston-Louis Vuitton com os membros do Centre National du Commerce Extérieur, 15 de setembro de 1969, Archives Louis Vuitton.

91. *Id.*
92. Entrevista com Patrick-Louis Vuitton, 12 de janeiro de 2004.
93. Documento do Archives Louis Vuitton intitulado "Historique Georges Vuitton 21 nov. 1934 GL/CA".
94. Henri Guillemain, *La Vérité sur l'Affaire Pétain* (Bats, Utovie, 1997).
95. Histórico Gaston-Louis Vuitton, Archives Louis Vuitton.
96. Projeto de histórico, Gaston-Louis Vuitton, 20 de fevereiro de 1968, Archives Louis Vuitton.
97. Histórico Gaston-Louis Vuitton, Archives Louis Vuitton.
98. Folheto eleitoral, 16 de fevereiro de 1936, Archives Louis Vuitton.
99. Histórico Gaston-Louis Vuitton, 18 de dezembro de 1936, Archives Louis Vuitton.
100. Henry-Louis Vuitton, *La Malle aux souvenirs* (Paris, Mengès, 1984).
101. Entrevista com Andrée Vuitton, 18 de setembro de 2003.
102. Dominique Veillon, *La mode sous l'Occupation* (Paris, Payot & Rivages, 2001).
103. Entrevista com Renaud de Rochebrune, 12 de janeiro de 2004.
104. Entrevista com Bernard Ogliastro, 14 de janeiro de 2004.
105. Jean Débordes, *Vichy, capitale à l'heure allemande* (Paris, Godefroy de Bouillon, 1998).
106. Henri du Moulin de Labarthète, *Le Temps des Illusions* (Genebra, A L'Enseigne du cheval ailé, 1947).
107. Sob a direção de Michèle e Jean-Paul Cointet, *Dictionnaire historique de la France sous l'Occupation* (Paris, Tallandier, 2000).
108. Entrevista com a sra. Ménétrel, 21 de janeiro de 2004.
109. Arquivos privados da Société des Grands Hôtels.
110. Entrevista com M. Michel, contador da Société des Grands Hôtels, 16 de janeiro de 2004.
111. Marc Lambron, *1941* (Paris, Grasset & Fasquelle, 1997).
112. Archives Nationales, Fundo 2AG-610.
113. Entrevista de Gaston-Louis Vuitton com os membros do Centre National du Commerce Extérieur, 15 de setembro de 1969, Archives Louis Vuitton.
114. Sob a direção de Michèle e Jean-Paul Cointet, *Dictionnaire historique de la France sous l'Occupation* (Paris, Tallandier, 2000).
115. Lista de comitês de organização, Centre d'Information Interprofessionnel, outubro de 1943, Archives BNF V-19848.
116. Histórico Gaston-Louis Vuitton, Archives Louis Vuitton.
117. Jacques-Henri Lartigue, *Instants de ma vie* (Paris, Arène, 1970).
118. Renaud de Rochebrune e Jean-Claude Hazera, *Les Patrons sous l'Occupation*, volumes I e II (Paris, Odile Jacob, 1995 e 1997).
119. Dominique Veillon, *La mode sous l'Occupation* (Paris, Payot & Rivages, 2001).
120. *Id.*
121. *L'Illustration*, 30 de novembro de 1940.

122. Henri du Moulin de Labarthète, *Le Temps des Illusions* (Genebra, A L'Enseigne du cheval ailé, 1947).
123. Entrevista com Marguerite Frémont, dezembro de 2003.
124. Bénédicte Vergez-Chaignon, *Le Docteur Ménétrel, éminence grise et confident du Maréchal Pétain* (Paris, Perrin, 2002).
125. Entrevista com a sra. Ménétrel, 21 de janeiro de 2004.
126. *Id.*
127. *Introduction à l'Inventaire des Archives du Cabinet du Chef de l'État*, por Didier Ozanam, com a colaboração de Françoise Mercier, Archives Nationales, Fonds 2AG.
128. Entrevista com Paul Racine, 10 de fevereiro de 2004.
129. Archives Nationales, Fonds 2AG-4.
130. Archives Nationales, Fonds 2AG-16.
131. *L'Illustration*, 11 de setembro de 1943.
132. Marc Lambron, *1941* (Paris, Grasset & Fasquelle, 1997).
133. Entrevista com M. Reignier, contador da Société des Grands Hôtels, dezembro de 2003.
134. Entrevista com Paul Racine, Aline Ménétrel e a sra. Perrin-Ehret, 28 de fevereiro de 2004.
135. Entrevista com Josette Alviset, 30 de janeiro de 2004.
136. Fichário Clientes, Archives Louis Vuitton.
137. Entrevista de Gaston-Louis Vuitton com os membros do Centre National du Commerce Extérieur, 15 de setembro de 1969, Archives Louis Vuitton.
138. Dominique Veillon, *La mode sous l'Occupation* (Paris, Payot & Rivages, 2001).
139. *Id.*
140. Entrevista com Andrée Vuitton, 18 de setembro de 2003.
141. Entrevista com Patrick-Louis Vuitton, 12 de janeiro de 2004.
142. Renaud de Rochebrune e Jean-Claude Hazera, *Les Patrons sous l'Occupation*, volumes I e II (Paris, Odile Jacob, 1995 e 1997).
143. Henry-Louis Vuitton, *La Malle aux souvenirs* (Paris, Mengès, 1984).
144. Entrevista de Gaston-Louis Vuitton com os membros do Centre National du Commerce Extérieur, 15 de setembro de 1969, Archives Louis Vuitton.
145. Registros de embalagem da Maison Pusey, Beaumont, Crassier, Archives du Ministère des Affaires Étrangères, pasta 103 A 27, registro n. 1, p. 62-64.
146. Carta de G. Lequet, Tailleur Fils & Cie, 14 de maio de 1943, Archives Nationales, Fundo 2AG-145.
147. Entrevista com Pierre Chenue, fevereiro de 2004.
148. Histórico Gaston-Louis Vuitton, Archives Louis Vuitton.
149. Entrevista com Patrick-Louis Vuitton, 12 de janeiro de 2004.
150. Entrevista com Andrée Vuitton, 18 de setembro de 2003.
151. Carta de Paul Racine à autora, 24 de fevereiro de 2004.
152. Discurso de 2 de outubro de 1926, Arquivo Particular.
153. Pierre Péan, *Une jeunesse française* (Paris, Fayard, 1994).

154. Entrevista com Anne-Marie Fourniol, ex-proprietária da vila, fevereiro de 2004.
155. *Id.*
156. Entrevista com Paul Racine, 5 de fevereiro de 2004.
157. *Id.*
158. Archives Nationales, Fundo 2 AG-610.
159. Didier Ozanam, com a colaboração de Françoise Mercier, *Introduction à l'inventaire des Archives du Cabinet du Chef de l'État*, Archives Nationales, Fundo 2AG.
160. Archives Nationales, Fundo 2AG-572.
161. *Id.*
162. Entrevista com a sra. Perrin-Ehret, 28 de fevereiro de 2004.
163. Arquivos ina.fr
164. Archives Nationales, Fundo 2AG-572.
165. *Id.*
166. *Id.*
167. Archives Nationales, Fundo 2AG-19.
168. Registro do Tribunal de Commerce de Cusset, 19 de junho 1926.
169. Entrevista de 6 de janeiro de 2004 com o secretário do Tribunal de Commerce de Cusset.
170. Registre Analytique du Commerce, Archives de Paris.
171. *Id.*
172. *Id.*
173. Pierre Péan, *Une jeunesse française* (Paris, Fayard, 1994).
174. Carta de Henry Vuitton ao comandante Bonhomme, 18 de março de 1942, Archives Nationales, Fundo 2 AG-19.
175. Archives Nationales, Fundo 2 AG-146.
176. Archives Nationales, Fundo 2 AG-16.
177. Lista dos recebedores da Francisque Gallique, Archives Nationales, Fundo 72 AJ-249.
178. Archives Nationales, Fundo 2AG-16 e Fundo 72 AJ-249.
179. Entrevista com Paul Racine, Aline Ménétrel e a sra. Perrin-Ehret, 28 de fevereiro de 2004.
180. *L'Illustration*, 30 de maio de 1942, coleção particular.
181. Estatutos do Conselho da Ordem da Francisque, Archives Nationales, Fundo 2AG-458.
182. Notas do Gabinete Civil do marechal Pétain, Conselho da Francisque, Pavillon Sévigné, 4 de julho de 1942, Archives Nationales, Fundo 2AG-458.
183. Notas do Gabinete Civil do marechal Pétain, Conselho da Francisque, Pavillon Sévigné, 6 de julho de 1942, Archives Nationales, Fundo 2AG-458.
184. Entrevista com Paul Racine, 5 de fevereiro de 2004.
185. Formulário de pedido de atribuição da Francisque, Archives Nationales, Fundo 2AG-458.
186. Archives Nationales, Fundo 2AG-16.

187. Archives Nationales, Fundo 2AG-143-147.
188. Dossiê Francisque, Archives Nationales, Fundo 2AG-458.
189. Lista dos recebedores da Francisque Gallique, Archives Nationales, Fundo 72 AJ-49.
190. Archives Nationales, Fundo 2AG-18.
191. Nota do adido do gabinete civil, Archives Nationales, Fundo 2AG-458.
192. Entrevista com Paul Racine, 5 de fevereiro de 2004.
193. Lista dos recebedores da Francisque Gallique, Archives Nationales, Fundo 72 AJ-49.
194. Lista dos recebedores da Francisque Gallique, Archives Nationales, Fundo 72 AJ-249.
195. Correspondência do coronel Bonhomme, Archives Nationales, Fundo 2 AG-19.
196. *Id.*
197. *Id.*
198. Entrevista com Paul Racine, 5 de fevereiro de 2004.
199. *Id.*
200. Presentes do marechal, Archives Nationales, Fundo 2AG-143-145-146-147.
201. *Id.*
202. Archives Nationales, Fundo 2AG-144.
203. Catálogo "Du cadeau ou la bonne manière", 1924, Archives Louis Vuitton.
204. Correspondência do coronel Bonhomme, Archives Nationales, Fundo 2 AG-19.
205. Presentes oferecidos pelo marechal, Archives Nationales, Fundo 2AG-143-148.
206. Entrevista com Aline Ménétrel, 21 de janeiro de 2004.
207. *Id.*
208. *Je suis partout*, 1º, 15 e 2 de dezembro de 1939, BNF, MICR D-4.
209. *Je suis partout*, 25 de novembro de 1941, BNF, MICR D-4.
210. *L'Illustration*, 28 de fevereiro de 1942, coleção particular.
211. *Journal de la France*, 1939-1944, volume I (Bibliothèque du Cheval Ailé, Constant Bouquin éditeur, 1946).
212. Archives Nationales, Fundo 2AG-16.
213. *Id.*
214. Sob a direção de Michèle e Jean-Paul Cointet, *Dictionnaire historique de la France sous l'Occupation* (Paris, Tallandier, 2000).
215. *Id.*
216. Pierre Péan, *Une jeunesse française* (Paris, Fayard, 1994).
217. Clément Yana, presidente do C.R.I.F. Marseille-Provence, discurso de comemoração, 21 de julho de 2003.
218. Mensagem de Thiers, pronunciada em 1º de maio de 1942, in Maréchal Philippe Pétain, *La France Nouvelle*, volume II, coleção Paul Racine.
219. Presentes oferecidos pelo marechal, Archives Nationales, Fundo 2AG-143-148.

220. Archives Nationales, Fundo 2AG-16.
221. Entrevista com Paul Racine, 5 de fevereiro de 2004.
222. Carta de Paul Racine à autora, 12 de fevereiro de 2004.
223. *Id.*
224. Histórico Gaston-Louis Vuitton, Archives Louis Vuitton.
225. Frederick Busi, *In the lair of the fascist beast, op. cit.*
226. Richard Millman, *La question juive entre les deux guerres. Ligues de droite et antisémitisme en France* (Paris, Armand Colin, 1992).
227. Sob a direção de Michèle e Jean-Paul Cointet, *Dictionnaire historique de la France sous l'Occupation* (Paris, Tallandier, 2000).
228. *Au Pilori*, 3 de julho de 1941, Archives BNF-D261.
229. Archives Nationales, Fundo 2AG-147.
230. Archives Nationales, Fundo 2AG-148.
231. Archives Nationales, Fundo 2AG-16.
232. *Semaine de Vichy-Cusset et du Centre*, 16 de janeiro de 1943.
233. Archives Nationales, Fundo 2AG-146.
234. Entrevista com Paul Racine, Aline Ménétrel e a sra. Perrin-Ehret, 28 de fevereiro de 2004.
235. Archives Nationales, Fundo 2AG-16.
236. Entrevista com Patrick-Louis Vuitton, 19 de fevereiro de 2004.
237. Archives Nationales, Fundo 2AG-16.
238. Sob a direção de Michèle e Jean-Paul Cointet, *Dictionnaire historique de la France sous l'Occupation* (Paris, Tallandier, 2000).
239. Entrevista com Paul Racine, 5 de fevereiro de 2004.
240. Archives Nationales, Fundo 2AG-16.
241. Fichário clientes, Archives Louis Vuitton.
242. Arquivos Particulares.
243. *Id.*
244. Correio eletrônico de Dominique Clémenceau, fevereiro de 2004.
245. Jean Débordes, "Vichy au fil de ses rues", arquivos da prefeitura de Vichy.
246. Archives Nationales, Fundo 2AG-16.
247. *Id.*
248. *Id.*
249. Entrevista com Bernard Ogliastro, 14 de janeiro de 2004.
250. Documento A.C. 5, le 2.09.1943, Archives Nationales, Fundo 2 AG-458.
251. *Au pilori*, 16 de setembro de 1943, Archives BNF, D-261.
252. Entrevista com Pierre Chenue, fevereiro de 2004.
253. Archives Nationales, Fundo 2AG-16.
254. Archives Nationales, Fundo 2AG-61a.
255. Sob a direção de Pierre-André Taguieff, *L'antisémitisme de plume, 1940-1944, études et documents* (Paris, Berg International, 1999).
256. Archives Nationales, Fundo 2AG-145 e 2AG-146.
257. Renaud de Rochebrune e Jean-Claude Hazera, *Les Patrons sous l'Occupation*, volumes I e II (Paris, Odile Jacob, 1995 e 1997).

258. *Id.*
259. Robert O. Paxton, *La France de Vichy, 1940-1944* (Paris, Seuil, 1973, "L'Univers Historique").
260. Entrevista telefônica com Pierre Dalibart, fevereiro de 2004.
261. Entrevista com Bernard Ogliastro, 10 de março de 2004.
262. Archives du Palais de l'Élysée.
263. *Who's Who*, 1988-1989.
264. Entrevista com Bernard Ogliastro, 14 de janeiro de 2004.
265. Henry-Louis Vuitton, *La Malle aux souvenirs* (Paris, Mengès, 1984).
266. Sob a direção de Michèle e Jean-Paul Cointet, *Dictionnaire historique de la France sous l'Occupation* (Paris, Tallandier, 2000).
267. Série Z5, Archives Nationales.
268. Série Z6, Archives Nationales.
269. *Lectures Françaises*, 1974, BNF – 4 -LN13-16.
270. Henry-Louis Vuitton, *La Malle aux souvenirs* (Paris, Mengès, 1984).
271. "Luxe" Club Les Échos, relatório da conferência proferida em 26 de outubro de 1946, arquivo privado.
272. *Id.*
273. Gaston-Louis Vuitton, discurso de aniversário comercial, maio de 1949.
274. *Id.*
275. Henry-Louis Vuitton, *La Malle aux souvenirs* (Paris, Mengès, 1984).
276. *Id.*
277. Entrevista com Patrick-Louis Vuitton, 12 de janeiro de 2004.
278. *Id.*
279. Gaston-Louis Vuitton, 1º de novembro de 1967, Archives Louis Vuitton.
280. Lot, arquivos privados.
281. Éditions André Bonne, 1958, arquivos privados.
282. Maurice Champel, *L'Escale au bord du ciel*, Éditions des Montagnes Bleues, arquivos privados.
283. Ernest Flammarion, arquivos privados.
284. Paul Racine, carta à autora, 19 de fevereiro de 2004.
285. Hachette, 1908, arquivos privados.
286. Monestier, *La gueule du loup* (Paris, Éditions de Chaillot, 1947).
287. Arquivos privados
288. *Id.*
289. Monestier, *La gueule du loup* (Paris, Éditions de Chaillot, 1947).
290. Sob a direção de Michèle e Jean-Paul Cointet, *Dictionnaire historique de la France sous l'Occupation* (Paris, Tallandier, 2000).

lepmeditores

www.lpm.com.br
o site que conta tudo

Impresso na Gráfica BMF
2023